W0401964

Hubert Scharl

Psychosomatische Medizin für die tägliche Praxis

Hubert Scharl

Psychosomatische Medizin

für die tägliche Praxis

ERKENNTNISSE, MÖGLICHKEITEN UND TECHNIKEN FÜR DIE AMBULANTE BEHANDLUNG

Pflaum Verlag München

Herausgeber der Reihe
Natur & Heilkunst:

Karl Friedrich Liebau
Dr. Marcela Ullmann

CIP-Kurztitelaufnahme der Deutschen Bibliothek

Scharl, Hubert:
Psychosom. Medizin für die tägliche Praxis: Erkenntnisse, Möglichkeiten u. Techniken für d. ambulante Behandlung / Hubert Scharl. –
München: Pflaum, 1985
(Natur & Heilkunst)

ISBN 3-7905-0411-4

Copyright 1985 by Richard Pflaum Verlag KG München.
Alle Rechte, insbesondere die der Übersetzung, des Nachdrucks, der Entnahme von Abbildungen, der Funksendung, der Wiedergabe auf fotomechanischem oder ähnlichem Wege und der Speicherung in Datenverarbeitungsanlagen, bleiben, auch bei nur auszugsweiser Verwertung, vorbehalten.
Umschlaggestaltung der Reihe: Atelier Langenfass
Zeichnungen: Atelier Günther Krause
Buchgestaltung: A.-M. Szabo
Satz + Buchbinden: Pustet, Regensburg
Druck: Richard Pflaum Verlag, München

Inhaltsverzeichnis

I ZUR EINFÜHRUNG
Vorwort des Verfassers 9
Zur Situation: Viele Gründe, warum die ganzheitliche Betrachtung in der Medizin verloren ging 11

II HYPOTHESEN ÜBER DIE ENTSTEHUNG PSYCHOSOMATISCHER KRANKHEITEN
Was bedeutet «Psychosomatik» 21
Freuds Konzept der Ätiologie psychogener Symptome 22
Adlers individualpsychologisches Modell 22
Alexanders Konzept 22
Selyes physiologisch untermauertes Streßmodell 23
Lachmanns Theorie des autonomen Lernens 23
Steinhausens komplexes und multidimensionales Modell 24
Kombiniertes mehrdimensionales Modell 26
Übersicht: Die wesentlichsten Voraussetzungen für die Entstehung psychosomatischer Krankheiten 30
Pränatale Psychosomatik 32
Die Geburt: Ein prototypisches Urtrauma 36
Wie es zu einer bestimmten Organwahl oder zur «Organsprache» kommen kann 41
Krankheitsdispositionen durch Konstitution, vegetative Reaktionslage und Persönlichkeitsdimension 42

III PSYCHOSOMATISCHE KRANKHEITEN
URSACHEN UND BEHANDLUNG
Herzneurose 53
Schlaflosigkeit 60
Globus hystericus 67
Platzangst 68
Gallenblasenerkrankungen 70
Sexualneurosen der Frau 73
Sexualneurosen des Mannes 76

Schilddrüsenüberfunktion 81
Neurodermatitis 84
Rheumatische Arthritis 88
Hypertonie 92
Magenerkrankungen 94
Chronische Obstipation 98
Chronische Diarrhoe 101
Bettnässen 103
Migräne und Kopfschmerzen 105
Krebs 109
Asthma bronchiale 113
Anorexia nervosa 116

IV FALLSTUDIEN UND BEHANDLUNGSVERLÄUFE

Hyperhidrosis 123
Herzneurose 124
Torticollis spasticus 126
Migräne 128
Chronische Diarrhoe 129
Ohnmachtsanfälle 131
Schlafstörungen und Alkoholabusus 133
Asthma bronchiale 135
Magenneurose 137
Anorexia nervosa 139

V PSYCHOSOMATISCHE MEDIZIN IN DER TÄGLICHEN PRAXIS

10 wichtige Leitsätze für das psychosomatische Vorgehen in Diagnostik und Therapie für die ambulante Praxis 145
Psycho-anamnestischer Fragebogen 153

VI BESCHREIBUNG PSYCHOTHERAPEUTISCHER VERFAHREN, DIE SICH BESONDERS FÜR DIE AMBULANTE BEHANDLUNG PSYCHOSOMATISCHER ERKRANKUNGEN ANBIETEN

Was bedeutet «psychische Gesundheit»? 170
Gesprächstherapie 172
Autogenes Training (Unterstufe) 175
Katathymes Bilderleben (Unterstufe) 176
Hypnosetherapie 180
Rebirthing 193
Slogan-Repetitionsmethode 196
Verhaltenstherapie 203

Vorschläge für die Kombination von Behandlungsverfahren bei den häufigsten psychosomatischen Erkrankungen 212

VII Quellen- und Literaturverzeichnis 215

Lehrbücher zu den im Kapitel VI aufgeführten psychotherapeutischen Methoden sind durch (●) besonders gekennzeichnet.

I
Zur Einführung

Vorwort des Verfassers: Warum und für wen ich dieses Fachbuch geschrieben habe

Die oft zitierte Krise der modernen Medizin in Diagnostik und Therapie ist u. a. durch die hochgradige Vernachlässigung der ganzheitlichen Betrachtung kranker Menschen verursacht. Man sieht nur noch Krankheiten, nicht kranke Menschen, man behandelt Organe und nicht den ganzen Menschen. Eine total naiv naturwissenschaftlich betriebene Medizin, welchen den psychischen Aspekt nicht ins Kalkül zieht, als System, muß daher als Kunstfehler angesehen werden! So ist diese fehlende Sicht seelischer Hintergründe für die Krankheitsentstehung zum «blinden Fleck» in der Medizin geworden! Schon 1928 zeigte B. ASCHNER die krisenhafte Entwicklung im Bereich der Behandlung chronischer Erkrankungen auf, durch Verlassen altbewährter Allgemeinbehandlungsmethoden zur Ab- und Ausleitung von Gift- und Schlackenstoffen, zur Umstimmung des Gesamtorganismus mit Stimulierung der Abwehr- und Selbstheilungskräfte des Menschen im biologischen Sinne. Auch nach über 50 Jahren hat sich an der von ASCHNER beschriebenen Krise der modernen Medizin kaum etwas geändert.

Seit fast 2 Jahrzehnten wirke ich daher als «Missionar» für eine naturheilkundlich und biologisch orientierte, psychosomatische Ganzheitsmedizin. Statt als Missionar komme ich mir dabei oft als «Rufer in der Wüste» vor! In meinen Schriften wende ich mich daher hauptsächlich an den Allgemeinpraktiker, der sozusagen an «vorderster Front» stehend, als erster mit psychosomatischen Störungen konfrontiert wird. Ich beschreibe daher aus meiner Eigenerfahrung unter Verzicht auf historisches oder wissenschaftlich-hypothetisches Beiwerk, wie man in der

täglichen ambulanten Praxis funktionelle Störungen und psychosomatische Krankheiten diagnostiziert und möglichst umwegslos psychotherapeutisch, naturheilkundlich und biologisch behandeln kann. Psychosomatisch vorgehen, heißt dabei für mich nicht, den Körper weniger, sondern den seelischen Bereich mehr zu berücksichtigen! Ich bringe dazu detaillierte Beschreibungen des erforderlichen diagnostischen und therapeutischen Vorgehens mit zahlreichen Vorschlägen, Übersichten, Anregungen, Hinweisen, Fallstudien und Rezepten. Meine Darstellungen sind dabei für Praktiker geschrieben, die Praxis für die Praxis erfahren wollen, ohne daß sie zur Lektüre dieses Buches ständig in einem Lexikon für soziologische, psychologische oder psychoanalytische Begriffe blättern müssen, um das «Wissenschaftschinesisch» mit seinen undurchschaubaren Formulierungen übersetzen zu können, wie z. B.:
«Quantitativ abgestufte Skalierung der live-events»,
«Das Konzept des taking care»,
«Das facilitating environment» oder «Das ICV-Syndrom» uvam. In manchen Abschnitten des Buches schien es mir notwendig, herbe Kritik am anti-psychosomatischen Konzept der Gegenwartsmedizin zu üben, doch möchte ich dadurch nicht falsch verstanden werden! Selbstverständlich hat die moderne Medizin in Teilbereichen, wie der Bekämpfung von Infektionskrankheiten, der Medizin-Technik, der Arzneimittelforschung, Notfallmedizin oder Chirurgie Großartiges geleistet. Mein Anliegen bleibt, trotz aller bewundernswerter Erfolge in Spezialdisziplinen der Medizin, die «Therapie» des «blinden Fleckes» in der Gegenwartsmedizin, der fatalen Vernachlässigung der Seele durch eine Umorientierung zur Ganzheitsmedizin.

Neubiberg bei München
Im Juli 1984 *Hubert H. Scharl*

Zur Situation: Viele Gründe, warum die ganzheitliche Betrachtung des Menschen in der Medizin verloren ging

Man muß es wirklich als grotesk bezeichnen, daß man im Rahmen der Humanmedizin den Begriff «Psychosomatische Medizin» überhaupt einführen mußte, als ob es überhaupt eine andere Richtung geben könnte. Prof. H. H. RICHTER/Gießen drückte es in der Überschrift zu einem Beitrag in der «Süddeutschen Zeitung» so aus: «Anachronismus: Medizin ohne Psychologie». Die Krise der modernen Medizin entstand u. a. durch die Aufgabe der ganzheitlichen Betrachtung – Leib-Seele-Geist – des Menschen bei hochgradiger Vernachlässigung des psychischen Bereiches. Wo liegen die Gründe? Der Verfasser hat in der folgenden Zusammenstellung den Versuch unternommen, die Ursachen und Hintergründe aufzuzeigen, warum sich das psychosomatische Konzept in der Gegenwartsmedizin so schwer tut bzw., warum sich eine rein somatisch orientierte Medizin entwickeln konnte:

1. Das Dogma in der Medizin

Das Weiterwirken des Virchowschen Konzeptes aus dem 19. Jahrhundert: Alle Krankheiten werden als pure Naturprozesse eingeschätzt! Sie manifestieren sich, so stellt Prof. RICHTER in dem o. a. Beitrag weiter fest, in einem anatomischen Gebilde mit physikalisch und chemisch beschreibbaren Lebensfunktionen. Krankheitserklärung, -beschreibung und -behandlung richtet sich auf dieses Gebilde. Was der Mensch sonst noch ist, gilt in dieser klassischen Konzeption nicht mehr eigentlich als Objekt der naturwissenschaftlichen Medizin.
Dieses Dogma wirkt noch heute in den Medizinunterricht hinein und es ist verständlich, daß sich auf dem Boden dieses überholten Konzeptes, trotz des in den letzten Jahren besonders bei jüngeren Ärzten unverkennbar zunehmenden Interesses an psychologischen Aspekten, die psychosomatische Richtung in der Medizin nicht nur sehr schwer tat, sondern sie sich nur ganz am Rande ansiedeln konnte, nicht viel anders wie ein Outsider-Verfahren!

2. *Zeitmangel für «verbale Medizin» und Unterhonorierung*

Besonders in der kassenärztlichen Praxis macht sich der Zeitdruck des «Systems» bemerkbar. So hat z. B. eine Studie eines großen deutschen ärztlichen Berufsverbandes ergeben, daß der Patient im Durchschnitt genau 79 Sekunden Zeit hat, seine Beschwerden vorzubringen! Der Patient kann genau genommen gerade mitteilen, wo es ihm «wehtut», das ist alles. Die Möglichkeit, sein «Herz auszuschütten», hat der Patient dadurch nicht. Dem Arzt fehlen so Hinweise auf psychische Einflüsse und Hintergründe für ein psychosomatisches Vorgehen.
Die ärztliche Gebührenordnung bietet zudem keinen Anreiz für «verbale» Medizin, so «honoriert» die GOÄ z. B. auf diesem Gebiet wie folgt:

804 *Psychatrische Behandlung durch eingehendes therapeutisches Gespräch – auch mit gezielter Exploration ...... 15.–.*

Auch durch die Unterhonorierung der so wichtigen verbalen Medizin werden die Weichen in die Richtung der ergiebigeren apparativen Medizin gestellt; Beispiel: Eine im Zeitaufwand im Vergleich mit der gezielten Exloration eines Patienten in der halben Zeit durchführbaren Ultraschalluntersuchung von 2 Organen sieht die GOÄ ein Honorar von DM 50,– vor!
Zeitmangel und Unterhonorierung stören also einen wichtigen Bereich des Patienten-Arzt-Verhältnisses, nämlich das ärztliche Gespräch. Von «Gesprächstherapie» kann überhaupt keine Rede sein, dabei wäre das Gespräch allein schon Arznei! Nichts gegen eine sinnvolle apparative Medizin, aber zu dieser «stummen» Medizin muß die «sprechende», die verbale unbedingt hinzu kommen! Der Patient muß sagen können, was ihn krank macht!

3. *Verwissenschaftlichung der Medizin*

Aus der «Heilkunst», der Erfahrungsheilkunde und Ganzheitsmedizin, die im Priester-Arzt vor Jahrtausenden ihren Anfang genommen hatte und über Hippokrates und Paracelsus im 19. Jahrhundert dann zunehmend einmündete in eine naturwissenschaftlich orientierte Medizin, wurde eine «verwissenschaftlichte» symptom-orientierte Medizin, welche den seelischen Bereich immer mehr und mehr aus den Augen verlor, zumal sich ja die «Seele» eines Menschen wissenschaftlich nicht nachweisen ließ! Die Seele wurde zum Ärgernis! Die wissenschaftliche Orientierung brachte unweigerlich eine weitere anti-psychosomatische Komponente ins Spiel:

4. Eine fortschreitende Spezialisierung und Aufsplitterung der Medizin in zahllose Subdisziplinen

Mit dieser kontinuierlich voranschreitenden Spezialisierung mußte die ganzheitliche Betrachtung eines kranken Menschen immer mehr verloren gehen. Ähnliche Entwicklungen sind auch in ganz anderen Zweigen der modernen Wissenschaften zu beobachten; z. B. im Marketing für ein modernes großes Wirtschaftsunternehmen: Immer mehr auf Teilgebiete spezialisierte Fachleute liefern eine fast unüberschaubare Zahl von Daten und Befunden aus verschiedenen Gebieten, von der Marktanalyse bis zur Motivforschung und Konkurrenzbeobachtung. Aus all diesen Zahlen, Daten, Fakten und Prognosen muß sich nun eine «Marktdiagnose» stellen lassen, welche sich in der Praxis umsatzfördernd durch entsprechende Maßnahmen umsetzen läßt. Wer aber ist heute noch in der Lage, diese vielen Einzelinformationen und Daten kritisch, folgerichtig, intuitiv und kreativ einzuordnen, um zu richtigen Erkenntnissen und Entscheidungen zu kommen? W. v. Braun sagte zur Überspezialisierung einmal: Ein Spezialist ist ein Mann, der von einem immer kleiner werdenden Gebiet immer mehr versteht. Das bedeutet in der Praxis: Der Spezialist versteht am Ende von Nichts alles und der Allgemeinpraktiker wird zuletzt von Allem nichts wissen! Durch die Aufsplitterung der Medizin in zahlreiche Subdisziplinen ergab sich zwangsläufig auch eine Spaltung in eine Organmedizin für den Körper und eine Psychotherapie für die Seele. Diesem dualistischen Denken können sich die Ärzte von heute schwer entziehen. Darum ist der Patient im Zeitalter des Spezialistentums, so schrieb M. B. Clyne im «Internist» Heft 13/72, zur einer Anhäufung von Einzelheiten geworden, die zwar mit zunehmender Fachkenntnis studiert werden, aber den Blick für den eigentlichen Zusammenhang verschleiern.
Die Situation ist eindeutig: Man behandelt heute meist nur noch Krankheiten und nicht kranke Menschen, man sieht Organe und nicht den ganzen Menschen!

5. Die zunehmende Technisierung in Diagnostik und Therapie

Als weitere Folge der Spezialisierung bekommen Apparate und der «Kollege Computer» immer mehr Gewicht in der modernen Medizin. Daraus resultiert eine nicht gerechtfertigte Gläubigkeit vieler Ärzte an Zahlen und Daten, so z. B. an die unbestreitbare Objektivität von Ergebnissen der Labordiagnostik. Dabei bestehen berechtigte Zweifel am Wert einer «TÜV-Strategie» im ärztlichen Denken und Handeln.
So hat u. a. die Anzahl der medizinischen Laboruntersuchungen in den letzten 20 Jahren auf der ganzen Welt jährlich fast um 20% zugenommen. Diese Entwicklung läßt annehmen, daß man davon ausgeht, eine bestimmte Krankheit um so sicherer feststellen bzw. ausschließen zu können, je mehr verschiedene Meßwerte zur Verfügung stünden. K. ROMMEL vom Departement für Klinische Chemie an der Universität Ulm hat dies schon lange als absoluten Trugschluß bezeichnet und der Zahlengläubigkeit vieler seiner Kollegen «harte» Fakten entgegengehalten, in dem er feststellte, daß das naive Vertrauen in die Genauigkeit klinisch-chemischer Analysenergebnisse erstmals bereits 1956 gewaltig erschüttert worden sei, als die 18 berühmtesten Laboratorien der damaligen Zeit ein Testserum untersuchten, welches u. a. je 100 ml Glukose enthielt: Die ermittelten Meßwerte schwankten zwischen 80 und 180 mg!
Ohne Zweifel wurden in der Zwischenzeit spezifischere und bessere Testmethoden entwickelt, doch krankt das System in der Praxis an der Festlegung der Normbereiche. Es gibt also nicht wenige «Meßwert-Kranke», ohne daß sie wirklich krank sind! Je größer die Zahl der vorgenommenen Teste, sagt ROMMEL, umso mehr «Meßwert-Kranke» ergeben sich. Werden z. B. bei einem gesunden Menschen 18 verschiedene Laborteste durchgeführt, liegt die «Chance», daß zumindest ein Ergebnis «pathologisch» ausfällt, bei rund 60 Prozent! Die zunehmende Technisierung in weiten Bereichen der Medizin hat nicht nur die Zahlengläubigkeit der Ärzte gefördert, sondern auch ihre Grundeinstellung beeinflußt. Man glaubt an Zahlen und Daten, einen Teststreifen für seelische Reaktionen des Patienten dagegen gibt es nicht!
Die fortschreitende Technisierung hat zum Teil zudem eine unsichtbare «Mauer» zwischen Arzt und Patient errichtet. Als extremstes Beispiel hierfür kann heute die Situation in einer Intensivstation gelten. Statt tröstender Worte gibt es hier fast nur Technik. Die Technik in der Medizin

verdrängt das Menschliche leider immer mehr und mehr! Bös ausgedrückt, könnte man sagen: Gesundheitsingenieure gehen nach einer «TÜV-Strategie» vor!

6. Ungenügendes psychologisches Ausbildungsangebot im Medizinstudium

Die hochgradige Vernachlässigung der Psychologie im deutschen Medizinstudium, so beklagte es Prof. Richter in seiner Studie «Anachronismus: Medizin ohne Psychologie» bereits 1968, beruht auf der Verteidigung eines ideologischen Konzeptes aus dem 19. Jahrhundert, in dem alle Krankheiten als pure Naturprozesse eingeschätzt werden. Dieses traditionelle Konzept reicht aber nicht aus, um wirkliche Ärzte heranzubilden. Prof. Richter forderte, folgende medizinisch-psychologische Themen in der Ausbildung zu berücksichtigen, Ausbildungsthemen über die jeder angehende Arzt zumindest in elementarer Weise unterrichtet werden sollte:
Grundzüge der Entwicklungspsychologie,
krankhafte Entwicklungsstörungen durch Fehlerziehung,
Einführung in die Lehre von den Neurosen,
seelisch bedingte körperliche Krankheiten,
Perversionen,
wichtige Merkmale der Arzt-Patient-Beziehung,
psychodiagnostische und psychotherapeutische Verfahren, insoweit sie für die ärztliche Allgemeinpraxis in Frage kommen.
Der Verfasser würde diese Ausbildungsthemen gerne noch mit einer Einführung in die pränatale Psychologie ergänzt sehen.
Wie weit man von diesen Zielen einer psychosomatisch-orientierten Ausbildung auch rund 15 Jahre später noch entfernt, demonstriert die Äußerung eines Klinikarztes, der einer magersüchtigen Patientin (170 cm groß/ Gewicht: 33 kg!!), nachdem sie eine Woche künstlich ernährt wurde, um sie vor dem Hungertod zu bewahren, fast wörtlich sagte: «Ich muß Sie jetzt entlassen, Ihnen fehlt ja nichts, Sie brauchen ja nur zu essen!» Hier erübrigt sich jeder Kommentar! Wenn man solche Äußerungen von jüngeren Ärzten hört, wundert man sich auch nicht mehr über das, was die Hamburger Psychiater L. Hempfing und Ch. Reimer eruiert haben über die Nöte seelisch kranker Menschen. Was sie alles über sich ergehen

lassen mußten, bis sie endlich Hilfe finden: In der BRD werden Frauen im Durchschnitt 10 Jahre durch die Mühlen der Organmedizin gedreht, Männer «nur» 8 Jahre! Die beiden Psychotherapeuten haben 3 Monate lang alle neuaufgenommenen Patienten in einer Fachklinik für psychosomatische Erkrankungen untersucht und befragt – sie kamen zu diesen schockierenden Ergebnissen! Diese Hamburger Studie zeigte ferner, daß jahrelange Fehlbehandlung bei vielen Psycho-Patienten zu chronischen Leiden geführt haben. REIMER/Uni Eppendorf stellte u. a. dazu fest: «Der Arzt schiebt alles auf die organische Schiene. Er fragt nicht: «Wie leben Sie? Wie steht es um Ihre Partnerschaft? Wie sieht es an Ihrem Arbeitsplatz aus?» Statt dessen siebt er den Patienten durch sämtliche medizinische Techniken und gibt dann den Bescheid: «Sie haben nichts.» Dies kränkt den Patienten und macht alles noch schlimmer, denn er leidet unter seinen Beschwerden. Und darüber kann er in der hektischen Arztpraxis nicht reden.

Wo man die Seele nicht ins diagnostische Kalkül einbezieht und nach den Ursachen des Übels nur mit Laborwerten, Röntgenaufnahmen oder Operationen gefahndet wird, bleibt die wirkliche Krankheitsursache für Atemstörungen, Migräne, Ängste oder Kreuzschmerzen im verborgenen.

L. HEMPFING: «Es entsteht das, was wir die Organisierung der Krankheit nennen. Der Patient fühlt sich immer schlechter, nimmt immer mehr Tabletten, wird von ihnen abhängig und kommt aus dem Teufelskreis falscher Behandlungen nicht mehr heraus!»

7. *Der bedeutende, suggestive Einfluß der chem.-pharmazeutischen Industrie auf das ärztliche Handeln*

Dem Arzt wird mit einem enormen Werbeaufwand von der Pharma-Industrie auf allen Kanälen der modernen werblichen Kommunikation, vom Inserat auf der Titelseite einer medizinischen Fachzeitschrift bis zum Besuch des Pharmareferenten in der Arztpraxis, wissenschaftliches Image demonstriert und dadurch suggeriert, daß er bei der Indikation XY nur ein bestimmtes Präparat, das den neuesten Erkenntnissen der Forschung gerecht wird, verordnen müsse und sein therapeutischer Erfolg wird gesichert sein. So einfach ist das! Die Umsatzzahlen der Industrie belegen es! Jedes Jahr schreiben deutsche Ärzte rund 700 000 000 Rezepte aus. Sehr

hoch ist dabei der Anteil der verordneten Psychopharmaka und Schlafmittel. Der Verfasser möchte nicht falsch verstanden werden, er ist kein globaler Gegner einer medikamentösen Therapie, aber in dem Moment, in dem man sich klar sein müßte, daß funktionelle Störungen eines Organsystems psychisch verursacht, dürften Psychopharmaka nur noch zum besseren Einstieg in die erforderliche Psychotherapie dem Patienten gegeben werden. Es gibt eben keine Droge, keine Tablette oder Spritze, die in der Lage ist, eine Konfliktsituation zu lösen. Im Gegenteil, durch die Gewöhnung an Beruhigungs- oder Schlafmittel kommt noch ein weiteres Problem hinzu, die «Organisierung der Krankheit» hat begonnen!
Der schnelle Griff des Arztes wird nicht zuletzt durch TÜV-Erwartung vieler Patienten gefördert: Sie kommen zu ihrem Arzt mit der Erwartungshaltung in die Praxis, daß wenn sie ihm sagen, da oder da tut es weh, er ihnen sofort ein Medikament verschreibt und am gleichen Tag hören die Beschwerden auf. 3 mal täglich 2 Dragees oder 10 Tropfen einnehmen, das muß genügen, um «gesund» zu werden. Diese Einstellung der meisten Patienten erklärt auch, warum es gegenwärtig noch unendlich schwer ist, zeitaufwendige Behandlungsmethoden der Ganzheitsmedizin, die zum Teil ein echtes Mitarbeiten und eine Umstellung der Lebensweise oder -Orientierung verlangen, «verkaufen» zu können! Viele Behandler wagen es schon nicht einmal, von einem Patienten zu verlangen, er müsse das Rauchen sofort einstellen, geschweige denn eine bestimmte Ernährungsumstellung zu fordern, zur Umstimmung des Organismus künstliches Erbrechen-Lassen vorzuschlagen, die Konfliktlösung dem Partner gegenüber durch Gesprächstherapie zu empfehlen, der Patient müsse jeden Morgen seine Träume protokollieren, eine «seelische Diät» durch ein Trainingsprogramm zum positiven Denken durchführen!

8. Die Annahme des Arztes, aufdeckende Gespräche seien für die Patienten zu aufwühlend und schmerzhaft

Diese Annahme der Behandler, sie sollten aufdeckende Gespräche im Interesse der Patienten unterlassen, weil sie psychische Schmerzen verursachen, wird nicht unwesentlich durch den Glauben des Arztes verstärkt, nicht genügend Zeit zu haben, um sich auch um solche Dinge kümmern zu können. Dazu kommt noch

9. Die Überzeugung der Behandler, man könne die seelischen Sorgen der Patienten ohnehin nicht beheben

Weil man überzeugt ist, die seelischen «Wunden» des Patienten sowieso nicht beseitigen zu können, sei es daher totale Zeitverschwendung, diese Themen überhaupt auf die «Tagesordnung» zu setzen. Der seelische Bereich der Patienten bleibt so der «blinde Fleck» der Medizin!

10. Mangelnde psycho-soziale Forschung an den Universitäten

Am Beispiel der Krebsforschung kann man dies klar erkennen: Für die rein biologisch-naturwissenschaftlich orientierte Forschung auf diesem schwierigen Gebiet stehen beträchtliche Mittel zur Verfügung, für die notwendige und sinnvolle psychosomatisch orientierte Krebsforschung steht dem nicht einmal ein «Trinkgeld» gegenüber. Auch hier wird der blinde Fleck der Medizin wieder evident!

11. Das verlorengegangene volksmedizinische Wissen

Volksmedizinisches Wissensgut wird schon seit langem als unwissenschaftlich abqualifiziert und abgelehnt, obwohl sich z. B. schon seit Jahrhunderten psychosomatische Erkenntnisse in treffenden Redewendungen des Volksmundes niedergeschlagen haben; denken wir an so Formulierungen, die den Kern der Zusammenhänge aufzeigen, wie:
«Die Angst sitzt ihm im Nacken!»,
«Was kränkt, macht krank!»,
«Das hat er nicht verdauen können!»
«Die Sorgen haben ihn gebeugt!»,
«Vor Wut spuckte er Gift und Galle!»,
«Das ist ihm sauer aufgestoßen – da reagiert er sauer!»
Dieses verloren gegangene Wissen um volksmedizinische Erkenntnisse und Überlieferungen ist auch in den breitesten Bevölkerungskreisen zu beklagen. Wer hört heute z. B. noch die immer noch aktuellen Anweisungen von Pfarrer Kneipp für eine gesunde Lebensweise in Grund- oder Oberschulen?

12. Ärztliches Handeln ist wenig erforscht

Ärztliches Handeln wird von den Universitäten vermittelt, in den ersten Berufsjahren dann eingeübt, durch Fachfortbildungsteilnahme ausgebaut und durch medizinische Schulen, die Standesauffassung, durch das Marketing der Pharma-Industrie, die Entwicklung der Medizin-Technik, die Art der Honorierung auch durch staatliche Eingriffe, durch medizinisches Hilfspersonal und nicht unwesentlich durch Wünsche und Auffassungen von Patienten beeinflußt und geprägt.
Das daraus resultierende ärztliche Handeln war aber bislang kaum Gegenstand ernsthafter wissenschaftlicher Forschung! In wie weit und in welchem Umfang z. B. das psychosomatische Konzept im täglichen ärztlichen Handeln in die Tat umgesetzt wird, bleibt Vermutung. Oder sollte man besser sagen, Gott sei Dank, wissen wir nicht um die Größe des blinden Fleckes in der Medizin!

II
Hypothesen über die Entstehung psychosomatischer Krankheiten

Was bedeutet «Psychosomatik»?

Einige Definitionen dieses Begriffes seien an Anfang gestellt: Das «Wörterbuch der Psychologie und ihrer Grenzgebiete» bringt zum Stichwort «Psychosomatik»: «Im weiteren Sinne Lehre von der Gesamtheit der Beziehungen zwischen Leib und Seele, im engeren (und heute wird das Wort besonders in diesem Sinne gebraucht), Lehre von jenen körperlichen Krankheiten, deren Auftreten durch emotionale Einflüsse aus der Vergangenheit oder der Gegenwart mitbestimmt wird.» Bei dieser heute oft gebrauchten Auslegung im engeren Sinne bedeutet «psychosomatisch» genau dasselbe wie «psychogen»! So darf der Begriff «Psychosomatik» aber nicht ausgelegt werden, man würde hier ein ebenso einseitiges und dogmatisches Pendant zur materialistisch orientierten Organmedizin schaffen.

Der Verfasser möchte den Begriff «Psychosomatik» im Sinne der Lehre von der psychophysischen Totalität des Menschen alles umfassend als «Ganzheitsmedizin» auslegen. Diese psychosomatische Medizin umfaßt genetische, konstitutionelle, anatomische, biochemische, physiologische, psychologische und soziologische Gesichtspunkte.

Viele Theorien über die Entstehung psychosomatischer Leiden

Wenn man die verschiedenen älteren und moderneren Theorien oder Spekulationen über die Entstehung psychosomatischer Erkrankungen vergleicht, erkennt man die teilweise konträren Auffassungen, auch total unzulängliche Konzepte oder sehr einseitige Auslegungen! Sehen wir uns die wichtigsten Erklärungsansätze an:

1. FREUDs Konzept der Ätiologie psychogener Symptome

FREUD ging davon aus, daß psychosomatische Störungen auf unbewußte Konflikte und fehlerhafte Erlebnisverarbeitung, also auf neurotische Störungen zurückzuführen seien. Bestimmte Einflüsse und Erlebnisse in den 5 Entwicklungsphasen der kindlichen Sexualität (Orale, anale, phallische Phase, Latenzzeit, Pubertät) führen durch Fixierung oder spätere Regression zu Organneurosen und hysterischen Reaktionen, also vom Magengeschwür bis zum Schiefhals. Wobei FREUD unter «Fixierung» den Zustand eines «Erwachsenen» bezeichnete, der aufgrund seiner Neurose nie wirklich erwachsen wurde, sondern auf einer kindlichen psychosexuellen Entwicklungsstufe, z. B. der oralen Phase im 1. Lebensjahr, stehenblieb, welche normalerweise nur eine Durchgangsphase darstellt. In diesem speziellen Fall spricht man vom oralen Charakter! Bei der defensiv orientierten Regression läßt sich der Neurotiker nach Ansicht FREUDS auf eine einfachere, frühere kindliche Entwicklungsstufe zurückfallen, um dadurch den Schwierigkeiten oder Anforderungen der Gegenwart aus dem Wege gehen zu können. Beispiel: Ein «Erwachsener» beschwichtigt Unlustgefühle oder Erregungssituationen durch Essen oder Naschen, in dem er sich in die orale Phase seiner Entwicklung zurückfallen läßt! Unter «Konversion» sah FREUD die Bildung von Körper- oder Zwangssymptomen auf Grund verdrängter psychischer Inhalte, wobei Affekte mit Hilfe der Konversion in körperliche Symptome umgewandelt, zum Ausdruck und zur Entladung gebracht werden.

2. ADLERs individualpsychologisches Modell

ALFRED ADLER glaubte dagegen die Ursache für das Zustandekommen von psychosomatischen Störungen in einem unbefriedigten Macht- oder Überlegenheitsstreben des Menschen sowie in vorgegebenen Organminderwertigkeiten gefunden zu haben.

3. ALEXANDERs Konzept

FRANZ ALEXANDER entwickelte eine mehrdimensionale Theorie für die Krankheitsentstehung: Er war der Überzeugung, daß bestimmte emotionale Konflikte, z. B. unterdrückte aggressive Gefühle, die Tendenz haben, ganz bestimmte Organsysteme, in unserem Beispiel das Herz- und Kreislaufsystem, zu irritieren. In der selben Richtung sah er den Einfluß charakteristischer Persönlichkeits- bzw. Konstitutionsmerkmale.

4. SELYEs physiologisch untermauertes Streßmodell

Die Urprogrammierung des Menschen vor Jahrhunderttausenden in seinen Anpassungssystemen war absolut angemessen und sinnvoll: Jede gefahrvolle Situation von außen, wilde Tiere oder Feinde waren damals die «Streßoren», löste über den Bewußtseinsinhalt «Angst» automatisch über das Vegetativum die Streßreaktion im Körper aus: Der gesamte Körper wurde in Sekunden in vegetative Alarmbereitschaft versetzt, zum Kampf oder zur Flucht mobilisiert, von der Vorspannung der Muskeln über die erhöhte Blutgerinnung bis zur Mobilisierung der Zuckerreserven. Der Organismus wurde so für eine optimale Überlebenschance auf Gefahrensituationen der frühen Menschheit angepaßt. Durch Kampf oder Flucht wurden die dem Körper zur Verfügung gestellten Kraftreserven dann auch in Anspruch genommen, d. h. «verbraucht». Heute eine halbe Million Jahre später sieht die Situation ganz anders aus: Von den äußeren Streßoren der Frühzeit ist nicht viel übrig geblieben, an ihre Stelle traten innere Streßoren durch die soziale Umwelt – psychischer Streß war die Folge. H. SELYE nennt diese Verzerrung des Streßmechanismus, da ja der «Kampf» als Folge von Ärger, Frustrationen, Enttäuschungen oder Erwartungsängsten nur noch in der Vorstellung der modernen Menschen stattfindet, daher auch nicht Streß sondern Disstreß, also einen verkehrten, nicht sinnvollen Streß! So kam SELYE zur Überzeugung, daß diese genetisch determinierte, aber überholte Reaktion des Vegetativums auf psychische Streßoren mit ihren nicht abgebauten Stoffwechselprodukten für die Entstehung mannigfacher psycho-vegetativer Organstörungen verantwortlich gemacht werden kann. Eine übermäßige psychische Dauerbelastung, z. B. durch Konfliktspannung, führt über die bekannte Reaktionskette Streßor-Abwehrreaktion-Hormonausschüttung-Sympathikusaktivierung infolge des ausbleibenden körperlichen Einsatzes, der Kampf findet ja nur noch in Gedanken statt, und dem damit verbundenen mangelnden Abbau der durch die Alarmreaktion mobilisierten Stoffwechselprodukte zu einer unphysiologischen Erregung, Irritierung oder Blokkierung des vegetativen Nervensystems. Sympathikus und Vagus sind also der Streßreaktion völlig «ausgeliefert»!

5. LACHMANNs Theorie des autonomen Lernens

Lernpsychologische Aspekte hat für die Entstehung psychosomatischer Erkrankungen vor allem LACHMANN dargestellt. Bei seinem lerntheoretischen Erklärungsmodell weist LACHMANN zunächst auf die Bedeutung des emotionalen Verhaltens eines Menschen für die Auslösung psychosomatischer Störungen hin. Er sagt dann weiter: «Ursprünglich biologisch bedingte Reize, die zur Auslösung emotionaler, also physiologischer Reaktionen tendieren, sind vor allem unerwartete, plötzliche Reize, Schmerzreize, die Blockierung zielgerichteten Verhaltens, sowie starker Zeitdruck bei der Bewältigung hoher Leistungsanforderungen. Zunächst neutrale Reize können infolge zeitlicher Nachbarschaft mit den genannten Reizen dann zu konditionierten Auslösern emotionaler Reaktionen werden. So führte z. B. das Anhören einer Luftschutzsirene in Verbindung mit den beim Bombenangriff durchlebten Todesängsten nach dem Prinzip der klassischen Konditionierung im Sinne PAWLOWS nach einigen Wiederholungen dazu, daß dann schon das Hören der Sirene allein genügte, um panische Ängste auszulösen. Häufiger allerdings dürfte emotionales Verhalten nach dem Prinzip des operanten Konditionierens erworben werden. Hier geht eine bestimmte Verhaltensweise eines Individuums voran, auf die ein belohnender oder bestrafender Reiz folgt. Wenn z. B. ein Kind für eigenaktives, selbständiges Verhalten immer wieder bestraft und entmutigt wird, werden solche Verhaltensweisen in Zukunft seltener auftreten: Gehemmtes, unsicher-ängstliches Verhalten wird statt dessen festzustellen sein. Nach dem Prinzip der Generalisierung kann es leicht zur Übertragung des Lernvorganges von einem bestimmten Reiz oder einer spezifischen Reizsituation auf ähnliche Reize kommen, so daß das gelernte Verhalten immer häufiger auftritt.

6. STEINHAUSENs komplexes und multidimensionales Modell

H. STEINHAUSEN hat auf dem Kongreß für Kinder- und Jugendpsychiatrie in Marburg 1983 seine eigenen Vorstellungen zur Pathogenese psychosomatischer Erkrankungen dargelegt. «Selecta» Ausgabe 46/83 berichtete darüber im Beitrag «Vielschichtige psychosomatische Leiden» u. a.: «Nach STEINHAUSEN entstehen psychosomatische Krankheiten aus dem Zusammenwirken von biologischer Vulnerabilität sowie bio-psychosozialen Auslöserreizen; Mediatormechanismen psychobiologischer und -sozialer Art sind dazwischengeschaltet. Es kommt zu Fehladaptionen, die schließlich im zeitlichen Verlauf zur Krankheitsadaption werden können. Eine Verstärkung kann aus der Umwelt und dem Rollenver-

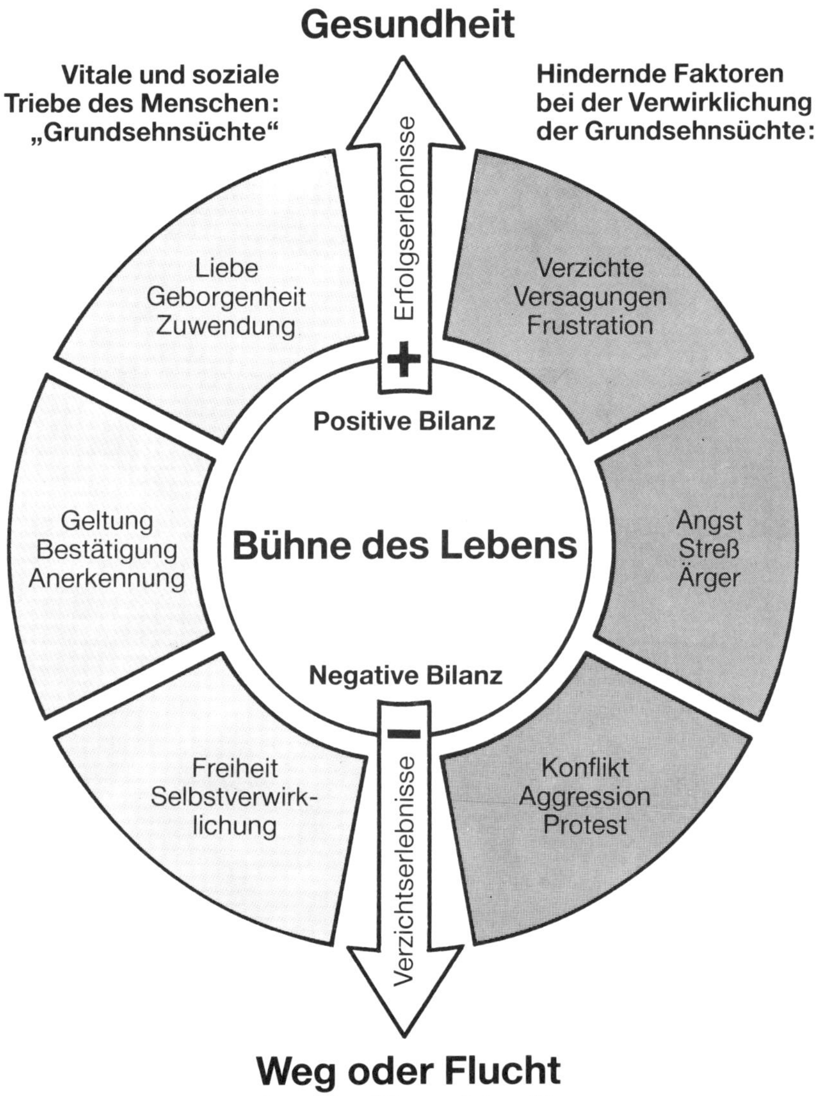

Bei dem Bestreben, seine Grundsehnsüchte im Leben zu verwirklichen, geht der Mensch kompensatorisch vor: Bekommt er z. B. im Bereich Liebe/Zuwendung nicht genug, kann er dies ggf. durch berufliche Erfolgserlebnisse ausgleichen. Überwiegt aber in der Bilanz der Triebansprüche über längere Zeit das «Minus», geht der Weg oder die Flucht in die Krankheit

ständnis des Patienten entstehen: Die soziale Bewertung der Krankheit prägt die Übernahme der Krankenrolle durch den Patienten. Eine große Rolle spielen die Interaktionen zwischen dem Patienten und seiner Familie. Die Erfahrung lehrt, daß die Familien auf die Krankheit eines ihrer Familienmitglieder oft mit Fehlanpassung und abnormen Verhaltensmustern reagieren, was wiederum auf den Patienten zurückwirkt.»

7. *Kombiniertes mehrdimensionales Modell: Konstitutions- + Reaktionstypus + Lernpsychologische Aspekte*

Die Grundeinstellung eines Menschen zur Innen- und Außenwelt hat enormen Einfluß auf die Art der Reaktion bei seelischen Konflikten und Belastungen und damit auf die Auslösung bestimmter Organstörungen. C. G. JUNG hat eine Typologie der Persönlichkeitsdimensionen entwickelt und unterscheidet in seiner analytischen Psychologie dabei Introversion und Extraversion. Unter dem Begriff «Introvertiert» faßte JUNG den mehr nach innen gewandten, verschlossenen, zurückhaltenden und passiven Menschentypus mit starkem Innenleben zusammen, im Gegensatz dazu sah er den extravertierten Typus mit seiner der Welt und Menschen zugewandten, aufgeschlossenen und kontaktfreudigen Art. So wie es bei den Konstitutionstypen nach KRETSCHMER selten einen reinen Leptosomen oder Pykniker gibt und daher die Mischtypen dominieren, so kann man auch auf der Skala der Intro- und Extraversion nur ganz wenige Menschen der einen oder anderen Persönlichkeitsdimension eindeutig zuordnen. Wichtig ist aber die Ergebnisse hirnphysiologischer Forschungen zu berücksichtigen, die klare Unterschiede zwischen intro- und extravertierten Persönlichkeiten eruieren konnten: Bei introvertierten Menschen gehen von der reticulären Formation bedeutend mehr erregende als hemmende Impulse zur Großhirnrinde. Genau das umgekehrte Bild stellt sich bei einem extravertierten Individuum ein; das bedeutet: Bei ihm dominieren die hemmenden Impulse und dadurch liegt die Reizbarkeit der Hirnrinde klar unter der des introvertierten Menschentypus.
Unter lernpsychologischen Aspekten ermöglicht die Zuordnung eines Patienten zum intro- oder extravertierten Reaktionstypus eine grundsätzliche Prognose für das wahrscheinlich zu erwartende Reagieren bzw. Verhalten in bestimmten Lebenssituationen, welche in irgendeiner Form entweder «belohnend» oder «bestrafend» wirken. Man kann also sagen:

Das sind die wichtigsten Faktoren für die Entstehung psychosomatischer Erkrankungen

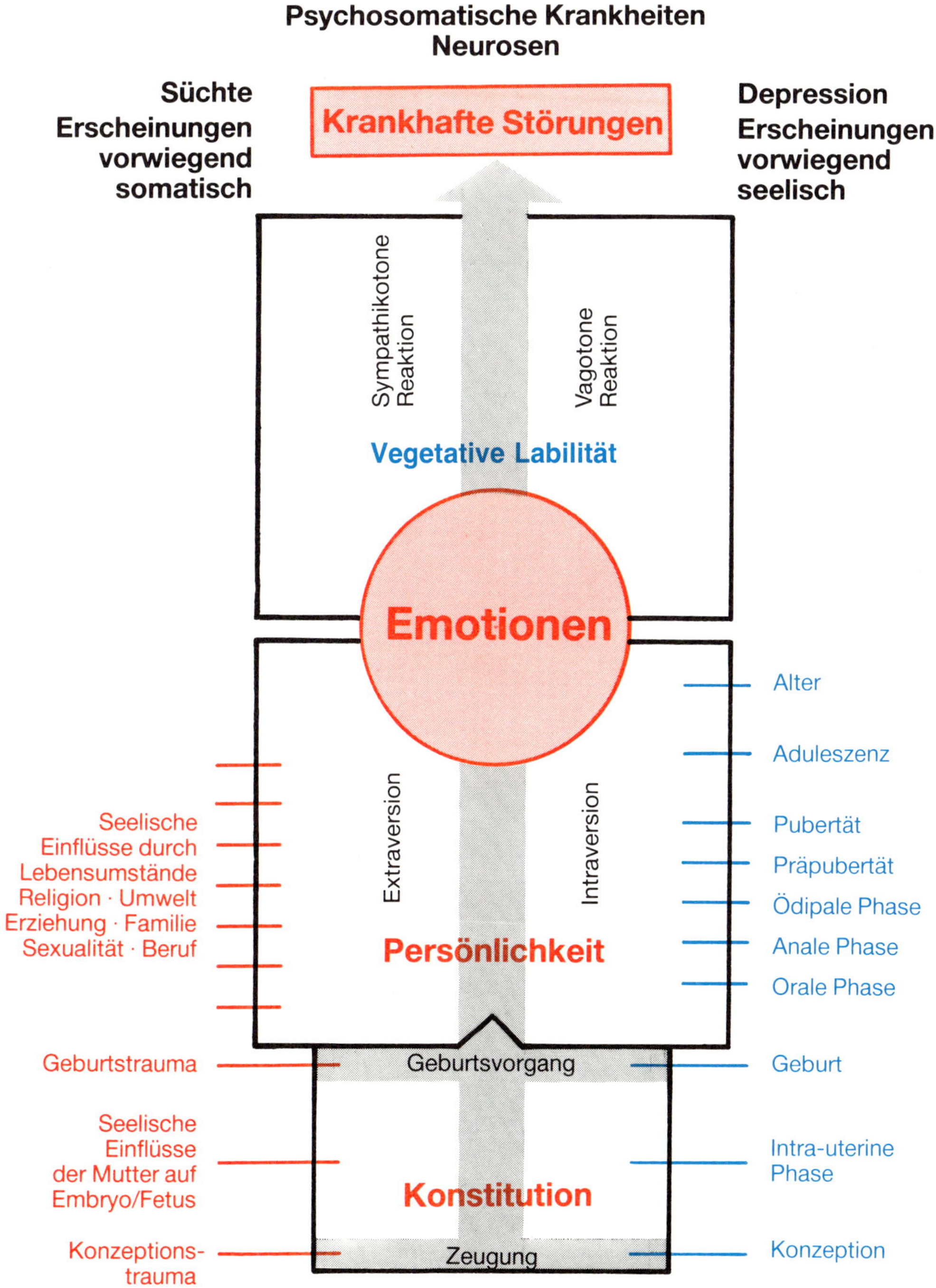

Von der Sekunde der Zeugung bis zur Sekunde seines Todes steht der Mensch unaufhörlich im Spannungsfeld zwischen Erfolgs- und Versagungserlebnissen.

a) Eine zunehmende Extraversion bringt für den betreffenden Menschen eine ansteigende Ansprechbarkeit und Konditionierungsmöglichkeit für «Verstärkungen», für alle belohnenden Reize, wie z. B.: Anerkennung, Lob, Anteilnahme oder besondere Zuwendung von Angehörigen, ausbleibende Bestrafung u. ä. m.

b) Eine zunehmende Introversion hat für jeden Menschen auch eine zunehmende Empfindlichkeit und Konditionierbarkeit für strafende Reize oder Einflüsse, wie z. B.: Entzug von Belohnung, Kritik, Verzicht, Demütigung u. v. a. m.

Diese absolut gegensätzliche Reaktionsbereitschaft intro- und extravertierter Menschen bekommt erst ihre volle Aussagekraft, wenn man zu diesen Persönlichkeitsdimensionen die Erkenntnisse H. Eysencks über die vegetative oder emotionale Labilität dieser Menschen hinzunimmt. Fusioniert man Eysencks Auffassung in einer Tabelle mit der Skala «Vegetativ stabil» bis «Vegetativ labil» zusammen mit dem Reaktionstypus «Zunehmende Introversion» bis «Zunehmende Extraversion», so ergibt sich folgendes Schema nach Eysenck:

Vegetative Labilität =

Hohe vegetative Erregbarkeit

↑

Extraversion	*Intraversion*
empfindlich	verstimmbar
nervös	ängstlich
erregbar	skeptisch
launisch	pessimistisch
impulsiv	reserviert
optimistisch	ungesellig
aktiv	still

← Zunehmende Extraversion – Zunehmende Introversion →

gesellig	passiv
aufgeschlossen	selbstbeherrscht
gesprächig	sorgfältig
unbeschwert	nachdenklich
lebhaft	friedlich
sorglos	verläßlich
tonangebend	ausgeglichen

↓

Geringe vegetative Erregbarkeit =

Vegetative Stabilität

Wenn man diese Reaktionstendenzen berücksichtigt, ergibt sich folgendes typische Bild:

1. Mit *zunehmender Introversion* eines Menschen +
steigender vegetativer Labilität
steigt auch seine
emotionale Erregungsbereitschaft
und damit
seine Empfindlichkeit und Konditionierbarkeit
für strafende Einflüsse,
so daß unter dem Einfluß seelischer Spannungssituationen und Konflikten die Anfälligkeit bzw. Öffnung für Störungen in folgenden Richtungen wächst:

- *Zwangsneurotische Reaktionen,*
- *Psychosomatische Krankheiten,*
- *Depressive Reaktionen,*
- *Angstneurotische Reaktionen*

Dieses Reaktionsschema darf nicht mißverstanden werden und daraus gefolgert werden, ein introvertierter, vegetativ-labiler Patient sei nicht auf «belohnende» Reize ansprechbar. Es bedeutet nur, daß er in erheblich geringerem Umfang in seinem Verhalten auf belohnende Reize reagieren wird als ein extrem extravertierter Mensch!

2. Mit *zunehmender Extraversion* eines Menschen +
steigender vegetativer Labilität
erhöht sich auch seine
emotionale Erregungsbereitschaft
und damit
seine Empfindlichkeit und Konditionierbarkeit
für belohnende Einflüsse,
so daß unter dem Einfluß seelischer Belastungen und Streßsituationen die Anfälligkeit bzw. Öffnung für Störungen in den folgenden Richtungen wächst:

- *Organneurosen,*
- *Hysterische Reaktionen,*
- *Psychopathische Störungen.*

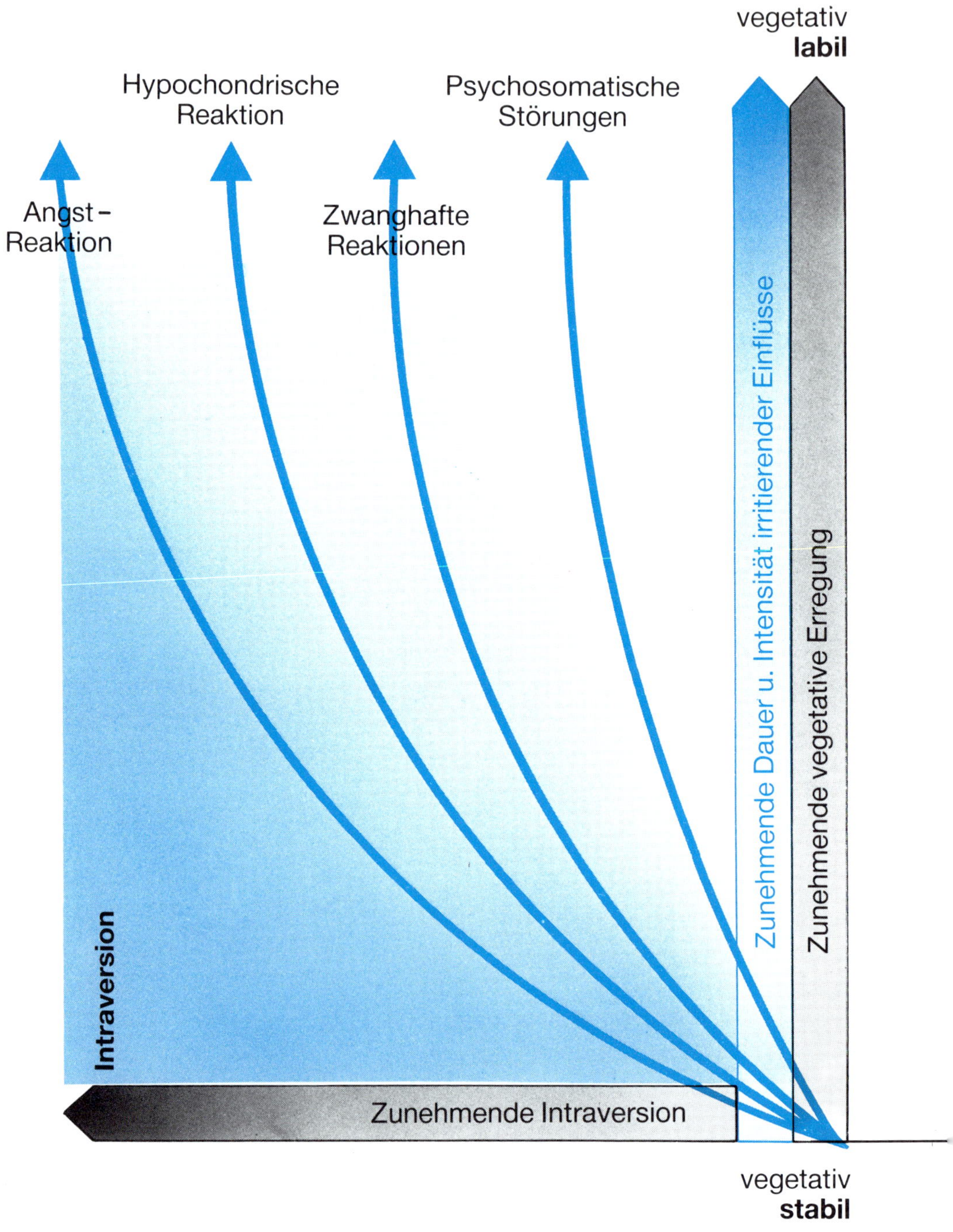

Dauer und Intensität psycho-sozialer Irritationen bestimmten in Verbindung mit den Phänomenen der Reaktionstypen «Intro- bis Extraversion»

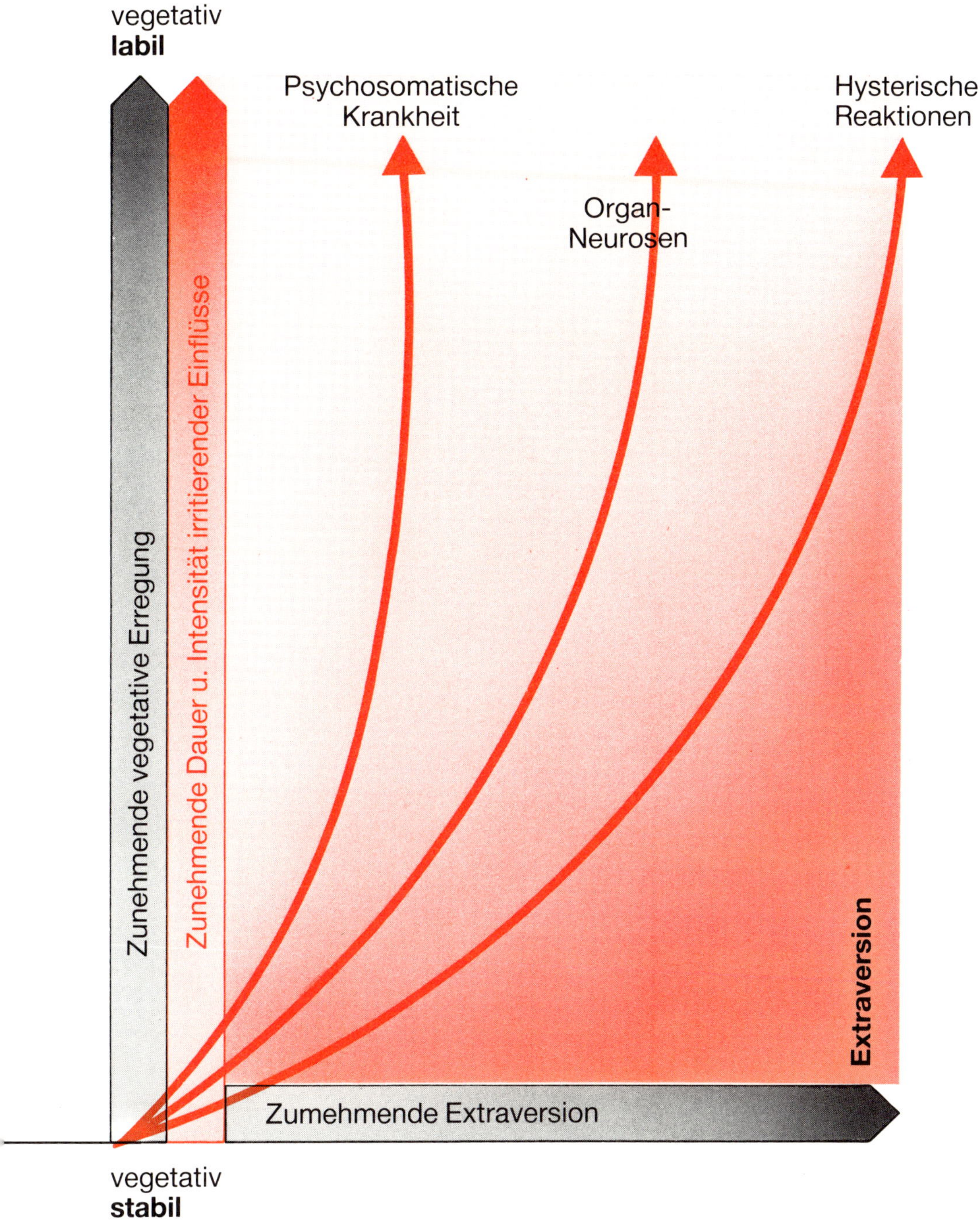

bei hoher emotionaler Labilität die Ausprägungstendenz und -Richtung entscheidend mit, von der Organneurose bis zur Angstreaktion.

Pränatale Psychosomatik

Es hat sehr lange gedauert, bis man erkannte, daß sich die seelische Entwicklung beim Menschen nicht erst ab seiner Geburt, sondern schon viel früher entfaltet. Viel früher, als manche Fachleute dies heute noch annehmen! Wir wissen heute, daß ein Kind schon im Mutterleib, also im «Wartezimmer zum Leben», zu Erlebnissen fähig ist, daß es die Gefühle der Mutter «miterlebt», Streß speichern kann, daß der Fetus gähnt und träumt. Eine Reihe von Untersuchungen zeigten auf, daß es sogar einen «intrauterinen Hospitalismus» geben kann: Die Säuglingssterblichkeit ist bei unerwünschten, unehelichen Kindern in der BRD deutlich höher, als bei Wunschkindern. Der Streß der Mütter während der Schwangerschaft mit ihren Ängsten, Aggressionen, Sorgen und Depressionen wird vom Kind im Mutterleib wahrgenommen und «gespeichert». Es wird durch eine ablehnende Haltung der Mutter und des Vaters (!) oder durch fehlgeschlagene Abtreibungsversuche schwerstens geschädigt und «verletzt».

Die therapeutischen Rückführungen, welche der Verfasser in Hypnose mit zahlreichen Patienten durchgeführt hat, belegen eindeutig, daß ein Kind fühlt, ob es geliebt oder abgelehnt wird, ob die Mutter voller Ängste ist oder nicht! Eutrope Gedächtnisspuren sind dem Unbewußten scheinbar zugänglich, so daß ein erwachsener Mensch im Rahmen einer entsprechenden aufdeckenden Therapie diese Gefühle ebenso voll wiedererleben kann, wie die Minuten seiner eigenen Geburt, und dies in allen Einzelheiten!

Auch S. Freud war den Auswirkungen seelischer Einflüsse während der intra-uterinen Phase auf den Fetus überzeugt! «Urschmerzen» müssen oft schon im Mutterleib erduldet werden. In richtiger Einschätzung dieser Gegebenheiten sprach E. Saling von «intrauterinen Patienten»! Was ein Kind im Mutterleib erlebt, zu erforschen, ist Aufgabe der pränatalen Psychologie!

Welche langandauernden Streßoren werden dem Fetus aufgrund der Erkenntnisse der pränatalen Psychosomatik gefährlich?

Folgende Einflüsse oder Umstände können als Trauma wirken:

1. *Im körperlichen Bereich:*

   Erbkrankheiten von Mutter oder Vater,
   schwere Krankheit der Mutter,

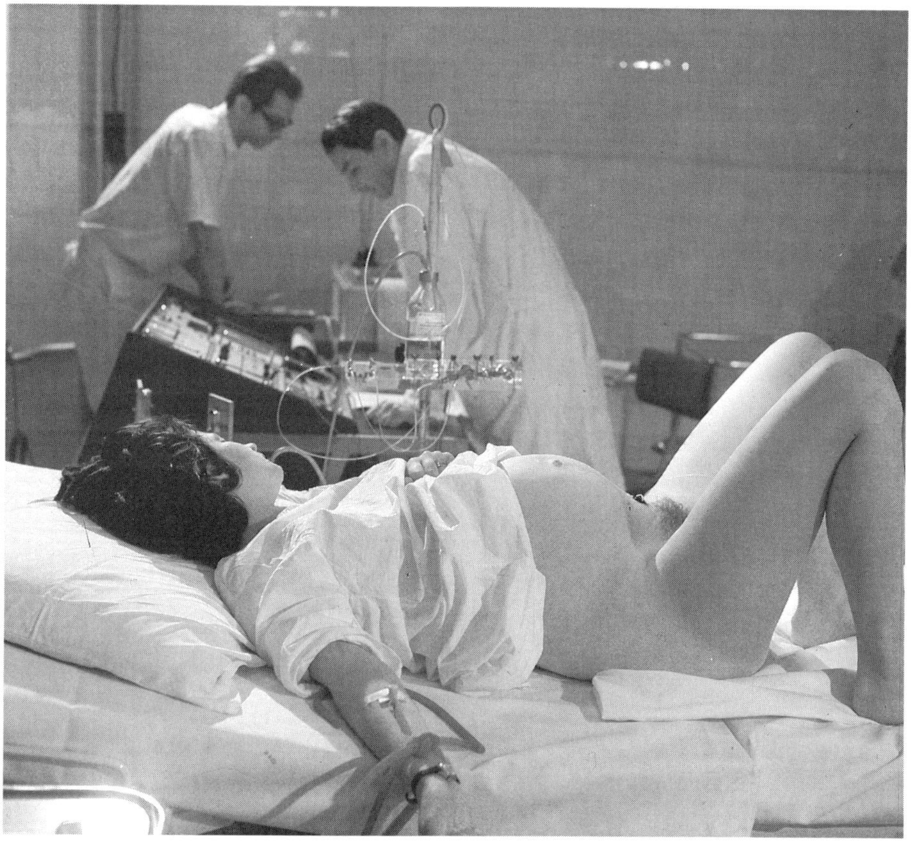

Geburtsüberwachung in der Klinik:
Zu diesem Bild schrieb der SPIEGEL 31/80 in dem Beitrag «Unendliches Vergnügen, unendlicher Schmerz»: «Umgeben von Monitoren und Meßgeräten, fühlt sich die Frau wie ein Auto auf dem Prüfstand. Frauen wehren sich gegen das seelenlos-sterile Ritual der Klinik-Geburt. Die natürlichste Sache der Welt, klagen sie, werde durch technischen Aufwand «entfremdet», seelische Spätschäden für die Neugeborenen seien zu befürchten.»
Der moderne Wegbereiter einer sanften Geburt FREDERICK LEBOYER sagt dazu: «Liebe ist nötig. Ohne Liebe ist man höchstens geschickt. Um sich dem Neugeborenen verständlich zu machen, maß man zu ihm in der Sprache der Liebenden sprechen. Ja, der Liebenden! Sie sprechen nicht, sie berühren einander . . . Genau das braucht das Neugeborene. Genau das versteht es. So muß man zu ihm sprechen, indem man es berührt, liebkost . . .» Frauen wollen gebären und nicht entbunden werden!
(Foto: Dr. med. Lothar Reinbacher, SPIEGEL 31/80, mit freundlicher Genehmigung der Zeitschrift Spiegel)

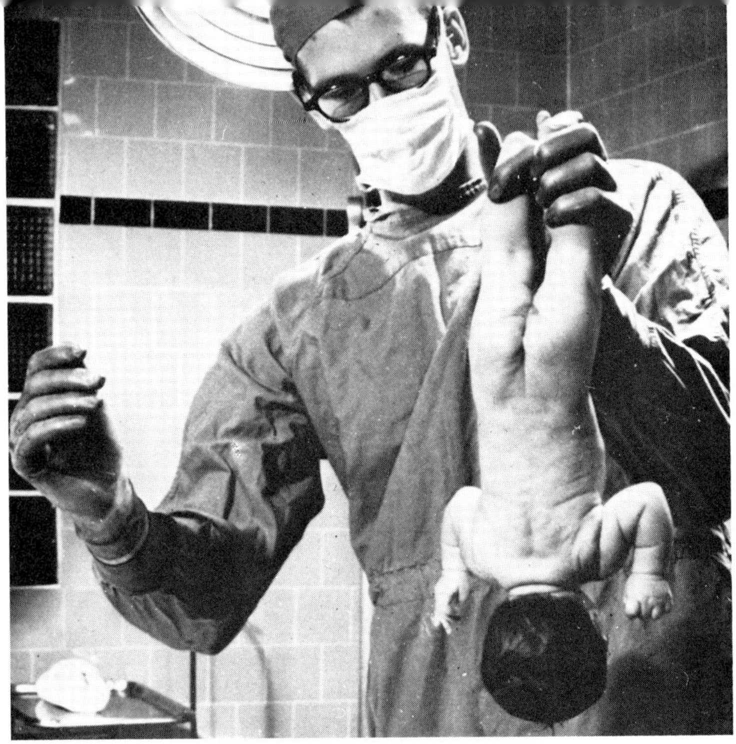

Neugeborene in der Klinik: Muß das Leben so beginnen?
(Foto: Keystone, Hamburg)

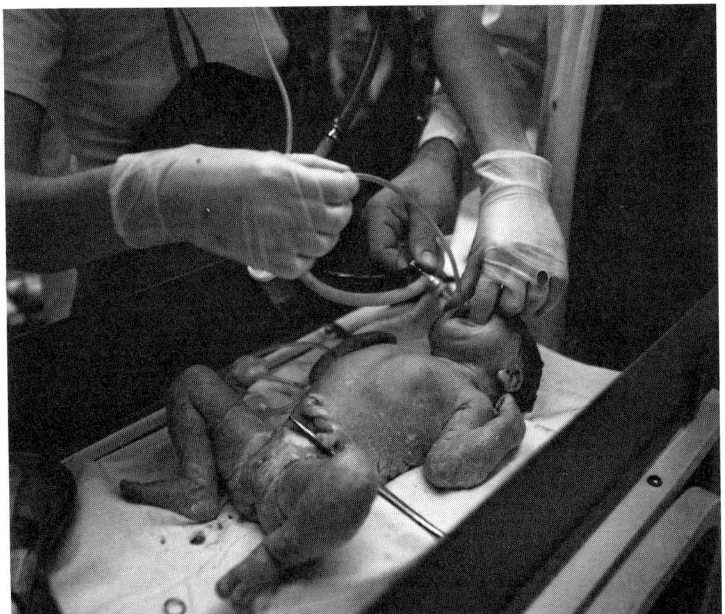

Als therapeutische Maßnahme sollte das Wiedererleben lassen der eigenen Geburt zum Löschen des durch eine traumatische Geburt geprägten Verhaltensmuster bei diversen psychosomatischen Erkrankungen durchgeführt werden, besonders bei Asthma bronchiale, Agora- und Klaustrophobie, Sprachhemmung, Trennungsängsten, Gefühlen der Hilflosigkeit und Resignation.
(Foto: Dr. med. Lothar Reinbacher, SPIEGEL 31/80, mit freundlicher Genehmigung der Zeitschrift Spiegel)

ständiger Alkohol- oder Zigarettenkonsum,
Medikamentenabusus,
Infektions- oder Geschlechtskrankheit,
Über-, Unter- oder Fehlernährung der Mutter.

2. *Im psychischen Bereich der Mutter:*
Vergewaltigungserlebnis,
Ablehnung der Schwangerschaft,
Abtreibungsversuche,
Abwehrhaltung gegenüber dem Partner oder Geschlechtsverkehr,
Gespräche nach dem Geschlechtsverkehr: Angst vor Empfängnis, Ablehnung eines Sohnes oder Tochter,
Auseinandersetzungen mit Partner oder Eltern,
Angsterfüllte Schwangerschaft,
Hektik, Reizüberflutung, Überlastung.

Ein werdender Mensch kann also schon im Mutterleib ein «Patient» werden und dann mit einer psychosomatischen Erkrankung zur Welt kommen. Ein besonders gravierender und tragischer Fall wurde dazu aus den USA berichtet: Eine 17-jährige, gesunde Mutter brachte nach einer körperlich komplikationslos verlaufenen Schwangerschaft ein Kind zur Welt, das dann am nächsten Tag plötzlich starb. Die Obduktion ergab, daß dieses Kind mit 3 Magengeschwüren, wie ein gestreßter Manager, zur Welt gekommen war. Dieses arme Kind mußte im Mutterleib die Aufregungen seiner Mutter miterleben, wie sie von den Eltern gezwungen wurde, den Vater ihres Kindes, einen gewalttätigen Säufer, gegen ihren Willen zu heiraten. Es mußte den ganzen Streß in sich aufnehmen und eine klassische psychosomatische Krankheit entwickeln!
Für den Psychosomatiker beginnt das menschliche Leben eben nicht erst mit Vollendung der Geburt, wie die Juristen das sehen können, sondern mit der Sekunde der Zeugung. Bereits im Jahre 1907 sprach SADGER gegenüber FREUD von der Möglichkeit eines Konzeptionstraumas! Ein japanisches Sprichwort sagt treffend: «Zum Zeitpunkt seiner Geburt ist der Mensch schon ein Jahr alt!»
Ein Kind sollte daher von seinen Eltern «gewünscht» sein, dann im «Warteraum zum Leben» viele harmonische Eindrücke und «Erlebnisse» aufnehmen dürfen. Es sollte voll Zuneigung und frei von Angst erwartet werden! Nur so kann sich das bilden, was ERIKSON «Urvertrauen» nannte.

Die pränatale Phase eines Menschen mit ihren möglichen traumatischen Einflüssen muß daher ebenso in das diagnostische und therapeutische Konzept einbezogen werden, wie eine traumatische Geburt sowie krankmachende Faktoren in den ersten 7 Lebensjahren und im weiteren Lebensverlauf.

RONALD LAING schreibt in «Tatsachen des Lebens» u. a.: «Es ist für mich nichts Ungewöhnliches mehr, Leute von ihrer Geburt oder von ihrem Leben im Mutterleib erzählen zu hören; es sind für sie eigene Erinnerungen, die sie nie vergessen haben oder die sie vergessen haben und die ihnen dann «spontan» wieder eingefallen sind: im Verlauf einer psychotherapeutischen Behandlung ..., einer Urschrei- oder Radikaltherapie. Ich muß feststellen, daß viele meiner Zeitgenossen fühlen, daß das, was sich von ihrer Empfängnis bis zu ihrer Geburt und darüber hinaus abspielte, heute eine bestimmte Bedeutung für sie als Erwachsene hat.»

Die Geburt: Ein prototypisches Urtrauma

Schon S. FREUD und eine Reihe seiner später abtrünnigen Schüler diskutierte über die Auswirkungen der Geburt als traumatisches Ereignis und sprach vom Geburtsschock. Aus diesem Grund sieht man heute FREUD als einen der Wegbereiter der pränatalen Psychologie und bezieht sich dabei auf eine bedeutsame und aufschlußreiche Fußnote Freuds im Band III, S. 129 seiner gesammelten Werke: «Die Bedeutung der Phantasien und unbewußten Gedanken über das Leben im Mutterleib habe ich erst spät würdigen gelernt. Sie enthalten ... die tiefste unbewußte Begründung eines Glaubens an ein Fortleben nach dem Tode, welches nur die Projektion in die Zukunft dieses unheimlichen Lebens vor der Geburt darstellt. Der Geburtsakt ist übrigens das erste Angsterlebnis und somit Quelle und Vorbild des Angstaffektes.»

Unter den abtrünnigen «geistigen Kindern» Freuds war es in herausragender Weise OTTO RANK, der bereits im Jahr 1923 in seinem in Wien erschienenen Buch «Das Trauma der Geburt» seine Ansichten zum Geburtstrauma und seinen neurotisierenden Folgen darlegte. Die Wege von FREUD und RANK mußten sich unabwendbar trennen, als RANK sein «Geburtstrauma» in der Bedeutung über den Ödipuskonflikt stellte! Rank war der Auffassung, das Geburtstrauma sei ebenso konstant und universell vorauszusetzen, wie der Ödipuskomplex, weil eben jeder Mensch

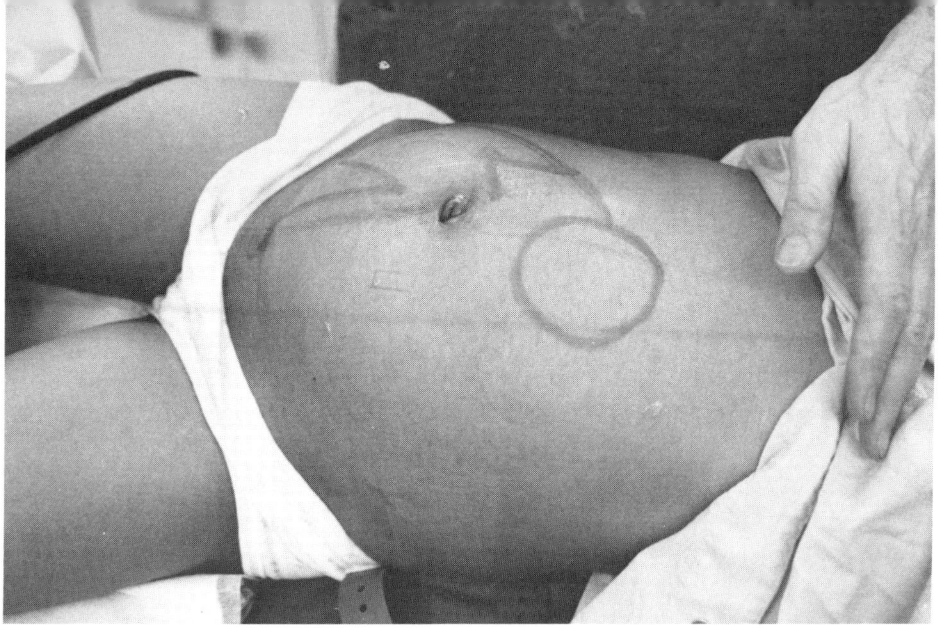

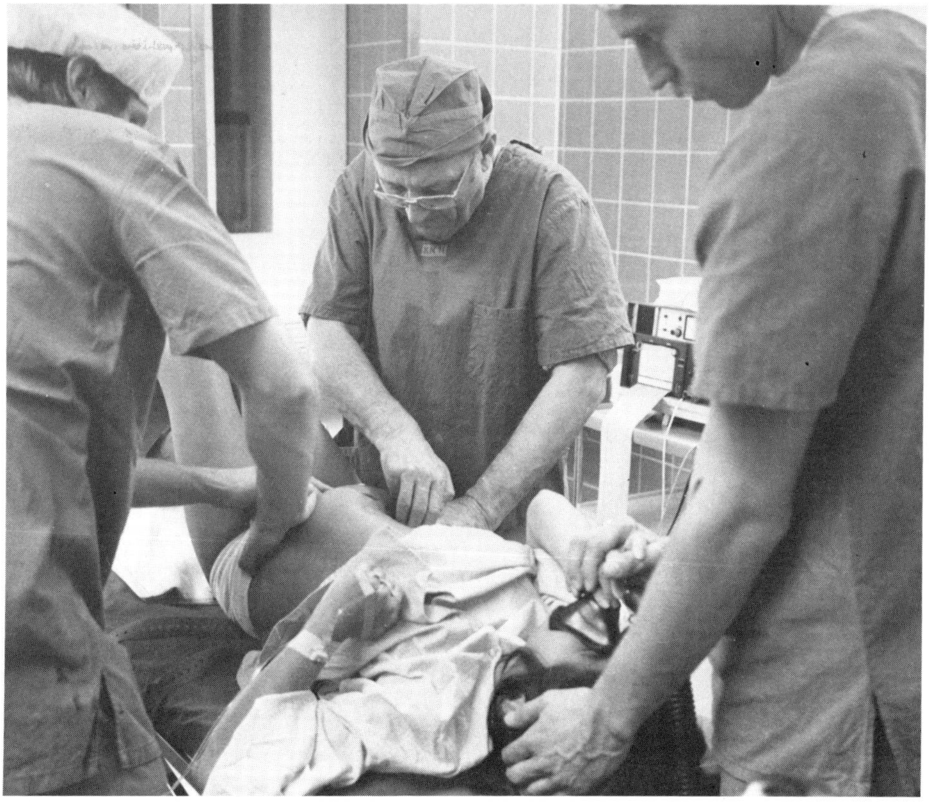

Kaiserschnitt – wirklich der leichteste Weg für ein Kind ins Leben? Wenn man das Geburtstrauma mit seinen Prägungen für später wirksame Verhaltensmuster übersieht, könnte man das meinen! Das Kaiserschnitt-Kind ist nicht geboren worden, sondern wurde geholt – es wartet irgendwie ein Leben lang auf die versäumte Geburt!
(Fotos: Cornelius Meffert, STERN 20/83, mit freundlicher Genehmigung der Zeitschrift Stern)

den einschnürenden Schmerz habe erleben müssen, genauso wie den Schock, völlig unerwartet und hilflos von der Mutter getrennt einer kalten Welt ausgeliefert zu sein. Während RANK das Geburtstrauma jedes Menschen in seinen Ängsten des Getrenntwerdens von der Mutter und in seiner Hilflosigkeit sah, verschob LEONARD ORR das Gewicht des Geburtsschockes auf den kalten Atemzug, welcher das Neugeborene zu einem «Angstklumpen» macht, was den natürlichen intuitiven Atemrhythmus verhindert.

Verhaltensmuster, die in den Minuten der Geburt entstehen

Die RANKschen Überlegungen dienten in den folgenden Jahren bis heute als Denkanstoß für eine ganze Reihe von Therapien, die in ihrem Konzept davon ausgingen, daß eine schwere Geburt oder überhaupt der Geburtsvorgang als prototypisches Urtrauma Bezugspunkt und Grundmuster für das spätere Verhalten eines Menschen sein kann und so die Weichen für bestimmte Symptombildungen stellt. A. JANOV beschreibt den Einfluß dieser ersten Urschmerzen bei der Geburt eines Menschen in seinem jüngsten Buch «Frühe Prägungen». So wird z. B. ein als Frühgeburt zur Welt gekommenes Kind seinen Kampf ums Überleben nie «vergessen» können und als erwachsener Mensch in Belastungs- oder Erregungssituationen das Geburtstrauma mit seinem ersten geprägten Verhaltensmuster wiederbeleben: Er wird Angst bekommen, wenn er weite Plätze überschreiten oder geschützte Räume verlassen soll.
Diese Erkenntnisse müssen in die moderne psychosomatische Medizin eingebracht, d. h. diagnostisch und therapeutisch berücksichtigt werden, so daß man sich immer auch fragen muß, wie ein Patient zur Welt kam und welche mögliche Folgen verschiedene Geburtstraumen für das spätere Leben eines Patienten gehabt haben könnte!

Urschmerzen und Urerlebnisse bei der Geburt: Grundmuster für späteres Verhalten und Symptombildung

Geburtstrauma:	*Mögliche Folgen:*
1. Im Geburtskanal steckengeblieben: Zangengeburt Saugglocke	Im späteren Leben kann das in Belastungssituationen jenes Urgefühl aufleben lassen: «Ich schaffe es nicht!», Resignation und Verzweiflung, in Ausnahmefällen: Prägung des Kampfgeistes «Jetzt erst recht!»
2. Geburt durch Kaiserschnitt, Geburt in Narkose:	In späteren Streßsituationen kann sofort das Gefühl entstehen: «Ich kann nichts tun!» «In meinem Leben muß noch etwas Entscheidendes geschehen!» Angst vor plötzlicher Leere
3. Verschlucken von Fruchtwasser, Strangulation durch Nabelschnur	Bei späteren Erregungssituationen: Atemstörungen Asthma-Anfall
4. Künstliche Einleitung der Geburt, Überschreiten des Geburtstermines, Zu lange dauernde Wehen, Steißlage des Kindes:	Bei späteren Mißerfolgen, Streß- und Erregungssituationen: Angst bei jedem Warten-müssen, Angst vor zu engen Räumen, Resignation, Pessimismus.
5. Frühgeburt:	Bei späteren Streßeinflüssen: Angst, von anderen Menschen getrennt zu werden, Angst vor plötzlichen Veränderungen im Leben, Angst beim Überschreiten von weiten Plätzen, Angst, geschützte Räume zu verlassen.

Was uns der Körper sagen will! Die Organsprache in treffenden psychosomatischen Redewendungen des Volksmundes:

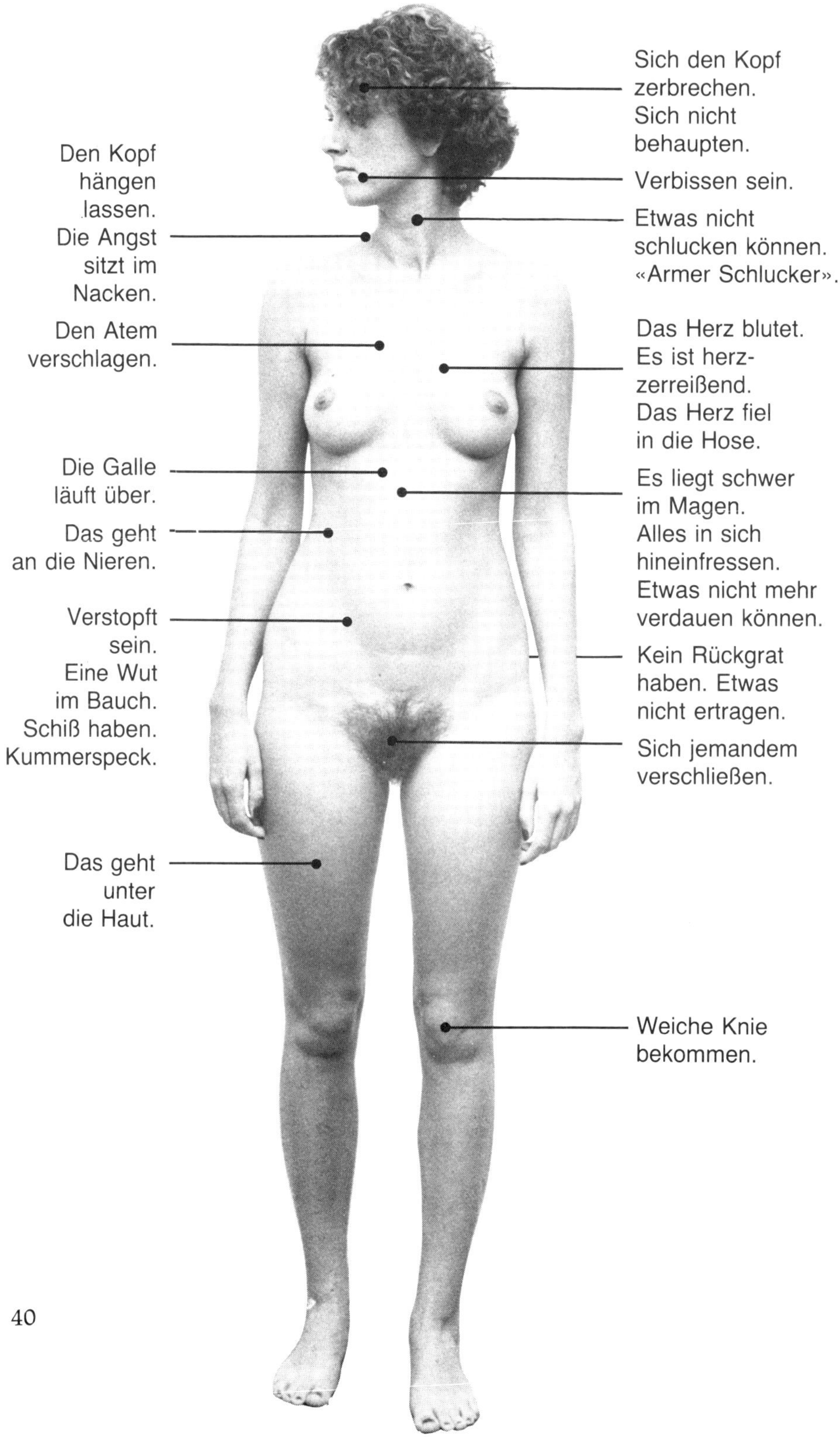

Wie es zu einer bestimmten Organwahl oder zur «Organsprache» kommen kann

Seelische Spannung wird durch das vegetative Nervensystem (Sympathikus und Parasympathikus bzw. Vagus) in den somatischen Bereich hineinprojiziert. Welche Organsysteme «wählt» das Vegetativum dafür aus? Warum bekommt ein Mensch bei Erregung keine Luft mehr und hat Angst, ersticken zu müssen, während ein anderer in der gleichen Situation sofort mit Durchfall reagiert und zur Toilette laufen muß? Wie kommt die Organwahl zustande? Welche Organsysteme werden unbewußt vom Individuum herangezogen, um sich, wie BALINT formulierte, beklagen und signalisieren zu können, daß es psychologische Probleme hat, welche es bisher nicht lösen konnte. Die funktionelle Organstörung soll ihm dabei helfen, sich beklagen zu können, was er bisher nicht konnte. Fast unüberschaubar vielfältig und zum Teil divergierend sind dazu die psychosomatischen Modelle und Theorien. Der Verfasser hat darum versucht, die einleuchtendsten Hypothesen mit seiner Auffassung zu vereinigen. Er sieht daher die Organwahl im wesentlichen von folgenden Faktoren abhängig:

1. von der Weichenstellung durch den Konstitutions- und Reaktionstypus eines Menschen

a) *Konstitutionstypen nach KRETSCHMER*

Sie sind an anderer Stelle genau beschrieben. Die Zugehörigkeit zu einem der Konstitutionstypen, wie sie KRETSCHMER gesehen hat (leptosomer, athletischer, pyknischer, dysplastischer Typus) zeichnet den Weg vor für seine Persönlichkeitsdimension nach JUNG und seine vegetative Reaktionsbereitschaft.

b) *Introversion bis Extraversion*

Diese Persönlichkeitsdimension einer zunehmenden Kontaktfähigkeit oder -Unfähigkeit verstärkt die Tendenz zu einer bestimmten Organwahl. Je kontaktfähiger ein Mensch ist, um so aussagekräftiger wird seine «Organsprache» in einer neurotischen Phase sein: Organneurosen und hysterische Reaktionen sind von ihm zu erwarten!

c) *Vegetative Reaktionslage*

Die genetische Vorgabe, die Konstitution eines Individuums bestimmt sehr ausschlaggebend zusammen mit den im weiteren Verlauf noch darzustellenden Faktoren die vegetative Reaktionstendenz bzw. -Bereitschaft im Krankheitsfalle. Ein extravertierter Pykniker wird bei langanhaltendem Ärger oder Streß in sympathikotoner Richtung, z. B. mit Hypertonie reagieren. Ein introvertierter, vagotoner leptosomer Typus wird in gleicher Situation Magenbeschwerden bekommen. Die modernen Lerntheoretiker erklärten die Organwahl durch die deutlichen Unterschiede in den Mustern vegetativer Reaktionsbereitschaft auf Streß und psychische Belastungen.

Krankheitsdispositionen durch Konstitution (Typen nach KRETSCHMER), vegetative Reaktionslage und Persönlichkeitsdimension

1. Leptosomer Typ

Äußere Kennzeichen:

Schlank, schmal aufgeschossen, enger Brustkorb, spitzer epigastrischer Winkel, schmale Schulter, schmales und längliches Gesicht.

Persönlichkeitsdimension: Introvertiert.

Vegetative Reaktionslage: Vagoton (V+)

Krankheitsneigung zu: Ulcus ventr. + duodeni, Gastritis, Tuberkulose, Schizophrenie, Phobien, Hypochondrie.

2. Athletischer Typ

Äußere Kennzeichen:

Mittelgroß bis groß, breiter Brustkorb, muskelkräftig, schwerer Knochenbau, längliches Gesicht, lange Nasenpartie.

Persönlichkeitsdimension: Extravertiert.

Vegetative Reaktionslage: Sympathikoton (S+) oder vagoton (V+)

Krankheitsneigung zu: Thyreotoxikose, Epilepsie, Organneurosen.

3. Pyknischer Typ

Äußere Kennzeichen:

Untersetzt, kräftig gebaut, mit starkem Unterhautfett, vortretender Bauch, breites Gesicht, runder Kopf und kurzer starker Hals.

Persönlichkeitsdimension: Extravertiert.

Vegetative Reaktionslage: Sympathikoton (S+)

Krankheitsneigung zu: Hypertonie, Fettsucht, Dysbakterie, Diabetes mellitus, manische Depression, Organneurosen, Hysterie.

4. Dysplastischer Typ

Äußere Kennzeichen:

Labil in der Haltung, Bewegung und Gefühlen; endokrin dysharmonisch.

Persönlichkeitsdimension: Nicht einheitlich.

Vegetative Reaktionslage: Nicht einheitlich.

Krankheitsneigung zu: Hormonellen Störungen. Ansonsten abhängig von der jeweiligen vegetativen Reaktionslage des Dysplastikers.

2. von der Art der Konfliktinhalte und ihren Reaktionen darauf

F. Alexander hat in seinem Buch «Psychosomatische Medizin» interessante Zusammenhänge über die Psychodynamik vegetativer Funktionsstörungen aufgezeigt:

a) *Unterdrückung feindseliger Gefühle*
In allen Fällen in denen durch psychische Streßoren der Organismus in «Alarm- und Kampfbereitschaft» versetzt wurde, aber keine Ausdrucksmöglichkeit für aversive oder aggressive Gefühle und Handlungen möglich war, feindselige Gefühle im Willkürverhalten unterdrückt und der aggressive Ausdruck blockiert werden mußte, der Kampf also nicht stattfinden konnte, gerät das sympathische Nervensystem in einen Dauererregungszustand. Der blockierte Kampf, die unterdrückten Kampf- und Angriffsreaktionen, wie z. B. auf den Tisch hauen oder laut herausschreien, führen unter der Decke äußerlicher Beherrschung zu einer Dauerstimulation des Sympathikus mit seinen psychosomatischen S+-Störungen, wie essentieller Hochdruck, Schilddrüsenüberfunktion oder über den konstant erhöhten Muskeltonus in eine rheumatoide Arthritis.

b) *Blockierte Flucht, verhinderte Anklammerung*
In den vorher aufgezeigten Situationen reagiert eine andere Gruppe psychisch gestörter Patienten, in welchen Kampf- oder Selbsterhaltungsanstrengungen angemessen wären, mit einem gefühlsmäßigen Sichzurückziehen vor dem notwendigen Handeln in einen kindlichen Abhängigkeitszustand. Statt der unangenehmen Realität ins Auge zu sehen, ist die erste Reaktion, sich hilfeheischend abzuwenden, wie sie es taten, als sie noch hilfebedürftige Kinder waren. Dieser Rückzug vom Agieren kann als «vegetativer Rückzug» betrachtet werden! Ein klassisches Beispiel für diesen Rückzug ist ein Soldat, der in einer Gefahrensituation nicht sinnvoll reagiert, sondern «in die Hose macht». Es wird eben nicht gekämpft, ja nicht einmal geflüchtet, man verhält sich wie ein Johanniskäfer, man stellt sich «tot»! Falls nun bei diesem «vegetativen Rückzug» die unwillkürlich auftretenden anklammernden, hilfesuchenden und regressiven Strebungen – vom intensiven Bedürfnis gestreichelt, umsorgt, gelobt,

Kurzübersicht über die Wirkungen des vegetativen Nervensystems auf verschiedene Organfunktionen

Organ:	Erregung des *Sympathikus* (S+) hat zur Folge:	Erregung des *Parasympathikus* (V+) hat zur Folge:
Pupillen:	Erweiterung (Mydriasis)	Verengung (Miosis)
Lidspalten:	Erweiterung	Verengung
Herz:	Tachycardie Erweiterung der Coronargefäße	Bradycardie Verengung der Coronargefäße
Gefäße:	Verengung	Erweiterung
Bronchien:	Erweiterung	Verengung
Magen:	Hemmung der Sekretion	Anregung der Sekretion
Darm:	Hemmung der Peristaltik	Anregung der Peristaltik
Blase:	Harnverhaltung	Harnentleerung
Genitale/Mann:	Gefäßverengung Ejakulation	Gefäßerweiterung Erektion
Schweißdrüsen:	Wenig Schweiß	Reichlich Schweiß
Organwirkung	S+	V+

Das vegetative Nervensystem kann als «Resonanzboden» der Psyche angesehen werden – Sympathikus und Parasympathikus bzw. Vagus stellen dabei die Weichen, in welcher Weise sich eine funktionelle Störung bemerkbar machen wird.

gefüttert, herumgetragen, versorgt zu werden oder in irgendeiner Weise Hilfe zu erhalten – durch irgendwelche Umstände blockiert werden, kommt es zu einer Dauerstimulation des parasympathischen Zweiges des vegetativen Nervensystems. Folge: Die Weichen für die Organwahl in Richtung Ulkusbildung in Magen oder Zwölffingerdarm, Kolitis oder Asthma bronchiale sind gestellt!

Das vegetative Nervensystem:
Autonom arbeitendes Nervensystem zur Regelung der Lebensfunktionen

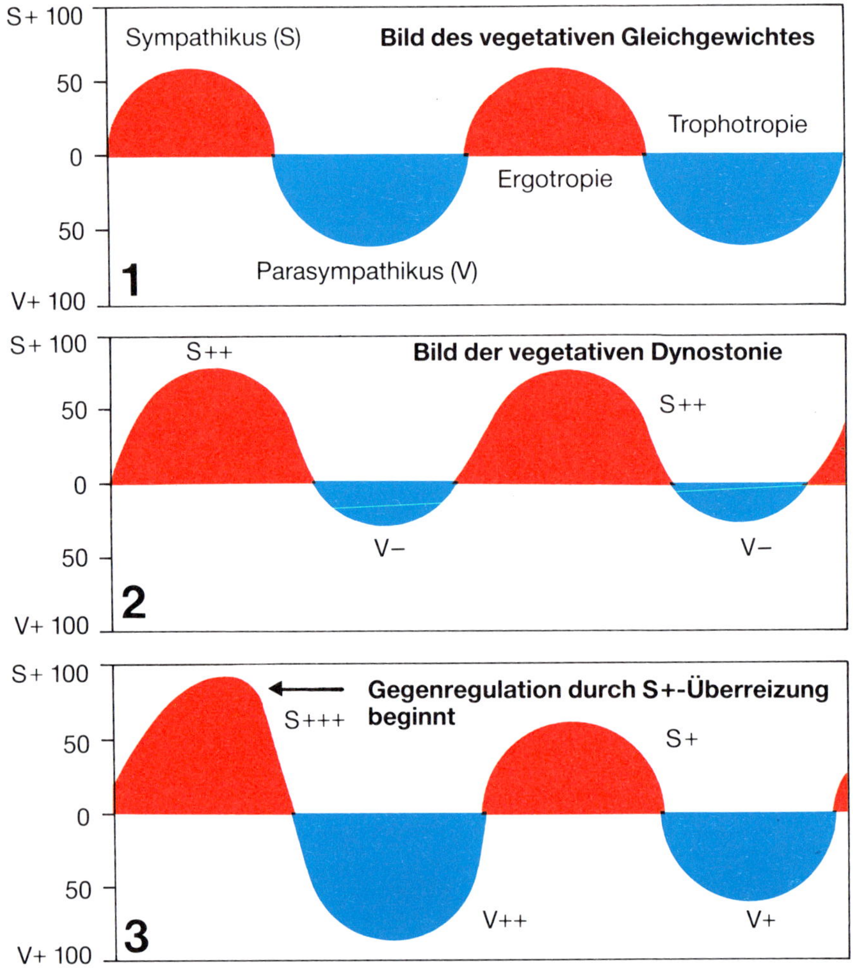

Bild des vegetativen Gleichgewichts: Sympathikus und Parasympathikus halten sich die Waage. Diesen Zustand herzustellen, ist Aufgabe der psychosomatischen Therapie!

Das Gleichgewicht der autonomen Steuerung ist gestört:
Eine neurovegetative Dystonie stellt sich ein. Je nachdem, ob der Sympathikus oder der Parasympathikus (im wesentlichen der Vagus) überwiegt, also S+ oder V+, stellen sich die typischen Folgen in den betroffenen Organsystemen ein. Viele Faktoren, besonders psychische Dauerbelastungen, irritieren das vegetative Gleichgewicht!

Gegenregulation: Die «Notbremse» des vegetativen Nervensystems.
Wird die Stimulierung eines Teiles des VNS (z. . S++++) ständig weiterbetrieben, kann sich das System nur noch durch eine Gegenregulation vor dem Zusammenbruch retten. Dadurch wird erklärlich, daß eine konstant «falsch» angesetzte Therapie durch die Gegenregulation des Organismus zum Erfolg führen kann.

3. von der Organdisposition und vom Zeitpunkt, in dem die psychischen Belastungen auftraten

Hier muß zunächst deutlich zwischen einer psychischen und einer organischen Organbereitschaft unterschieden werden. Unter psychologischem Aspekt bedeutet Organdisposition eine neurotische Fixierung oder Steigerung schon vorhandener Beschwerden oder Repetition der Symptomatik einer bereits früher einmal durchgemachten Krankheit. In einer Konfliktsituation kann also die «Organwahl» auf ein Organsystem fallen, das zu Beginn der psychischen Irritation schon «angeschlagen» oder früher schon einmal als krank erlebt wurde. Auch eine angeborene traktusgebundene Labilität muß einkalkuliert werden. Ist also z. B. die labile «Schwachstelle» der Verdauungstrakt, so wird eine psychische Belastung zu einer Funktionsstörung in diesem Organbereich führen!

4. von der Lebensweise eines Menschen

Organe und Organsysteme, Regelsysteme können durch die falsche Lebensweise und -Einstellung eines Menschen irritiert oder geschädigt werden. Denken wir hier an die sympathikotonen Auswirkungen übertriebenen Bohnenkaffee-Genusses oder cola-haltiger Getränke, die Folgen einer einseitigen, basischen Ernährung in Richtung Vagus-Erregung oder die gesundheitlichen Risiken durch Überernährung, Schlafmangel oder Nikotin- bzw. Alkoholabusus.

5. von den Einflüssen, denen ein Mensch während der intra-uterinen Phase ausgesetzt war

Der Embryo und Fetus fühlt, gähnt, träumt; er nimmt am Gefühlsleben der Mutter teil. Er «spürt», ob er gewünscht oder abgelehnt wird. Im Kapitel «Pränatale Psychosomatik» wird ein Fall beschrieben, in dem ein Kind mit 3 Magengeschwüren zur Welt kommen und daran einen Tag nach der Geburt sterben mußte. Die Psychosomatik beginnt schon in der Sekunde der Zeugung. Viele traumatische Ereignisse und Vorgaben können schon während der intra-uterinen Phase auf ein Kind einwirken, z. B.: Vergewaltigung der Mutter, Ablehnung der Schwangerschaft, mißglückte Abtreibungsversuche, schwere organische Erkrankung der Mutter; Alkohol-, Nikotin- oder Medikamentenabusus der Mutter; ständige Aufregungen der Mutter; Mutter unglücklich; Mutter voller Angst; Unfall oder Schreckerlebnis der Mutter uvam!

6. von der Art des Geburtstraumas

Durch das Geburtstrauma kann ein erstes Verhaltensmuster des neugeborenen Menschen geformt bzw. geprägt werden. Urerlebnisse bei der Geburt können also ein Grundmuster für das spätere Verhalten eines Menschen bilden. Ein Neugeborenes, das bei seiner Geburt durch Verschlucken von Fruchtwasser fast erstickt wäre, hat durch diese prototypische Urangst ein Grundmuster geprägt, das bei späteren bedrohlichen Situationen, Streß oder starken Belastungen möglicherweise dazu führt, daß dieser Mensch sofort mit einer Atemstörung, mit der Angst vor dem Ersticken, reagieren wird.
Eine Zusammenstellung der möglichen Folgen eines Geburtstraumas bringt der Verfasser im Abschnitt «Die Geburt: Ein prototypisches Urtrauma».

7. von der Art der Säuglingspflege und Kleinkinderziehung

Zum Beispiel von der Art der Abstillgewohnheiten, der Reinlichkeitserziehung etc. und damit

von den seit früher Kindheit gegebenen Koppelungen
von Erlebnisweisen mit bestimmten Organbewegungen.

Dieses «funktionelle Entwicklungsmodell» gründet sich im wesentlichen auf Erkenntnisse und Beobachtungen von Erikson, Dührssen und Schultz-Hencke. Ähnlich wie Freud die psychosexuellen Triebstufen in deutlicher Ablehnung an die körperliche Entwicklung angelegt sah, lag es nahe, mit den verschiedenen Organsystemen des Oralen, Analen oder Genitalen übergreifende leibliche Gebärden des Sichöffnens, Sichverschließens, Zupackens, Empfangens, Berührens oder Berührtwerdens zu verbinden. Alle entwicklungspsychologisch orientierten, funktionellen Modelle, welche bestimmte Organvollzüge mit Kindheitserfahrungen und seelischen Grundhaltungen verknüpfen, fassen Krankheit als

«Organsprache» auf. Wie die verbale Ausdrucksweise hat auch die Organsprache verschiedene Funktionen:

- *eine kommunikative Funktion*
- *einen karthartischen Abfuhraspekt*
- *die Möglichkeit einer symbolischen Selbstdarstellung.*

W. Bräutigam und P. Christian drücken dies in ihrer «Psychosomatischen Medizin» klar aus: «Die Syntax und Grammatik der Organsprache enthält Gesetzmäßigkeiten, die durch die Figurationen der Leiblichkeit wie auch durch die Einpassung des Organismus in die Umwelt sowie durch die Geschichte der Emotionen und Instinkte, die im Leib vorgegeben sind, geformt werden. Ebenso vorgegeben ist in der Sprache aber auch der kollektive und allgemeine Stellenwert der benutzten sprachlichen Symbole, was ebenso für die psychosomatische Organsprache zu bedenken ist.»

8. von der Bedeutung eines Organes, einen Konflikt symbolisch ausdrücken zu können

Grundsätzlich wird man für die «Organresonanz», eben der «Organsprache», der Art und Weise in der bestimmte Organsysteme auf gewisse Reaktionen der Psyche reagieren, feststellen können: Je mehr die Persönlichkeitsdimension eines vegetativ-labilen und kranken Menschen extravertierte Züge aufweist, um so mehr werden Organsymptome einen symbolischen Ausdruckswert im Sinne der Organsprache bekommen. Die Erforschung hysterischer Symptombildungen, der sogenannten Organneurosen, verdankt die moderne Psychotherapie S. Freud. Das Charakteristische der hysterischen Konversion sah Freud im «Sprung aus dem Seelischen in die somatische Innervation». Solche Symptome wollen etwas «sagen»; sie sind das Ergebnis von verdrängten, zensurierenden Einwirkungen gegenüber Triebenergien. Bei einer typischen konversionshysterischen Symptombildung liegen die Störungen nicht im Bereich des vegetativen Nervensystems, sondern im animalischen, sie betreffen dadurch den Bereich der Willkürmotorik; z. B. in einer hysterischen Schiefhalsbildung oder Fußlähmung u. a. m. Auch außerhalb dieser konversionshysterischen Vorgänge kann im Prinzip jedes Organ symbolträchtiges Projektionsfeld für emotionale Störungen und psychoreaktive Adaptionsvorgänge werden! Beispiel: Der Chronisch-Durchfall-Kranke fühlt sich im Leben «durchgefallen», seine Lebensenttäuschung ist tief in seine Person, bis in den Darm vorgedrungen. Er gibt alles, wirklich alles, was er hat, her, um ein bißchen Zuneigung bekommen zu können. Er umsorgt andere, obwohl er sich selbst nach bergender Liebe sehnt. Ganz anders dagegen der chronisch obstipierte Patient: Sein Darm offenbart seine retentive Grundhaltung. Er will nichts von sich hergeben, er geizt mit Geld und Gefühlen. Von einer chronisch «verstopften» Frau darf man daher annehmen, daß sie aufgrund ihrer zurückhaltenden Grundstimmung auch nicht hingabefähig sein kann. P. SCHILDER drückte dies treffend aus: «Gefühle haben eine körperliche Resonanz. In jeder Ausdrucksbewegung gibt sich praktisch ein Gefühl kund. Der ganze Körper erscheint schließlich nur als Instrument der Gesamthaltung, die sich sowohl in den reinen willkürlichen Bewegungen wie vasovegetativen Vorgängen ausdrückt.»

Die entscheidende «Weichenstellung» für die Organwahl

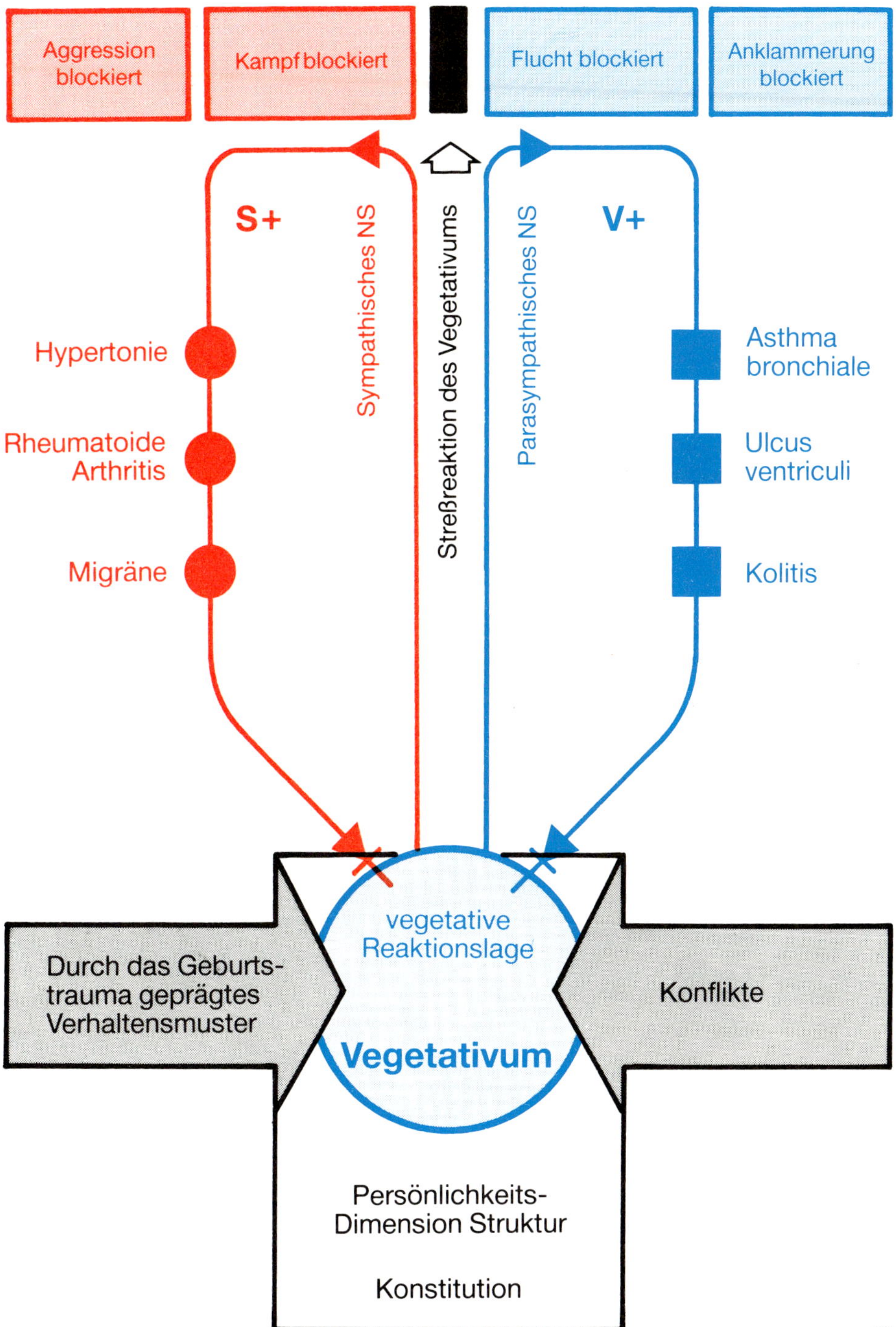

Die häufigsten psychosomatischen Erkrankungen

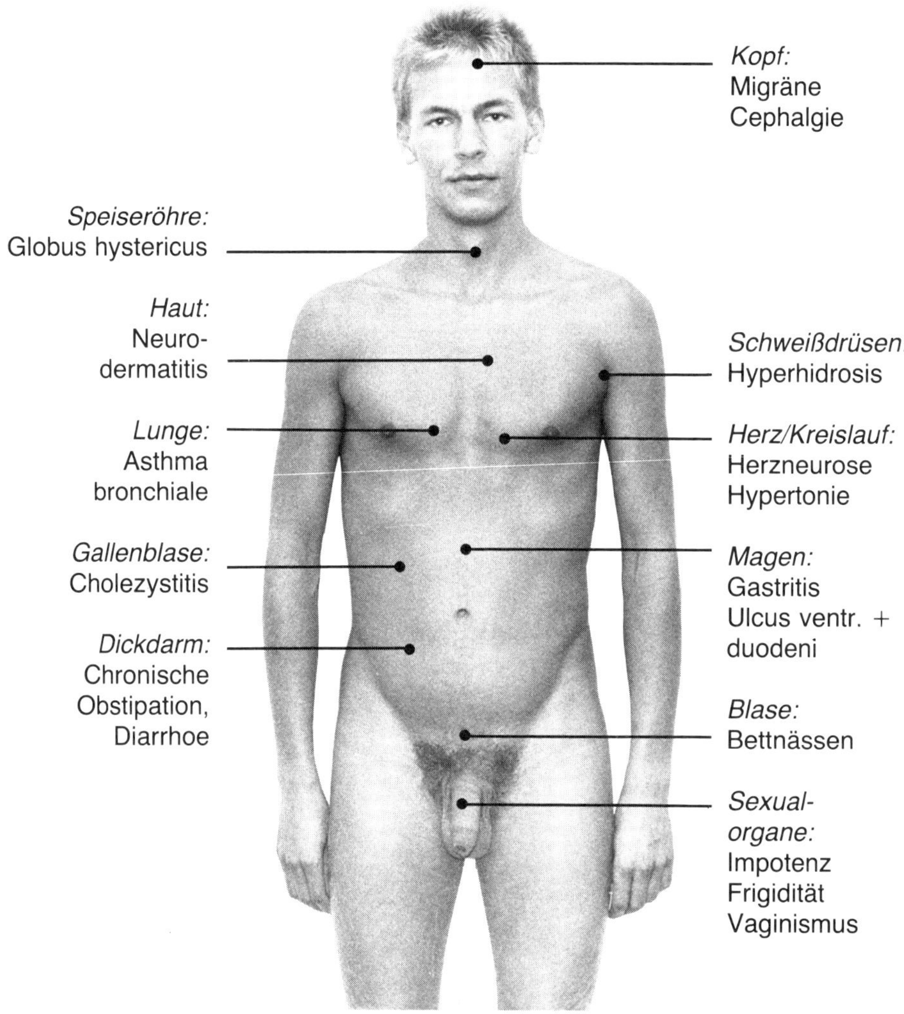

Eine funktionelle Krankheit bedeutet, sagt M. Balint, daß der Patient ein psychologisches Problem hatte, das er mittels seiner Krankheit zu lösen versuchte. Die Krankheit bietet ihm die Möglichkeit, sich zu beklagen, was er zunächst nicht tun konnte.
Die Aufgabe des Arztes besteht in der Klärung des Problems, über das sich der Kranke ursprünglich nicht beklagen konnte und für das er die Krankheit erzeugt hat.

III
Psychosomatische Krankheiten
Ursache und Behandlung

Herzneurose – Folge von nicht richtig verarbeiteten Emotionen

Im Normalfall wird die Tätigkeit des Herzens vom Menschen nicht wahrgenommen, nur in Situationen mit starker körperlicher Anstrengung oder in solchen, welche Angst auslösen, wird er plötzlich seinen erhöhten Herzschlag «spüren».
Psychosomatische Redewendungen des Volksmundes, wie z. B.:
«Da blutet sein Herz!»
«Sein Herz fiel in die Hose»
«Ein gebrochenes Herz»
haben schon lange die engen Beziehungen zwischen Herzfunktion und psychischen Hintergründen bzw. seelischen Befinden aufgezeigt! Interessanter Weise sind funktionelle Störungen des Herzens bei Männern wesentlich häufiger anzutreffen als bei Frauen, die Relation könnte etwa bei 70:30 liegen, bei der altersmäßige Schwerpunkt für das Auftreten herzneurotischer Störungen in den Altersgruppen zwischen 20 bis 40 Jahren zu beobachten ist. Herzneurosen zeigen sich meist anfallartig und äußern sich sehr häufig in folgenden Symptomen:

- Herzklopfen
- Tachykardie
- Rhythmusstörungen
- Angst
- Verstärkte Selbstbeobachtung
- Weitere Erhöhung der Pulsfrequenz
- Noch mehr Angst usw. wie vorher
- Hyperventilation
- Angst, ersticken zu müssen usw., usw.

Nicht selten befürchtet der Herzneurotiker einen Herzinfarkt erlitten zu haben, was natürlich seine Angst noch weiter steigert und die Spirale der Herzsymptomatik in Verbindung mit der ständigen Selbstbeobachtung weiter nach oben treibt!
Der herzneurotische Patient erkennt nicht, daß er es selbst ist, der sein Herz unaufhörlich mit vielerlei Ängsten, Trennungsängsten, Zweifel an seiner Gesundheit in Erregung versetzt. Der Verfasser erlebt daher immer wieder, daß ein Patient zu ihm sagt: «Wissen Sie, wenn Sie mir das Herzklopfen nehmen könnten, dann hätte ich nicht mehr Angst!» Dabei ist es doch genau umgekehrt, der Patient hat Angst, worauf sein Herz über das sympathische Nervensystem mit «Herzklopfen» reagieren muß. Das entspricht der Urprogrammierung der Menschen. Vor Jahrmillionen waren es äußere Feinde, wilde Tiere oder Naturgewalten, welche über die Sinnesorgane einen Bewußtseinsinhalt «Angst» sinnvoller Weise entstehen ließen und dann über den Streßmechanismus, besonders durch Erregung des Sympathikus, die Urmenschen zum Kampf oder zur Flucht mobilisierten: Die Herzfrequenz wurde erhöht, die Atmung forciert, die Pupillen erweitert, die Verdauungsvorgänge sofort gehemmt, die Gerinnungsfaktoren erhöht usw. Wir sehen, alles ursprünglich sinnvolle Reaktionen für Menschen, die kämpfen oder flüchten müssen. Über die Entwicklung der Menschen von damals bis heute hinweg, ist die Urprogrammierung völlig gleich geblieben, nur die Streßoren haben sich entscheidend verändert: Aus den äußeren Feinden wurden innere Feinde, die sich aus den negativen Vorstellungen der Menschen ergaben, nämlich ihre Ängste und Zweifel an der eigenen Gesundheit. Weil ein Angehöriger am Herzinfarkt gestorben ist, hat der Herzneurotiker panische Angst, dasselbe Schicksal zu erleiden: Auf die Angst reagiert das Herz mit Tachykardie und Herzklopfen, wie eben vor Urzeiten, und durch die chronische ängstliche Selbstbeobachtung solcher Menschen verstärkt sich nun wieder die Angstreaktion, darauf muß das Herz nochmals schneller schlagen ... die Spirale hat sich in Gang gesetzt!
Die Praxis hat gezeigt, daß es eine ganze Reihe von typischen Situationen gibt, welche als Auslöser für eine Herzneurose wirksam werden können:

- Konfrontation mit einer schweren Krankheit, einer Herz-Krankheit, besonders einem Herzinfarkt in der Familie oder der weiteren Umgebung. Herztodesfall bahnt der Angst den Weg, das gleiche Schicksal erleiden zu müssen. Wenn sich die Herzneurose schon weiter «festsetzen» konnte, genügt manchmal dann schon das Lesen einer Todesanzeige vom plötzlichen Ableben dieses Menschen, um die Herzsymptomatik voll in Gang zu setzen

- Beunruhigende Beobachtungen am eigenen Körper, verstärkt durch chronische Selbstbeobachtung, dadurch
- Negatives Denken mit ständigem Zweifel an der eigenen Gesundheit
- Induzierende ärztliche Diagnosen
- Bestimmte seelische Konflikte, die in Situationen evident werden, die eine Trennungs- und Ablösungsproblematik aufwerfen. Ein Herzneurotiker lebt in einer angstvollen Erwartung und Vorwegnahme einer Trennung, erlebt sie dabei ambivalent: Er wünscht die Trennung und fürchtet sie zugleich!

Herzneurotiker oder -Phobiker hatten meist eine sehr ängstliche, überbesorgte und verwöhnende Mutter. Sie sind oft Einzelkinder oder jüngste Kinder, bei denen die Mutter durch ihre ängstliche und verwöhnende Haltung die Selbständigkeit und die Bildung des Urvertrauens zur Welt beim Kind verhindert hat. S. Freud machte dazu die Beobachtung, daß die Verwöhnung einen Menschen unfähig mache, im späteren Leben auf Liebe zu verzichten oder sich zumindest zeitweilig mit weniger zu begnügen und kommt zu dem Schluß, daß das die übermäßige frühe Bindung zur Neurose disponiert.

Herzneurotiker wollen sich unentwegt an einen Angehörigen oder an den Behandler anklammern. Sie können meist nur in «sicherer» Begleitung aus dem Haus. Den Verfasser konsultierte vor kurzem ein rund 40-jähriger Landwirt, der sich nur 7 Kilometer im Umkreis von seinem Anwesen frei bewegen kann, entfernt er sich etwas weiter von zuhause überfällt ihn panische Angst, folglich treten sofort Herzsensationen ein, welche seine Angst verstärken, was ihn an die Grenze zur Ohnmacht bringt. Herzneurotiker können nicht allein sein! Herzneurotiker, in extremen Fällen muß man besser von Herzphobikern sprechen, könnten natürlich total ruhig bleiben, wenn sie wüßten, daß z. B. ein Internist mit einem Notfallkoffer im Auto hinter ihnen sitzt oder zehn Meter hinter ihnen geht!

Bei der Suche nach gemeinsamen Charakteristikas in den Persönlichkeitsbildern von Herzneurotikern gilt es 2 Varianten zu unterscheiden:

Persönlichkeitsmerkmale des Herzneurotikers

Fixierung an die Mutter; durch die überstarke Mutterbindung ängstlich-verunsichert mit kindlichem Bedürfnis nach Umsorgt- und Versorgtwerden sowie schützender Liebe, dadurch starke Anklammerungstendenzen. Gepeinigt von Trennungsängsten; unfähig, allein zu sein. Oft verdrängte feindseelige Gefühle: Zugleich Wunsch nach Trennung und Angst vor Trennung; stark hypochondrische Züge.

Diese Persönlichkeitsstruktur ist bei fast allen Herzneurotikern die gleiche, nur die Art und Weise, wie sie mit ihren Ängsten umgehen, läßt 2 Gruppen differenzieren: Typus I kommt sich hilflos und ausgeliefert vor; der Typus II dagegen, ist bestrebt, das Gefühl der fatalen Abhängigkeit zwanghaft durch gesteigerte Aktivitäten zu unterdrücken. Sie verdrängen die gesamte Problematik aus ihrem Bewußtsein. Mit Überaktivität kompensieren sie auch auftretende depressive Gefühle.

Therapie

Herzneurosen mit ihren funktionellen Organstörungen müssen mit ihrem psychischen Hintergrund möglichst schon bei ihrem ersten Auftreten erkannt werden, da der «sekundäre Krankheitsgewinn» mit seinen Therapie-blockierenden Effekten gerade beim Herzneurotiker rasch eintritt. Der Verfasser mußte z. B. in folgenden Fall an dem eingefahrenen, sekundären Krankheitsgewinn scheitern: Eine 33-jährige Ehefrau verhinderte schon seit 9 Jahren (!) mit ihren Herzanfällen, daß ihr Ehemann abends noch aus dem Haus gehen konnte. Wenn er es wirklich einmal versuchte, traten bei ihr Infarkt-ähnliche Herzsensationen auf. Als die Patientin merkte, daß die Behandlung zum «Tragen» kommen könnte, reagierte sie mit Angst vor der Behandlung! Sie «wollte» gar nicht mehr haben, daß der Ehemann abends zu irgendeiner Veranstaltung gehen kann. Nach so langer Zeitspanne ist der sekundäre Krankheitsgewinn übermächtig geworden! Rasche Hilfe ist in diesen Fällen unbedingt geboten, sonst scheitern alle therapeutischen Interventionen an der Barriere dieses Krankheitsgewinnes.

Gesprächstherapie

Sie muß zunächst an eine gründliche körperliche Untersuchung anknüpfen, die dem Patienten «beweist», daß sein Herz organisch völlig gesund ist! Durch orientierende Gespräche müssen Hintergründe und Auslösersituationen aufgedeckt und eine Neuorientierung eingeleitet werden.

Katathymes Bilderleben

Der Behandler muß es in der Oberstufe beherrschen!

Slogan-Repetitionsmethode

Über den slogan-artigen Leitsatz können entscheidende traumatische Ereignisse aus der Kindheit des Herzneurotikers aufgedeckt werden.

Hypnosetherapie

Posthypnotische Konditionierung der reflektorischen Entspannung, die der Patient immer und überall selbst auslösen kann, wenn er dazu seine Hände ineinanderlegt, wie zum Beten. Die Formulierung der hierzu notwendigen Suggestionen wird im Kapitel «Die Verhaltenstherapie» im Abschnitt «Systematische Desensibilisierung bei Angstzuständen» angegeben! Der Patient erhält also Hilfe zur Selbsthilfe!

Hypnosuggestionen zur Loslösung von der Mutter, wie z. B.: «Ich durchtrenne die immer noch zu ihrer Mutter führende Nabelschnur völlig schmerzlos für beide Teile. Fühlen Sie, wie ich Sie nun endgültig von Ihrer Mutter abgenabelt habe. Sie können sich endlich frei und unabhängig bewegen! Ihre Mutter freut sich, daß Sie endlich selbständig werden können! Als erwachsener Mensch haben Sie sich auf ganz normale Weise von der Mutter getrennt. Sie können jetzt Ihre eigene Persönlichkeit entfalten, sich frei und sicher bewegen.»

Zur Stärkung des Urvertrauens in die eigene Gesundheit verwendet der Autor meist in Hypnose Suggestionsinhalte in folgender Richtung: «Alle ärztlichen Untersuchungen haben eindeutig bewiesen, daß Ihr Herz organisch beneidenswert gesund ist. Bis in die tiefste Seele hinein setzt sich diese Erkenntnis durch: Ihr Herz ist organisch beneidenswert gesund. Das ist die Wahrheit – alles andere wäre gelogen. Ihr Herz ist gesund – was Ihnen gefehlt hat, war das positive Denken, der positive Glaube an ihre Möglichkeiten und Gesundheit! Mit Ihrem zweifelnden und ängstlichen Denken haben Sie bisher immer wieder Ihr Herz erregt. Ein gesundes Herz muß auf Angst reagieren. Das ist schon seit Urzeiten so! Sie können bis in die Tiefe Ihrer Seele hinein überzeugt sein, daß Ihr Herz organisch beneidenswert gesund ist. Viele wirklich herzkranke Menschen auf der ganzen Welt würden Ihr ganzes Vermögen darum geben, wenn sie Ihnen Ihr gesundes Herz abkaufen könnten. So sind die Tatsachen! Alle Angst fällt ab von Ihnen, wie das welke Laub im Herbst, das von den Bäumen abfällt! Stellen Sie sich einen großen, starken, gesunden Baum vor im Herbst mit goldgelbem Laub. Und nun kommt der

Wind und das welke Laub fällt zusamen mit allen Ihren Ängsten und Zweifeln ab. Alles, was abgefallen ist von diesem großen, starken gesunden Baum kehren wir am Boden zusammen auf einen Haufen und verbrennen es. Da bleibt nicht viel übrig, ein bißchen Asche auf einem dunklen Fleck am Boden – das ist alles! Stellen Sie sich diesen großen, starken und gesunden Baum genau vor, wie alles, was keinen Sinn mehr hat, abgefallen ist. Übrigens: Jeder von uns könnte dieser große, starke gesunde Baum sein! Das welke Laub, das im Herbst abgefallen ist, hat an diesem großen, starken und gesunden Baum Platz gemacht, daß dieser Baum im Frühling zum Leben erwacht und zu wachsen beginnt, neue Blätter bekommt, zum Blühen kommt. So wie dieser große, starke gesunde Baum im Frühling zu wachsen begonnen hat, so wächst auch Ihr Selbstvertrauen! Ihr Selbstvertrauen wächst und wächst, groß und stark, wie dieser große, starke gesunde Baum, der im Frühling wieder zu wachsen begonnen hat. So beginnt durch diese Behandlung auch für Sie ein neuer Lebensabschnitt, voll Ruhe, voll Selbstvertrauen und Gesundheit! Sie können sich überall frei und sicher bewegen, denn Sie beherrschen außerdem eine Methode, die Entspannung aus der Tiefe Ihrer Seele immer und überall in Sekunden auf natürliche Weise selbst hervorholen zu können, nämlich immer, wenn Sie die Hände so ineinander legen, wie wir es immer gemacht haben. Sie wissen, mit Entspannung können Sie jeden Angstzustand sofort durchbrechen, so daß Ihr Herz sofort zur Ruhe kommt! Durch den Einfluß meiner Worte auf Ihr Unbewußtes schlägt Ihr Herz bei Tag und Nacht immer ruhig und kräftig, ganz regelmäßig. Ihr Nervensystem erholt sich auch jede Nacht im Schlaf auf wunderbare Weise. Dadurch steuert Ihr Nervensystem alle Organfunktionen in Ihrem ganzen Körper immer ruhig und normal. Das bedeutet: Ihr Herz schlägt bei Tag und Nacht immer ruhig und kräftig, ganz regelmäßig!»
Eine Hypnosedurchführung mit dem Patienten wird live auf Band aufgenommen, damit der Herzneurotiker täglich zuhause die Hypnotherapie als Ablationshypnose über Monate weiterführen kann. Auf diese Weise wird eine kontinuierliche Stärkung des Selbstvertrauens sowie eine vegetative Stabilisierung erreicht.

Verhaltenstherapie

Parallel zur Hypnosebehandlung und zum Katathymen Bilderleben sollten gerade beim Herzphobiker die Möglichkeiten der systematischen Desensibilisierung seiner Angstzustände zum Einsatz kommen.

Neuorientierung der Lebensweise

Täglich ein nicht anstrengender Spaziergang in frischer Luft; genügend Vormitternachtsschlaf. Rauchverbot! Möglichst wenig Alkohol, wenn dann gelegentlich ein Glas Sekt oder Weißwein. Bohnenkaffee reduzieren. Keine Cola-haltigen Getränke.

Kneippsche Anwendung

Täglich 2mal ein kaltes Armbad bis zur Reaktion (ca. 15–20 Sek.)

Akupunktur und Ohrakupunktur

KS 6 + H 7 + Ohrpunkt Herz + Ohrpunkt Vegetativum.
Oder das «Bellergal» der Akupunktur: KG 15 + LG 19 + M 36 dazu H 3 bei depressiver Tendenz.

Medikamentöse Therapie

Herztropfen-Rezept:

Rp.	Tinct. Crataegi e.fol. cum flor.	
	Tinct. Visci albi	
	Tinct. Betulae e.fol.	
	Tinct. Cardui benedicti	
	Tinct. Melissae	
	Tinct. Arnicae DAB 8	aa 20,0
	Tinct. Ferri aromaticaa EB 6	ad 200,0
M.d.s.	1 mal 30 Tropfen täglich nach dem Frühstück.	

Da bei nervösen Herzbeschwerden oft Blähsucht besteht:

Rp.	Tinct. carminativa EB 6	200,0
D.S.	Nach Bedarf 10 Tropfen einnehmen.	

Schlaflosigkeit – ein Nicht-Loslassen-Können von sorgenvollen Gedanken

Der Schlaf gehört zu den primären Bedürfnissen des Menschen und ist für ihn biologisch außerordentlich bedeutsam. Der Schlaf verschafft dem Organismus die Möglichkeit, neue Energie zu schöpfen und durch die Träume der Psyche ein Ventil zu schaffen. Bevor man die Ursache für chronische Schlafstörungen im seelischen Bereich sucht, müssen organische Krankheiten in Betracht gezogen werden; in erster Linie muß hier gedacht werden an: Chronische Schmerzzustände, Fieber, Herzinsuffizienz, schwere Leber- und Nierenerkrankungen, Arteriosklerose, hirnorganische Prozesse, klimakterische Beschwerden, endogene Depression und Psychosen. Je mehr eine bestimmte organische Krankheit oder eine psychische Irritation im VNS den Sympathikus erregen kann, umso größer werden die Schlafprobleme werden! Generell muß gesagt werden, daß die Forschungsarbeiten an sogenannten Schlafkliniken in den USA gezeigt haben, daß die Ursachen für die Schlaflosigkeit, entgegen der Meinung vieler Mediziner, mehr in physischen als in psychischen Störungen gesucht werden muß! Ein durch organische Umstände schlafgestörter Mensch wird natürlich durch die damit verbundene Erschöpfung auch eine psychische «Schlagseite» mit der Zeit erleiden müssen. Eine depressive Verstimmung macht sich breit. Der schlechte Schläfer bekommt Angst, sich nachts nicht genügend erholt zu haben und bestärkt ihn in der Erwartungsangst, tagsüber zu erschöpft zu sein und die erforderliche Arbeitsleistung nicht erbringen zu können. Hier beginnt sich ein Teufelskreis zu schließen: Die Erwartungsängste stimulieren wiederum den Sympathikus, wodurch die Schlafstörung weiter gesteigert wird. Wir sehen, die Angst, nicht schlafen zu können, ist eine sehr häufige Ursache von chronischen Ein- und Durchschlafstörungen.

Welche psychischen Faktoren stören das vegetative Gleichgewicht so gravierend, daß ein Patient keinen erholsamen und ausreichenden Schlaf mehr finden kann? Denken wir an das, was H. Heine in Paris schrieb: «Denk ich an Deutschland in der Nacht, bin ich um den Schlaf gebracht!» Das ständige sorgenvolle Denken an seine Heimat hat damals Heine viele schlaflose Nächte bereitet! Die Zeiten haben sich seither gewandelt, wegen der deutschen Probleme wird heute kaum noch ein Politiker um seinen Schlaf gebracht, heute sind es die persönlichen Sorgen und Ängste, welche die Menschen an Schlafstörungen leiden lassen. Psychische Belastungssituationen können über Schuldgefühle, ängstliche Erwartungen und Auseinandersetzungen einen Menschen so zum Grübeln bringen, daß es in keinem angemessenem Verhältnis mehr zum Anlaß steht und dem Schlafenkönnen total im Wege steht. Mit dem Schlafen-Wollen wird dann das Schlafen-Können erst recht unmöglich gemacht, zumal die Erwartungsangst es schwer macht, aus dem Teufelskreis zu entkommen. Nun ist es so weit: Viele Patienten holen sich den «geborgten Schlaf» durch Schlafmittel. Zwar wird durch diese Mittel die Gesamtschlafdauer verlängert, leider aber der für den Erholungseffekt des Schlafes so entscheidende Traumphasenanteil deutlich verkürzt! Ein neuer Teufelskreis kann nun beginnen: Mit der Zeit wird der Patient abhängig von Schlafmitteln, wobei nicht selten ihre Stärke und Dosis erhöht werden muß, und dies über viele Jahre. Die Schlaftabletten gehören zum abendlichen «Zeremoniell», ohne sie geht es überhaupt nicht mehr. Durch die gestörte Schlafperiodik ist aber ein wirklich erholsamer Schlaf gar nicht möglich! Im Laufe eines Jahres (Periode 7/82 bis 6/83) wurden in der Bundesrepublik von den niedergelassenen Ärzten und Fachärzten rund 18 000 000 Verordnungen allein für Schlafmittel ausgestellt. Es dürfte einleuchten, daß dies nicht der richtige Weg sein kann, Schlafstörungen sinn- und verantwortungsvoll zu behandeln. Die Therapie muß das Grundleiden angehen und bei seelisch bedingter Schlaflosigkeit dafür sorgen, daß der Patient sich aussprechen, eben sein Herz ausschütten kann, seine Probleme in den Griff bekommt, sich entspannen kann und über das wiedergewonnene seelische Gleichgewicht auch wieder tiefen, erholsamen Schlaf findet. Es gibt keine Tablette, keine Spritze oder kein noch so großes Quantum Alkohol, was jemals in der Lage wäre, ein Problem bzw. eine Konfliktsituation sinnvoll zu beheben! Im Gegenteil, es kommt noch ein neues Problem der chemischen Abhängigkeit hinzu! Ohne die «verbale» Medizin läßt sich keine dem Menschen gerecht werdende Therapie durchführen. Medizin ohne Psychologie ist ein Anachronismus!

Therapie psychisch bedingter Schlafstörungen

Gesprächstherapie um dem schlafgestörten Patienten ausreichend die Möglichkeit zu geben, sein Herz auszuschütten, über seine Probleme zu sprechen. Dieses Gespräch kann nicht durch ein Rezept für ein Schlafmit-

tel ersetzt werden. Umgekehrt kann einem Patienten, der über seine Sorgen nicht sprechen will, auch nicht in unserem psychosomatischen Sinne geholfen werden. Dazu ein Beispiel aus der Praxis des Verfassers: Eine junge Dame (22 Jhr.) bittet wegen ihrer seit einem Jahr anhaltenden schweren Schlafstörungen um einen Besprechungstermin. Auf die allererste Frage des Verfassers, was denn vor einem Jahr Gravierendes in ihrem Leben passiert sei, kam die Antwort: «Da bin ich geschieden worden. Darüber will ich aber nicht sprechen. Bitte, helfen Sie mir, ohne daß ich hierüber etwas sagen muß!» Hier mußte der Patientin klargemacht werden, daß ihre Schlaflosigkeit in dem Moment erfolgreich therapiert werden könne, wenn sie über das Sprechen von der Scheidung und ihren Umständen die inneren Spannungen zu mindern beginnt!
Neben der Konfliktaufdeckung und -Bewältigung soll die Gesprächstherapie informieren über eine Behandlung ohne Medikamente und über welchen Zeitraum der Patient die Schlafmittel ausschleichen lassen muß. Gesprächsziel muß es auch sein, den Patienten zur Änderung seiner Ernährungs- und Lebensgewohnheiten ebenso zu gewinnen, wie für eine kooperative Einstellung für die Durchführung eventuell notwendiger, naturheilkundlicher Verfahren.

Autogenes Training

Bei leichteren nervösen Schlafstörungen kommt man mit dem AT rasch zum Ziel. Der Patient wird angehalten das AT abends im Bett durchzuführen und mit der Imagination einer für ihn besonders Ruhe und Müdigkeit vermittelnden Situation aus seinem Leben in den natürlichen Schlaf überzuleiten. In schwierigeren Fällen soll er sich zum Abschluß des AT eine Formel, etwa folgenden Inhalts 20–30mal sagen: «Immer, wenn ich abends im Bett Meeresrauschen (oder Vogelgezwitscher, das Rauschen eines Bächleins, Kuhglockenläuten, ein Wiegenlied, die Stimme meiner Mutter etc.) höre, sinke ich in tiefen, erholsamen Schlaf!» Für ein solches Vorgehen muß dem Patient eine entsprechende Aufnahme mit der gewünschten, schlaffördernden Vorstellung produziert werden, die er dann nach dem AT nachts stundenlang bei mäßiger Lautstärke «berieselnd» auf sich einwirken lassen kann. Auf die Anwendung von Tonband-Endlos-Cassetten geht der Verfasser aufgrund seiner Erfahrung an anderer Stelle ein.

Paradoxe Intention

Durch diese einfache Technik gelingt es oft, auch schwer Schlafgestörten zu helfen. Dr. H. Vorbusch von der psychatrischen Klinik der Vanderbilt University in Nashville/USA berichtet, daß er durch die paradoxe Anweisung an den Patienten, er solle sich darauf konzentrieren, wach zu bleiben, in 33 von 38 schweren Fällen von chronischen Schlafstörungen schon nach rund einer Woche den Schlaf normalisieren konnte.

Bio-Feedback-Training

Dieses setzt natürlich voraus, daß ein entsprechendes Bio-Feedback-Gerät mit elektronischem Gehirnwellen-Verstärker zur Verfügung steht. Der Patient übt Alpha-Wellen im Entspannungszustand zu produzieren, was dann zum Einschlafen angewandt werden kann!

Hypnosetherapie

In schweren Fällen wird sie erforderlich sein! Eine Traumanalyse in Hypnose kann rasch tiefsitzende Probleme aufdecken helfen. Der Verfasser wendet zur Schlafförderung folgende Suggestionen in Hypnose an: «Abends, wenn Sie im Bett liegen und das Licht löschen, verlöschen durch die Wirkung meiner Worte in Ihrem Unbewußten automatisch auch alle Ihre Gedanken und Sie sinken hinein in einen tiefen, erholsamen Schlaf. Alle Ihre Träume behüten Nachts Ihren Schlaf! Wir wissen, die Träume sind Hüter des Schlafes beim Menschen. So schlafen Sie jede Nacht tief und ruhig – von nacht zu Nacht immer tiefer und tiefer! Und wenn Sie wirklich einmal aufwachen, drehen Sie sich auf die andere Seite und sinken gleich wieder in tiefen, erholsamen Schlaf! Jede Nacht erholt sich im Schlaf Ihr Nervensystem auf wunderbare Weise. Jeden Morgen erwachen Sie erfrischt und erholt – und können mit frohen Mut an die Arbeit, an die Ihnen gestellten Aufgaben herangehen! Jedes Wort von mir ist in Ihrem Unbewußten hundert Mal wirksamer, als alle Schlafmittel, die Sie nehmen konnten!»
Der Patient erlernt Ablationshypnosen, die er jeden Abend im Bett per Tonband durchführt. Die Suggestionen auf der Bandaufnahme sind so gestaltet, daß am Ende der Hypnose keine Rücknahme durch Zählen von

1 bis 5 zum Wachzustand erfolgt, sondern durch das Zählen von 1 bis 5 langsam in den natürlichen Schlafzustand übergeleitet wird: «Ich zähle jetzt gleich ganz langsam von 1 bis 5 und dabei geht der Hypnosezustand ganz allmählich in einen tiefen, natürlichen Schlaf über. «1» lassen Sie sich vom Rauschen des Meeres in einen tiefen Schlaf hinübertragen! «2» Hören Sie nur noch auf das beruhigende Rauschen des Meeres. Alles Andere versinkt, ist unwichtig geworden! «3» Alle Gedanken kommen zur Ruhe und gehen schlafen. Es ist ja so schön, sich um nichts mehr kümmern zu müssen. Nichts tun, nichts denken, nur noch ausruhen, hineinsinken in einen tiefen Schlafzustand!» Und mit immer leiser werdender Stimme wird suggeriert: ««4» Das Rauschen des Meeres trägt Sie hinein in einen tiefen erholsamen Schlaf. «5» Alles versinkt nun, ist unwichtig geworden. Nur noch schlafen . . . schlafen . . . schlafen . . .!»

Umstellung der Ernährungsweise

Abends soll der Patient nur leichte Kost zu sich nehmen. Ein Glas Milch langsam als «Schlaftrunk» trinken, gut einspeicheln! Kein Bohnenkaffee, keine Cola-haltigen Getränke. Auch durch die Ernährung kann ein bedeutender Einfluß auf die vegetative Steuerung genommen werden. Bei sympathikotonen Schlafstörungen (S+) muß, wie bei allen S+-Erkrankungen, die Ernährung durch Stimulierung des Parasympathikus bzw. Vagus (V+) gegensteuernd in die alkalische Richtung eingesetzt werden. In der folgenden Tabelle wird daher der Einfluß der Ernährung bzw. Nahrungsmittel auf die vegetative Steuerung einmal grundsätzlich aufgezeigt:

Nahrungsmittel + Ernährung	
Sympathikus anregend (S+)	Parasympathikus anregend (V+)
Tierische Nahrung (S+)	*Vegetarische Nahrung* (V+)
Fleisch, Fett, Eiweiß, Eier,	Schlackenreiche Grobkost,
Saure Kost (S+)	*Alkalische Kost* (V+)
Körnerfrüchte,	Kaliumreiches Obst und Gemüse:
Artischocken,	Gekochtes, stärkefreies Gemüse:
Hülsenfrüchte	Gartenbohnen (gekochte grüne Bohnen),
Rosenkohl, Rhabarber,	

Fortsetzung auf der nächsten Seite

Nahrungsmittel + Ernährung	
Sympathikus anregend (S+)	Parasympathikus anregend (V+)
Fortsetzung von voriger Seite	
Preißelbeeren, Schokolade, Lakritzen,	Sellerie, Petersilie, Tomaten, Spinat, Zucchini, Rüben. *Haferdiät, Lauchgewächse,*
Vitamin C, D, E (S+)	Vitamin A, B-Komplex, Hefe, (V+)
Dursten (S+)	*Flüssigkeitszufuhr,* Trinkkur (V+)
Kalte Speisen (V−) = (S+)	*Heiße Suppen* (V+)
Salzreiche Kost (S+)	*Salzlose Kost* (V+)

Für die diatetische Unterstützung der Therapie bedeutet dies, daß bei psychosomatischen S+-Krankheiten die Ernährung also V+ sein muß und umgekehrt!

Typische S+-Erkrankungen: Hypertonie, Diabetes, Manie, M. Basedow.

V+-Krankheiten sind: Allergien, Ekzeme, Ulcus ventr. + duod., Asthma bronchiale, Schizophrenie, Tbc.

Ausschaltung schlafhindernder Faktoren

Keine erregenden Filme, Gespräche oder Lektüre am Abend. Gut gelüftetes Schlafzimmer, kein zu warmes oder zu weiches Bett. Für warme Füße sorgen; z. B. «Nasse Socken» nach Kneipp.

Als schlafstörender und darüber hinaus krankmachender Faktor müssen erfahrungsgemäß auch geobiologische Einflüsse auf den Menschen ins Kalkül gezogen werden. Eine Bettumstellung innerhalb des Schlafraumes sollte immer in Betracht gezogen werden! Der Verfasser verweist hier auf die Ergebnisse einer Tatsachenforschung bei mehr als 3000 Wohnungs- und Arbeitsplatzuntersuchungen, welche die von ihm hoch geschätzte Frau Käthe Bachler in ihrem Buch «Erfahrungen einer Rutengängerin» über die tieferen Ursachen von Schlafstörungen, Krankheiten und Schulversagen durch geopathische Störzonen publiziert hat. Frau Bachler gibt u. a.

10 fast sichere Anzeichen für das Vorhandensein pathogener Störzonen beim Schlafplatz:

1. Abneigung gegen das Bett und das «Zu-Bett-Gehen»,
2. Stundenlanges «Nicht-Einschlafen-Können»,
3. Unruhiger Schlaf ... zerknülltes Leintuch ... Angstträume, Aufschreien,
4. Ausweichen im Bett, «Aus-dem-Bett-Fallen», Hocken und Wippen im Bett,
5. Flucht aus dem Bett, «Nachtwandel»,
6. Frieren im Bett, Knirschen und Klappern mit den Zähnen, aber auch Nachtschweiß,
7. Müdigkeit und Abgeschlagenheit am Morgen, oft auch den ganzen Tag hindurch,
8. Appetitlosigkeit, oft sogar Erbrechen am Morgen,
9. Mißmut, Nervosität, Unbehagen und Depressionen, Weinen nach dem Erwachen,
10. Krämpfe, Herzklopfen ... im Bett.

Frau Bachlers Erfahrungen zeigten, daß ein solches Kennzeichen schon als Hinweis auf geobiologische Einflüsse gelten kann, doch sind meist mehrere gleichzeitig vorhanden!

Fußbäder

Täglich früh und abends ein ansteigendes Fußbad bis 45° C nur mit den Fußsohlen! Nachher Fußsohlen mit Ol. Lavendulae DAB 8 einreiben.

Ohrakupunktur

Barbituratanaloger und Valiumanaloger Punkt mit Dauernadeln.

Medikamentöse Therapie

Schlafmittel niemals abrupt absetzen, sondern die Dosis ausschleichend reduzieren! Dafür dann folgenden Tee geben:

Rp.	Flor.	Humuli lupuli cc.	
	Herb.	Hyperici cc.	aa 30,0
	Flor.	Paeoniae cc.	
	Flor.	Stoechados tot.	aa 10,0
	Fol.	Melissae cc.	50,0
M.f.spec.			
d.s.		1× eine Tasse abends.	

Keine Herzmittel oder Sympathikomimetika nach 16 Uhr einnehmen!

Globusgefühl: Globus hystericus – meist Ausdruck der Lebensangst oder Furcht vor Kehlkopfkrebs

Das Klinische Wörterbuch PSCHYREMBEL definiert das Globusgefühl folgender Maßen: Meist mit lebhafter Angst, Herzklopfen und Schwindel einhergehendes Gefühl einer aufsteigenden Kugel im Hals, bei Psychopathien und Neurosen vorkommend, früher fälschlich als pathognostisches Zeichen für Hysterie angesehen (G. hystericus)! In die Sprechstunden der HNO-Ärzte komen etwa 2–3% der Patienten, die über ein solches Kloßgefühl im Hals klagen, wobei sogar Kinder betroffen sein können. Nach bisherigen Beobachtungen werden von dieser psycho-vegetativen Störung vorwiegend Frauen betroffen (70%), der Altersschwerpunkt liegt zwischen dem 50. und 60. Lebensjahr. Die Patienten beschreiben dieses Kloßgefühl im Hals meist wie folgt:
Empfindung wie ein festsitzender Fremdkörper,
Beweglicher Fremdkörper in Schildknorpelhöhe,
Würgegefühl,
Diese Beschwerden in Verbindung mit einem Räusperzwang.
Das Globus-Gefühl im Hals wird durch einen erhöhten Tonus am Ringmuskel des Speiseröhreneinganges verursacht, der seinerseits von der vegetativen Reaktionslage eines Menschen abhängt. Betroffen von diesem einengenden Gefühl im Hals mit Räusperzwang sind vorwiegend leicht depressive Patienten mit hypochondrischem Einschlag, wenn sie

a) oral-aggressive Impulse abwehren müssen,
b) befürchten, an einem Krebs der Speiseröhre oder des Kehlkopfes erkrankt zu sein,
c) sich in Situationen besonderer Lebensangst befinden.

Therapie

Eine gründliche Untersuchung muß dem Patienten beweisen, daß er keinen Krebs hat. Nur so ist eine kausale Behandlung der Kanzerophobie möglich! Sonst aufdeckende Psychotherapie.

Platzangst – oft Folge eines durch das Geburtstrauma geprägten ersten Verhaltensmusters

Platzangst (Agoraphobie) vor weiten Plätzen und die Klaustrophobie mit ihrer Angst vor engen Räumen haben sehr viel Ähnlichkeit mit dem Verhalten von Herzneurotikern, auch diese Angstneurotiker gehören zur Gruppe der «Vermeider».
Am häufigsten anzutreffen ist die Platzangst. Diese Menschen leiden unter der Angst, geschützte Räume allein verlassen zu müssen oder eine Straße bzw. einen freien Platz nicht überqueren zu können. Sie sehen sich diesen Situationen hilflos ausgeliefert und stellen sich vor, zu fallen oder ohnmächtig zu werden.
Das Phänomen der Klaustrophobie zeigt sich anfangs so, daß beim Aufenthalt in engen geschlossenen Räumen Unbehagen und Angst auftritt, vielleicht eingeschlossen werden zu können. Wenn sich die psychoneurotische Reaktion weiter steigert, wird es solchen Menschen plötzlich nicht mehr möglich, einen so engen Raum, wie einen Lift, zu betreten. Ihn überfällt die neurotische Angst, es könnte der Strom ausfallen und er wäre im Lift gefangen, vielleicht besteht sogar die Gefahr, daß im Lift der Sauerstoff knapp wird und man ersticken muß! Schon die Vorstellung, einen Lift betreten zu müssen, läßt Herzklopfen, Zittern und kalten Schweiß aufkommen!
Diese phobischen Angstneurosen haben ihre Ursachen in unbewußten Phantasien, deren Inhalte verdrängt wurden. Oder traumatische Ereignisse, wie der Schock, längere Zeit verschüttet zu sein, was Soldaten im Krieg miterleben mußten, kann ein Leben lang Ursache extremer Ängste vor dem Betreten enger Räume sein. Auch das Geburtstrauma, entweder durch Kaiserschnitt plötzlich aus dem «Paradies» vertrieben worden zu sein oder viel zu lange im Mutterleib bleiben zu müssen, können beim Neugeborenen ein erstes Verhaltensmuster geprägt haben, das im späteren Leben in Konflikt- und Erregungssituationen «benutzt» wird, was entsprechende Platzängste zur Folge haben kann.

Persönlichkeitsmerkmale von Klaustrophobikern

Labile, sensitive Persönlichkeiten; wenig Durchsetzungsvermögen. Hohe Ansprüche an die eigene Leistungsfähigkeit, wobei diese Ansprüche und

phantasie-reichen Erwartungen sehr oft im Gegensatz zu den real gegebenen Möglichkeiten stehen. Frühe Verunsicherung durch mangelnde mütterliche Zuwendung in der Kindheit, daher später Anklammerungstendenzen wie beim Herzneurotiker. Unfähig aggressive Gefühle zeigen zu können; durch die Aggressionshemmung nach außen höflich und hilfsbereit.
Da auch diese Formen der Angstneurose durch den sekundären Krankheitsgewinn zur Chronifizierung neigen, sollte die psychotherapeutische Behandlung schon bei den allerersten Anzeichen beginnen.

Therapie

Slogan-Repetitionsmethode
als aufdeckendes Verfahren, um möglichst rasch und umwegslos an traumatische Ereignisse heranzukommen; dazu das

Katathymes Bilderleben
in der Oberstufe.

Rebirthing
Bei allen Platzangst-Formen sollte versucht werden, durch die Reaktivierung des Geburtstraumas die Chance zu erhalten, das erste dadurch geprägte Verhaltensmuster zu löschen. Die Methoden des Zurückführens zur eigenen Geburt des Patienten werden im Abschnitt «Rebirthing» skizziert.

Hypnosetherapie
Das Zurückführen zur eigenen Geburt des Patienten kann z. B. im Hypnosezustand durchgeführt werden. Ferner Suggestionen zur Stärkung des Selbstvertrauens, des positiven Denkens und zur vegetativen Stabilisierung.

Verhaltenstherapie
Bei dieser Indikation bewährt sich die systematische Desensibilisierung.

Gallenblasenerkrankungen – oft Folge falsch verarbeiteten Ärgers

Den Zusammenhang zwischen Emotionen und Gallenfunktion haben seit Jahrhunderten schon die treffenden psychosomatischen Redensarten des Volksmundes deutlich gemacht:
«Man spuckt Gift und Galle»,
«Da kommt mir die Galle hoch!»,
«Gelb vor Neid werden».
Schon in den Zwanzigerjahren haben umfangreiche Untersuchungen den Einfluß von Affekten auf den Gallenfluß bewiesen: Es zeigte sich, daß Freude, Trauer und Angst die Gallensekretion beschleunigen, Ärger sie dagegen hemmt. Die unter dem Einfluß von Heiterkeit oder Freude produzierte Gallenflüssigkeit eine andere Zusammensetzung aufwies, als sie unter Induktion von Unlustgefühlen erzeugte Galle! So wird verständlich, daß ständige Unlustgefühle, Ärger und Aversionen die Entstehung von Entzündungen der Gallenwege und dadurch auch von Gallensteinen begünstigen.
Zur psychisch forcierten Funktionsstörung der Gallenblase durch Stauung verursacht durch die fehlerhafte Motorik der Gallenblasenmuskulatur wird es in erster Linie bei jenen Menschen kommen, die

a) ihren Ärger in entsprechenden Situationen zwar empfinden, ihn aber nicht zum Ausdruck bringen können; z. B. Menschen, welche in einer solchen Situation NEIN denken, aber JA sagen.
b) in entsprechenden Situationen unfähig sind, sich über andere Menschen zu ärgern, sondern sich immer nur über sich selbst ärgern können. Sie schlucken alles hinunter, «wurmen» sich über sich selbst, sind daher ständig gereizt.

Von der Konstitution her neigen besonders dunkelhaarige Frauen zur Gallensteinbildung, wie überhaupt Frauen aufgrund ihrer traditionellen sozialen Situation durch notwendige Unterdrückung von Ärger- und Unlustgefühlen von Gallenwegsdyskinesien deutlich mehr betroffen sind als Männer.

Therapie

Bei sich wiederholenden Gallenkoliken wird sich bei «Gallensteinträgern» eine Operation nicht vermeiden lassen, doch muß man wissen, daß der körperliche Eingriff an den psychischen Problemen des Patienten völlig vorbeigeht. Ein dauernder therapeutischer Erfolg ist auch bei einem operierten Patienten nur möglich, wenn eine weiterführende Psychotherapie ihn in die Lage versetzt, seinem Ärger ausdrücken, seine Unlustgefühle zeigen zu können; dazu:

Gesprächstherapie

Neuorientierung des Patienten in seiner Lebenseinstellung; er muß lernen, Unmutgefühle auszudrücken; Training des positiven Denkens.

Autogenes Training

AT zur täglichen Entspannung mit formelhafter Vorsatzbildung: «Ich sage, was ich denke. Ich zeige meinen Ärger!»

Neuraltherapie

Procain-Quaddelung in der Gallenblasenregion und dorsal im Leber-Galle-Segment. Störfeld- und Narbenausschaltung.

Akupunktur

G 38 + KS 6; L 2 + L 3 + G 34 + G 38 + M 25 (rechts).

Stuhlregulierung

Darmentleerungen durch milde Purgation bewerkstelligen; z. B.:

Rp. Semen Lini cont. 300,0
D.S. 3 mal täglich einen Eßlöffel einnehmen.

Sanierung der Darmflora

Pflege der Darmsymbionten z. B. mit Hylk forte o. ä.

Blutentziehende Maßnahme

4–6 Blutegel im RO in Nähe des rechten Rippenbogens ansetzen. Eine solche Maßnahme bewährt sich auch bei einem beginnenden Empyem.

Schröpfkopfbehandlung

2 mal wöchentlich dorsal 6 Schröpfköpfe trocken im Leber-Gallesegment ansetzen, dann 3 unterhalb des rechten Rippenbogens.

Ernährungsumstellung

Laktovegetabile Kost; viel frischen Rettichsaft trinken, viel Artischocken. Keine blähenden Suppen, kein Alkohol, kein Nikotin. Wichtig: Nicht kalt trinken!

Physikalische Maßnahmen

Feucht-heiße Auflagen in der Gallenregion mit Heublumen oder Leinsamen täglich 1mal durchführen. Heiße Sitzbäder gegen Abend.

Medikamentöse Therapie

Vitamin B12:

Wöchentlich eine Vit. B12-Injektion i. m. (3000 y).

Rezept für Leber-Galle-Tropfen

Rp.	Tinct. Cardui benedicti	
	Tinct. Centaurii	
	Tinct. Chelidonii EB 6	
	Tinct. Majoranae	
	Tinct. Boldo	aa 20,0
	Tinct. Ferri aromatica EB 6	ad 200,0
M.d.s.	2 mal 30 Tropfen früh und abends.	

Rezept für einen Tee bei Gallenerkrankungen

Rp.	Fruct. Carvi cont.	
	Fruct. Foeniculi cont.	
	Rad. Taraxaci cum herba cc.	
	Herb. Chelidonii cc.	
	Herb. Millefolii cc.	
	Cort. Frangulae cc.	
	Fol. Sennae cc.	
	Rad. Cichorii cc.	
	Herb. Cardui benedicti cc.	aa 20,0
	Flor. Arnicae cc.	
	Flor. Calendulae cc.	aa 10,0
	Fol. Menthae pip. cc.	
	Flor. Chamomillae tot.	
	Cort. Salicis cc.	aa 40,0
M.f.spec.		
D.S.	4 mal täglich eine Tasse trinken.	

Sexualneurosen der Frau – Ausdruck der Ablehnung des Sexuellen überhaupt oder eines bestimmten Intimpartners

Zu den psychogenen Störungen der Frau rechnet man besonders:

- ○ *die Frigidität,* die sogenannte Gefühlskälte, die blockierte Hingabefähigkeit
- ○ *die Anorgasmie,* die Unfähigkeit zum Orgasmus
- ○ *der Vaginismus,* die totale Verkrampfung der Scheidenmuskulatur, um den Geschlechtsverkehr unmöglich zu machen
- ○ *Fluor und Abwehrblutungen* sind psychogene Abwehrreaktionen, welche als sekundären Krankheitsgewinn den Intimkontakt vermeiden helfen.

Im Gegensatz zu den psychisch bedingten sexuellen Störungen beim männlichen Geschlecht, von der Impotenz aufgrund mangelnder Errektion des Gliedes bis zum vorzeitigen Samenerguß, welche überwiegend durch die Erwartungsangst, in der Beischlafsituation zu «versagen» autosuggestiv ausgelöst werden, zeigen sich die Ursachen bei der sexuell gestörten Frau vielschichtiger und haben in irgendeiner Form mit der Ablehnung des Sexuellen zu tun. Wir erkennen den gravierenden Unterschied: Die Männer wollen und können nicht – die Frauen dagegen könnten vielleicht und wollen nicht! In allen Fällen, in denen keine körperlichen Befunde die sexuellen «Behinderungen» des weiblichen Geschlechtsverhaltens verursachen, wird man an psychische Hintergründe denken müssen. Die Erfahrungen haben gezeigt, daß für die Psychogenese der Sexualneurosen ausschlaggebend oder auslösend sein kann, daß eine Frau

1. durch moralische Tabus, religiöse und erzieherische Einflüsse eine völlig falsche, ablehnende Haltung zur Sexualität entwickelt hat. Beispiel: Der Verfasser wurde von einer verheirateten Frau konsultiert, die vier Jahre nach ihrer Eheschließung die Ehe immer noch nicht vollziehen konnte, weil sie sich in jeder Intimsituation sofort «verschloß». Dieser Vaginismus war so extrem, daß selbst der Frauenarzt diese Patienten gynäkologisch nur in Vollnarkose (!) untersuchen konnte. Die Psycho-Anamnese deckte den Hintergrund auf: Als die Patientin in die Pubertät kam, erfolgte die «Aufklärung» durch die

Eltern mit den Hinweisen und Feststellungen: «Das ist alles Schweinerei! Und Du wirst sehen, wie weh das tut . . .!»

2. durch entsprechende Konstitution, Persönlichkeitsstruktur, Erziehung und Erlebnisse nicht in der Lage ist, Gefühle zu zeigen, aus sich herauszugehen, sich zu «öffnen».

Aus der Praxis möchte der Autor hier den Fall einer verheirateten Frau anführen, die ihrem Mann «zuliebe» wegen ihrer Ablehnung der Intimkontakte behandelt werden wollte. Die Slogan-Repetitionsmethode des Verfasser brachte hier zutage, daß die Patientin als 2-jähriges Mädchen die Mutter oft mit verschiedenen Männer beim Geschlechtsverkehr überrascht hat. In einem anderen Fall erkannte die Patientin durch die Slogan-Repetitionsmethode, daß sich der eigene Vater an ihr vergangen hat, als sie 4 Jahre alt war!

3. ihren Intimpartner ablehnt, weil sie ihn entweder noch nie geliebt hat oder jetzt nicht mehr liebt.

Auch hierzu ein Beispiel: Eine Frau berichtet, daß sie fast jeden Abend im Bett, wenn sich ihr Mann zu einem Gut-Nacht-Kuß zu ihr herüberbeugt, einen fürchterlichen Hustenanfall bekommt. Auf diese Weise kann sich aus dem Gut-Nacht-Kuß kein intimer Kontakt entwickeln!

4. die seelische Loslösung von einem früheren Intimpartner noch immer nicht vollzogen hat.
5. eine intime Beziehung zu einem anderen Mann eingegangen ist.
6. durch die Untreue des Partners tief enttäuscht worden ist.
7. sich vernachlässigt fühlt oder ständiger Streit eine seelische Entfremdung brachte.
8. durch perverse, oder vermeintlich perverse Sexualpraktiken des Partners abgestoßen wird.
9. Angst vor einer Schwangerschaft hat.
10. sich in einer Phase körperlicher Erschöpfung befindet, sich von den sexuellen Aktivitäten des Partner überfordert fühlt.
11. Schuldgefühle im Hinblick auf frühere verschwiegene sexuelle Kontakte oder wegen ihrer unehrlichen Gesinnung (z. B. Eheschließung aus Versorgungsgründen) hat.

Therapie

Gesprächstherapie

Alle Möglichkeiten der aufdeckenden Psychotherapie müssen in diesen Fällen herangezogen werden. Je länger sich das sexualneurotische Verhalten einer Patientin schon «konditionieren» konnte, um so geringer werden die Chancen auf eine erfolgreiche therapeutische Intervention.

Katathymes Bilderleben

Das KBE in der Oberstufe sollte unbedingt mit wöchentlich 2 Sitzungen über einen Zeitraum von 6 Monaten durchgeführt werden.

Slogan-Repetitionsmethode

Sie erweist sich zum Aufdecken traumatischer, verdrängter Erlebnisse aus der Kindheit besonders wirksam. Die unter Ziffer 2 genannte Patientin kam in wenigen Minuten über den Satz «Ich habe Angst, im Leben viel falsch gemacht zu haben» umwegslos an die gravierende Szene aus ihrer Kindheit heran. Ferner:

Aufdeckende Hypnosetherapie

In Verbindung mit neuorientierenden Suggestionen.

Sexualneurosen des Mannes – Folge der Erwartungsangst, zu «versagen» oder einer überstarken Mutterbindung

Die meisten Formen der Impotenz sind seelisch bedingt, in den wenigsten Fällen haben sie organische Ursachen, wie eine schwere Leber-Krankheit oder Diabetes mellitus.

Als Impotenz wird der Umstand bezeichnet, wenn ein Mann unfähig ist.

- ○ sexuelles Verlangen nach einer Frau zu empfinden = *Impotentia concupiscentiae,* eine genügende Erektion zu erreichen und zu halten = Impotentia erectionis,
- ○ das Glied in die Vagina einführen zu können = *Impotentia coeundi,*
- ○ den Geschlechtsverkehr einige Zeit auszuführen bzw. ihn überhaupt zu vollziehen, da sich ein vorzeitiger Samenerguß einstellt = *Ejaculatio praecox,*
- ○ beim Geschlechtsverkehr eine Ejakulation/Orgasmus auszulösen bzw. zu erleben = *Impotentia ejaculationis / Impotentia satisfactionis.*

Die männliche Impotenz ist in den meisten Fällen durch die Erwartungsangst, sexuell zu versagen, programmiert. Weil es aus Übermüdung, Streß oder anderen Gründen einmal nicht «geklappt» hat, beginnen Männer, die in ihrem Selbstbewußtsein ohnehin nicht sehr stabil sind, vor dem nächsten Kontakt Zweifel an ihrer Potenz aufkommen zu lassen. Wenn nun auch die Partnerin in einer solchen Situation psychologisch ungeschickt reagiert und z. B. zu Beginn des Intimverkehrs die ängstlichen Zweifel des Mannes durch eine Äußerung, wie «Vielleicht klappt es heute wieder einmal?» verstärkt, ist es schon um die Potenz geschehen.
Folge: Die Angst bewirkt eine Sympathikus-Erregung, zur Errektion des männliches Gliedes wäre aber genau das Gegenteil, nämlich die Parasympathikus-Stimulation, notwendig gewesen. Also aus! Keine Chance, «potent» zu sein! Mit jedem Versagen wächst natürlich die schon vorhandene Erwartungsangst noch weiter und damit auch die Wahrscheinlichkeit, sexuell versagen zu müssen! Das Selbstbewußtsein des Mannes fällt ganz in sich zusammen, Resignation macht sich breit: Die Impotenz scheint Schicksal geworden zu sein! Der Verfasser hat in seiner langjährigen Praxis fast immer nur äußerst intelligente Männer mit Impotenz gesehen – ein «dummer» Mensch würde wahrscheinlich gar nicht auf die

Idee kommen, daß er das, was er angeboren mitbekommen hat, plötzlich nicht mehr tun könnte. Es ist an dieser Stelle entscheidend wichtig, sich an die Bedeutung des positiven Denkens und an den dazugehörigen psychologischen Grundsatz «Jeder Gedanke hat die Tendenz, sich über das Unbewußte zu verwirklichen» zu erinnern! Wer also ständig an sich und seinen Möglichkeiten, ganz gleich in welchem Lebensbereich, zweifelt, d. h. Erwartungsängste produziert, wird genau das auf sich ziehen, was er nicht haben will:

Wer also Angst hat, zu versagen, ganz gleich ob sexuell oder in einer Prüfung, wird versagen!

Die Beobachtungen des Verfassers zeigen, daß die meisten Patienten «Meister» der Selbstbeeinflußung sind, aber eben nur der negativen, weil sie nur ängstliche und zweifelnde Erwartungen und Vorstellungen im Hinblick auf ihre Gesundheit oder Leistungsfähigkeit haben! Die Patienten müssen zum positiven Denken geführt werden – sie müssen lernen, negativen Vorstellungen und Gedanken sofort entgegen zu treten. Sie müssen eben erkennen, daß diese ihre größten Feinde sind!

Bei einem kleinen Prozentsatz von impotenten Männern ist die sexuelle Hemmung durch eine überstarke Mutterbindung entstanden. Durch das Nicht-loslassen-können der Mutter wurde dem Sohn jedes andere Frauenbild verstellt. Oft führt daher diese krankhafte Mutter-Sohn-Bindung dazu, daß der Sohn Priester wird: Die Mutter gönnt keiner anderen Frau ihren Sohn, nur der Mutter Kirche! Wenn die Mutterbindung zum Potenzhindernis wurde, spiegelt sich dies meist in den Träumen solcher Söhne. Ein Patient schilderte folgenden Traum: Wie er gerade mit einer hübschen Asiatin intim werden wollte, blickte er unwillkürlich zum Fenster. Er sieht seine Mutter vorbeigehen, sie schaut dabei zum Fenster herein, sieht, was er «treibt» und übergibt sich! Die ganze Ablehnung des sexuellen Kontaktes durch die Mutter wird in diesem Traum eindrucksvoll zum Ausdruck gebracht.

Therapie

Am wirksamsten hat sich das von Masters und Johnson speziell für die Behandlung von impotenten Patienten entwickelte Verfahren gezeigt. Sie gehen davon aus, daß bei jeder Störung des sexuellen Verhaltens immer beide Partner beteiligt sind und führen aus diesem Grund nur Partnertherapien durch. Dieses Intensiv-Trainingsprogramm dauert 2 Wochen und wird stationär inszeniert. In genau festgelegten Minischritten wird das Paar von der Abstinenz über Zärtlichkeiten ohne sexuelle Absichten, dem Streicheln der erogenen Zonen in diesem Trainingsprogramm ohne jeden sexuellen Leistungsdruck an den normalen Intimkontakt unwillkürlich herangeführt. Durch das wachsende Selbstvertrauen des Mannes sinkt auch seine Angst! Er fühlt und begreift, daß der sexuelle Austausch viel mehr als nur Orgasmus bedeutet und gibt seine Leistungsvorstellung auf!

Masters und Johnson berichteten über eine hohe Erfolgsquote ihrer Methode; z. B. 98% Erfolg bei der Therapie des vorzeitigen Samenergusses! Sie stellten zugleich fest, daß eine Behandlung nach ihrer Methode ohne die intensive Mitarbeit des weiblichen Partners nicht realisierbar ist. Ohne Zweifel ist die Erfolgsaussicht einer solchen Partnertherapie ungemein höher, als bei Einzeltherapien des impotenten Mannes!

Gesprächstherapie

Sie muß die Hintergründe der Erwartungsängste aufdecken und die Auswirkungen des negativen Denkens deutlich machen. Traumanalyse.

Katathymes Bilderleben

Oberstufe des KBE: 2 Sitzungen wöchentlich über Monate.

Aufdeckende und stützende Hypnosetherapie

Stärkung des männlichen Selbstvertrauens. Imaginieren von Erfolgssituationen. Ggf. Ablösungs-Suggestionen von der Mutter. Bei der Impotentia erectionis werden in tiefer Hypnose etwa folgende Suggestionen gegeben: «Beim Geschlechtsverkehr wird Ihr Glied in Zukunft immer sofort steif und hart und bleibt ganz hart und steif 20 Minuten lang. Wenn Sie dann Ihr Glied in die Scheide der Partnerin einschieben, wird Ihr Penis noch härter, noch größer, noch steifer – das ist ein wunderbares Gefühl. Sie genießen dann dieses Gefühl, ihre Partnerin zu befriedigen! Bei jedem Geschlechtsverkehr bleibt Ihr Glied mindestens 20 Minuten ganz hart und steif, Ihr Unbewußtes steuert dies durch den Einfluß meiner Worte ganz von selbst! 20 Minuten, das ist die magische Zahl für Ihr Unbewußtes: 20 Minuten lang – 20, ja 20 Minuten lang bleibt Ihr Glied bei jedem Geschlechtsverkehr ganz steif, männlich hart! «20», das ist die magische

Zahl! Nach 20 Minuten haben Sie dann immer einen wunderschönen, kräftigen Samenerguß, ganz von selbst. Alles geht ganz von selbst – Ihr Unbewußtes steuert durch die Wirkung meiner Worte dies alles ganz von selbst. Sie können Ihre Partnerin befriedigen und beglücken. Ihr Selbstvertrauen wächst von Tag zu Tag groß und stark. Stellen Sie sich einen Stier vor in seiner ganzen Potenz – die Potenz, die Geschlechtskraft ist bei jedem Lebewesen etwas Angeborenes, etwas ganz Selbstverständliches!»

Beim vorzeitigen Samenerguß muß in tiefer Trance suggeriert werden: «Bei jedem Geschlechtsverkehr wird in Zukunft Ihr Glied immer sofort hart und ganz steif – und bleibt ganz hart und steif mindestens 20 Minuten lang. Durch die Wirkung meiner Worte in Ihrem Unbewußten wird aber der Samenerguß für die ersten 20 Minuten des Verkehrs gesperrt – erst nach 20 Minuten löst sich diese Sperre immer in Ihrem Unbewußten und Sie können dann Ihren Samen ergießen, vorher nicht! Bei jedem Geschlechtsverkehr ist der Samenerguß für Sie 20 Minuten lang völlig gesperrt und blockiert. Es ist Ihnen völlig unmöglich, den Samen vor dieser Zeit zu ergießen – der Samenerguß ist jedesmal für die ersten 20 Minuten total gesperrt und blockiert. 20 Minuten, das ist die magische Zahl für Ihr Unbewußtes. Bei jedem Geschlechtsverkehr wird ihr Glied sofort steif und hart, aber Sie sind in den ersten 20 Minuten nicht fähig, Ihren Samen herauszuspritzen; es ist in diesen ersten 20 Minuten für Sie nicht möglich, den Samen zu ergießen! Das ist unmöglich! Wenn Sie Ihr Glied in die Scheide der Partnerin einführen, bleibt Ihr Glied immer männlich hart und steif, doch es ist Ihnen nicht möglich den Samen zu ergießen. Erst nach 20 Minuten löst sich diese Sperre in Ihrem Unbewußten und Sie erleben dann einen beglückenden und kraftvollen Samenerguß. Sie können Ihre Partnerin befriedigen und glücklich machen! Jedes Wort von mir ist ein hypnotischer Befehl für Unbewußtes, der in Ihrem Unbewußten bei Tag und Nacht unaufhörlich weiter und weiter wirken wird!»

Akupunktur

Bl 64 + N 11.

Verhaltenstherapie

Ein verhaltenstherapeutisches Training mit systematischer Desensibilisierung sollte ergänzend zur suggestiven Therapie dazukommen.

Medikamentöse Therapie

Sie kann nicht Basisbehandlung, sondern nur komplementäre Therapie darstellen:

Vitamin E

Dieses Fruchtbarkeitsvitamin muß in hohen Gaben verabreicht werden

Phytotherapie

Rp.	Avena sativa ∅ (DHU) OP.
D.S.	3 mal täglich 15 Tropfen.

Teerezept bei sexueller Schwäche

Rp.	Fol.	Mate cc.		
	Cort.	Cacao cc.		
	Herb.	Nasturtii cc.	aa	30,0
	Flor.	Crataegi tot.		
	Flor.	Arnicae cc.		
	Flor.	Humuli lupuli cc.	aa	10,0
	Fol.	Melissae cc.		
	Fol.	Menthae pip. cc.	aa	40,0
	Lign.	Muira puama cc.		
	Cort.	Yohimbehe cc.	aa	150,0
M.f.spec.				
D.S.		3 mal 1 Tasse pro Tag, mit Kandiszucker süßen, dazu 1 Teelöffel Honig mit 5 Tropfen Zitrone.		

Ferner:

Ginseng-Präparate,

Blütenpollen.

Schilddrüsenüberfunktion – Folge eines ständigen «vegetativen Alarmzustandes» durch Unterdrückung und Verleugnung eigener Gefühle

Die Rückkopplung seelischer Einflüsse auf das Endokrinum ist allgemein bekannt. Streß löst über das endokrine System und über das vegetative Nervensystem eine entsprechende Alarm- und Kampfbereitschaft des Organismus aus, wozu die Schilddrüse durch Steigerung der Gesamtvitalität einen beträchtlichen Beitrag leistet.

Die Hyperthyreose ist eine häufige endokrine Erkrankung und kommt in ihrer Häufigkeit gleich nach dem Diabetes mellitus.

In der medizinischen Literatur finden sich schon seit 1825 immer wieder Hinweise und Berichte über die plötzliche Manifestation einer Hyperthyreose nach einer akuten seelischen Erschütterung. Für die psychodynamischen Aspekte der Schilddrüsenüberfunktion gibt es eine ganze Reihe, zum Teil sehr unterschiedlicher Hypothesen. Eine aufschlußreiche und häufig zitierte Darstellung zu diesem psychosomatischen Fragenkomplex haben 1951 Ham, Alexander und Carmichel gegeben – sie sahen folgende charakteristischen

Persönlichkeitsmerkmale bei Hyperthyreotikern

- Vorzeitige Notwendigkeit, autark und reif zu sein durch frühe Verantwortung für sich selbst, für Eltern und Geschwister
- Überstarke Mutterbindung bzw. Abhängigkeitswünsche als Folge unzureichender elterlicher Zuwendung in der Kindheit
- Unfähigkeit, feindselige Gefühle auszudrücken
- Kampf gegen die Furcht durch Verleugnung oder Unterdrückung durch kontraphobische Verhaltensweisen
- Ausgesprochener Leistungswille mit lebenslangen Streben nach Erfolg bei erschöpfender Betriebsamkeit
- Wesentlich stärkeres Bedürfnis, Kinder zu bekommen als bei nichtthyreotoxische Frauen

Man kann zu dem Schluß kommen, daß der Ausbruch einer Thyreotoxikose bei der vorher geschilderten Persönlichkeitsstruktur und Prädisposition durch Vererbung und Konstitution nach Hinzukommen von traumatischen Ereignissen beträchtlich an Wahrscheinlichkeit zunehmen wird.

Hier muß an folgende Traumen gedacht werden:
a) Sterbefälle in der Familie,
b) Scheidung oder Trennung der Eltern,
c) Zurückweisung durch die Eltern
oder durch andere Bezugspersonen,
d) Trennungserlebnisse; lebensbedrohende Erlebnisse.

Die ständigen Trennungsängste spiegeln sich auch in den oft wiederkehrenden Trauminhalten von Hyperthyreotikern: Sie träumen von Toten, von Särgen, von toten Menschen in Särgen u. ä.

Therapie

Gesprächstherapie

Konfliktaufdeckung und -Bearbeitung. Neuorientierung der Lebenseinstellung. Traumanalyse.

Katathymes Bilderleben

Das KBE kann für die Neuorientierung der Lebenseinstellung von ausschlaggebender Wirkung sein.

Hypnosetherapie

Stärkung des Selbstvertrauens. Spannungsreduktion. «Abnabelungs-Suggestionen» wie bei Herzneurotikern.

Neuraltherapie

Impletol-Injektion in beide Schilddrüsenlappen. Bei Frauen oft Einbeziehung des gynäkologischen Raumes erforderlich!

Akupunktur

«Bellergal» der Akupunktur: KG 15 + LG 19 + M 36.

Schröpfkopfbehandlung

2 mal 3 kleine Schröpfköpfe paravertebral links und rechts 2 cm von C 5, C 6 und C 7 trocken ansetzen.

Herdsuche

Ausschaltung von chronischen Herden, Störfeldern und Narben.

Hydrotherapie

2 mal wöchentlich ein *lauwarmes* Baldrianbad von kurzer Dauer. Bei nervösen Herzirritationen: Kalte Unterarmbäder (20 Sekunden).

Eigenblutbehandlung

Zur Umstimmung hat die Eigenblutbehandlung eine günstige Wirkung: Man gibt dazu 2 ccm unverändertes Eigenblut aus der Vene entnommen und i.m. reinjeziert. Über 1 Woche täglich eine Injektion, steigernd bis 5 ccm.

Blutentziehende Maßnahme

Auch die Blutegelbehandlung wirkt bei dieser Indikation oft erstaunlich günstig: 3–6 Blutegel im Nackenbereich ansetzen. Blutegeltherapie immer früh am Vormittag ansetzen, um die Nachblutung unter Kontrolle haben zu können.

Notwendige Umstellung der Ernährung und Lebensgewohnheiten

Die Diät ist unter dem Gesichtspunkt der Auffüllung des Leberglykogens und damit der Verbesserung der entgiftenden Leberfunktion zu sehen und der Vermeidung stoffwechselsteigernder Effekte durch Ernährung mit tierischen Eiweiß. Darum: Kalorienreiche, KH-reiche und vitaminhaltige Kost mit reichlich Gemüsen, Salaten, Obst, Vollkornbrot, Joghurt, Quark. Zum Süßen: Honig oder Malzzucker oder ungereinigten braunen Zucker! Täglich ½ Liter Möhrensaft, abwechselnd mit schwarzem Johannisbeersaft. Verboten: Alkohol, Nikotin, Bohnenkaffee, cola-haltige Getränke, Fleisch.

Medikamentöse Therapie

In der Phytotherapie eignen sich vor allem Lycopuspräparate, denn sie haben eine hemmende Wirkung auf die Hormonsynthese in der Schilddrüse. Da dieser Effekt aber nur langsam eintritt, muß ein solches Präparat über mindestens 1 Jahr verabreicht werden.

Bittermandel-Kur

Erwachsene dürfen *nur* 1 bittere Mandel täglich über 6 Wochen einnehmen, dann müssen sie eine Pause von 6 Wochen einlegen, um dann noch eine Kur anzuschließen!

Neurodermatitis – Erregung, die auf der Haut «ausschlägt»

1991 wird es hundert Jahre her sein, daß die französischen Ärzte L. Brocq und L. Jacqet zur Ansicht kamen, daß auch Hautkrankheiten psychische Ursachen haben könnten. Sie führten den Begriff «Neurodermatitis» für seelisch bedingte Hautaffektionen ein! Ebenfalls 1891 kam der russische Forscher A. Polotebnoff zur Überzeugung, die Psoriasis werde durch bestimmte Erregungszustände in Gang gesetzt.
Der Bostoner Dermatologe R. Griesemer führte 1978 Studie mit Befragung von 4576 Hautpatienten durch, um den Einfluß von Konflikt-Streß und emotionalen Faktoren auf die Entstehung von Hautirritationen abzuklären. Er ging dabei von einer gewissen biologischen «Inkubationszeit» für Neurodermatitiden aus, und befragte seine Testpersonen, ob in den letzten Wochen oder Monaten, etwas besonders Aufregendes, Bedrückendes oder Enttäuschendes in seiner Familie, Freundeskreis oder am Arbeitsplatz vorgefallen sei. Wenn dies zutraf und er annehmen konnte, daß etwas sehr Gravierendes und Schmerzliches negative Emotionen ausgelöst haben müßte, vermutete Griesemer, daß diese Umstände entscheidenden Einfluß auf die Krankheitsentstehung hatten. Die folgende Zusammenstellung bringt auszugsweise die Ergebnisse der Studie, wobei der prozentuale Anteil der Fälle aufgeführt wird, bei denen psychische Streßfaktoren erkennbar mitgewirkt haben:

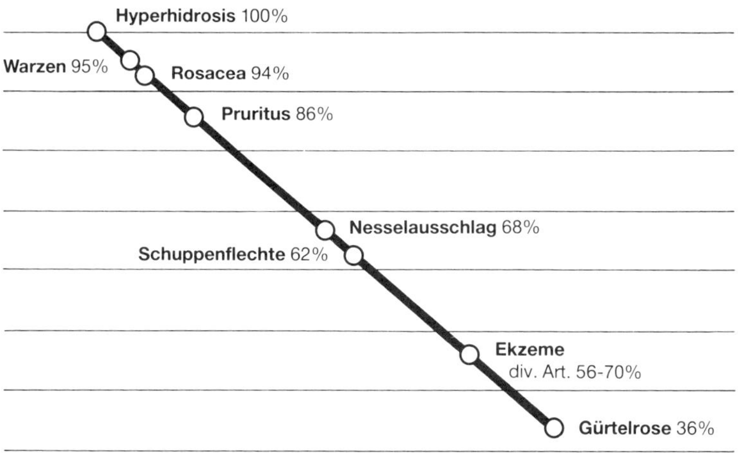

Bei allen länger bestehenden, therapieresistenten nichtinfektiösen Hautaffektionen, vom Juckreiz bis zur Hyperhidrosis, sollte man stets in Erwägung ziehen, daß psychogene Faktoren die Haut als Projektionsfläche für die «Organsprache» benützen können. Diese Organsprache der Haut hat im Volksmund seit langem in treffenden psychosomatischen Redensarten ihren Niederschlag gefunden; z. B.:
«Das geht mir unter die Haut!»
«Mit heiler Haut davonkommen»,
«Ich könnte aus der Haut fahren!»
«sich in der Haut nicht mehr wohlfühlen»,
«Gegen einen Menschen allergisch sein»,
«Das kratzt mich nicht mehr!»
Die Erfahrung zeigt, daß es meist ganz bestimmte Konflikte sind, die ihren symbolischen Niederschlag auf der Haut eines Menschen finden. Es muß diagnostisch in erster Linie an folgende Bereiche gedacht werden:

1. Sexuelle Erlebnisse können das *Gefühl des «Unrein-seins»* entstehen lassen. Hier sind nicht selten Vergewaltigungserlebnisse beteiligt! Andererseits verursachen unterdrückte sexuelle Regungen typischer Weise gerne Juckreiz im Genital- oder Analbereich!
2. *Chronische Angstzustände,* ständige Selbstunsicherheit lassen die Haut «erröten».
3. *Unterdrückte Aggressionen* können die Zornesröte in mannigfacher Form auf die Haut projezieren.
4. *Unterdrückte Gefühle* können dazu führen, daß ein Mensch nicht einmal mehr in normaler Weise mit den Tränendrüsen weinen kann, sondern, wie bei der Hyperhidrosis, das Weinen unter die Achseln verdrängt. Der Verfasser schildert unter den Fallbeispielen eine derartige und aufschlußreiche Krankengeschichte.

Therapie

Gesprächstherapie mit dem Ziel, die zugrundeliegenden emotionalen Faktoren aufzudecken. Der Patient muß lernen, aus sich herauszugehen, sich mitzuteilen, seine Gefühle zu zeigen. So konnte beobachtet werden, daß Urtikaria-Patienten kaum weinen können und der Nesselausschlag spontan verschwindet, wenn es dem Patient gelingt, seinen Gefühlen durch Weinen freien Lauf zu lassen!

Katathymes Bilderleben erweist sich bei psychogenen Hautaffektionen als äußerst wirksames Verfahren, doch muß es der psychotherapeutisch ausgebildete Behandler in der Oberstufe beherrschen.

Hypnosetherapie, um den Aufdeckungsprozeß mit verschiedenen Verfahren zu fördern; besonders Traumanalyse im Hypnosezustand. Dem Patient in Trance «Gelegenheit» geben, seine Haut so zu sehen, wie er sich das immer schon gewünscht hat.
Der Patient sollte die Ablationshypnose erlernen und diese über Monate zuhause täglich 1 mal per Tonband mit den entsprechenden Suggestionen der Neuorientierung zur Selbstverwirklichung, der inneren Ruhe, der Stärkung des Selbstvertrauens durchführen.

Ernährungsumstellung

Saftfasten für 3 Tage, dann für einige Wochen Rohkost.

Herdsuche

Systematische Suche und Eliminierung von Herden (Nebenhöhlen, Tonsillen, Zähnen, Gallenblase, Prostata).

Ableiten auf den Darm

Salinische Abführmittel, wie Glaubersalz:

Rp. Natr. sulfuric. 100,0

d. s. 1–2 Teelöffel 2× wöchentlich früh nüchtern in einem Glas lauwarmen Wasser einnehmen.

Wichtig: Niemals Hautausschläge unterdrücken, sondern «ausleiten»!

Entgiftung über die Leber

Um die Entgiftungsfunktion zu fördern, können z. B. folgende Leber-Tropfen gegeben werden:

Rp.	Extr.	Cardui benedicti fluid	
	Extr.	Humuli lupuli fluid	
	Extr.	Visci albi fluid EB 6	aa 30,0
	Extr.	Ginseng fluid	ad 150,0
M.d.s.		1 × 20 Tropfen morgens nach dem Essen.	

Regelung der Menstruation

Um Hautkrankheiten erfolgreich therapieren zu können, muß eine Hypo- oder Amenorrhoe durch emmenagoge Mittel oder Verfahren behoben werden.

Blutentziehende Verfahren

Die Blutegelbehandlung und der Aderlaß haben sich bei Hauterkrankungen hervorragend bewährt. Sie wirken umstimmend, wie die

Eigenblutbehandlung

Zur Umstimmung des Organismus 1–5 ccm unverändertes Eigenblut alle 6 Tage mit langsam steigender Dosis i. m. injizieren.

Darmentgiftung durch Heilerde

Heilerde befreit den Organismus von Giftstoffen. Dazu 3 mal täglich 1 Teelöffel Meer-Löß-Moor

Lehmpackungen

Über 2 Wochen täglich eine Lehmpackung oder Luvos-Heilerde auf die betroffenen Hautstellen auftragen. Achtung: Nach der Behandlung nicht mit Seife abwaschen, sondern nur leicht mit lauwarmem Wasser abspülen, da die Hautoberfläche noch mit wichtigen, heilkräftigen Substanzen versorgt ist, die erst nach und nach von der Haut resorbiert werden.

Rheumatische Arthritis – Ausbruch der vererbten Anlage unter seelischer Belastung

Auch bei den Erkrankungen, die dem rheumatischen Formenkreis angehören und hier besonders beim Gelenk- und Weichteilrheumatismus muß psychosomatisch gedacht werden, d. h. auch psychische Einflüsse und Auslöser müssen erkannt werden.

Gerade Frauen ab dem 35. Lebensjahr werden häufig mit einer Entzündung der kleineren Gelenke von der rheumatoiden Arthritis betroffen.

Besonders bei den rheumatischen Erkrankungen ging man fast ausschließlich von den genetischen Faktoren aus und hat die Psychomotorik der quergestreiften Muskulatur und den daraus resultierenden Krankheiten total übersehen. Schon 1958 machte D. SCHELLACK auf diese Zusammenhänge aufmerksam und sagte u. a. dazu: «Psychische Reize können mit muskulärer Übererregbarkeit korrelieren, wodurch Schmerzen im Erector trunci sowie in den Extremitäten verursacht werden. Dies ließ sich im Versuch ohne Schwierigkeit demonstrieren. Damit liegt die psychosomatische Pathogenese auch bei den rheumatischen Krankheiten des Bewegungsapparates im Bereich des Möglichen. Auf jeden Fall sollte man auch bei uns dem Begriff des psychogenen Rheumatismus mehr Beachtung schenken, für den in der Royal Society of Medicine die alternative Bezeichnung «Spannungsschmerz» vorgeschlagen wurde. Von den Anhängern der psychosomatischen Arbeitshypothese des Muskelrheumatismus wurde einstimmig als zentraler psycho-dynamischer Befund herausgestellt, daß diese Patienten ihre seit der Kindheit gehemmten aggressiven Impulse über die Skelettmuskulatur, über eine gesteigerte Muskelspannung abzuführen suchen. Berücksichtigt man die Tatsache, daß u. a. auch emotionale Dauerreize mit muskulärer Daueraktivität korrelieren können, ist eine Umformung der Skelettstruktur nur eine Frage der Zeit.»

Auch die Zwillingsforschung an einei-igen Zwillingen beweist einerseits, daß die Anfälligkeit für rheumatische Erkrankungen vererbt ist, doch andererseits von den eineiigen Zwillingen nur derjenige erkrankt, welcher starken seelischen Belastungen ausgesetzt war, wie z. B. der Tod eines Angehörigen oder andere Trennungserlebnisse. Die Eltern eines rheumatischen Arthritikers werden häufig übereinstimmend, wie folgt, beschrieben: Der Vater streng und auf Disziplin achtend; die aufopfernde Mutter wird als dominierende Persönlichkeit gesehen. Dieser Elterntypus bewirkte, daß aggressive und geltungsstrebige Emotionen ständig unterdrückt werden mußten und die ständige Fehlsteuerung der Willkürmotorik und Dauerspannung zu rheumatischen Erkrankungen disponierte.

Persönlichkeitsmerkmale des rheumatischen Arthritikers

Übergewissenhaft, wenig anpassungsfähig. Fatale Unfähigkeit, Aggressionen gegenüber anderen Menschen zu zeigen. Zwanghaft depressive Züge; äußerlich bescheiden und nachgiebig, dabei voll unterdrückter aggressiver Impulse, wie Wut und Ärger. WEINTRAUB, der im «Lehrbuch der psychosomatischen Medizin» zitiert wird, betonte den Bedeutungsgehalt verschiedener, durch Weichteilrheumatismus bedingter Schmerzzustände:

- Brachialgie als Ausdruck gehemmter Aggression: Wut, Zorn. Symbol: Geballte Faust.
- Zervikalgie als Ausdruck einer emotional erschwerten Be-haupt-ung, hartnäckiges Gesichtwahren.
- Dorsalgie als Ausdruck von Trauer, Verzweiflung, Mutlosigkeit und kompensatorische zwanghaft aufrechte Haltung.
- Lumbalgie als Ausdruck psychischer Überlastung, Sprunghaftigkeit, Frustration, besonders bei gestörter Sexualität.

Therapie

Da bei der rheumatoiden Arthritis und dem Weichteilrheumatismus starke Schmerzen bzw. Schmerzschübe auftreten, muß in diesen Fällen primär mit somatisch orientierten medikamentösen und physikalischen Therapien sowie den Ab- und Ausleitungsverfahren begonnen werden, erst dann können aufdeckende oder entspannende psychotherapeutische Methoden angeschlossen werden.

Hautausleitungsverfahren
Wöchentlich ein Cantharidenpflaster auf das schmerzende Gelenk. Flächiges Baunscheidtieren in den schmerzenden Weichteilregionen. Trokkene Schröpfkopfbehandlung: Bis zu 12 Glocken im schmerzenden Gebiet dorsal aufsetzen.

Ableiten auf den Darm

Purgation «nach unten» durch mildes Abführen; z. B. Glaubersalz.

Rödern

2 mal wöchentliches Absaugen der Mandeln mittels Röder-Besteck.

Segmenttherapie

Neuraltherapeutisches Vorgehen in den entsprechenden Headschen Zonen; z. B. Quaddelung mit Procain.

Fokusausschaltung

Basisüberlegung jeder Rheumatherapie: Herde an Zähnen? Nebenhöhlen? Ohren? Gallenwege? Wurmfortsatz? Adnexen?

Physikalische Therapie

Fango- oder Lehmpackungen; Moorbäder; Bindegewebsmassage, Bestrahlungen.

Ernährungsumstellung

Purinarme, entschlackende, gewichtsreduzierende Kost; anfangs strenge Obstdiät oder Saftfasten; kochsalzarme Rohkost; viel Obst, besonders 3–4 Bananen täglich; Gemüse und Vollkornbrot; Bohnen- und Selleriesaft; Verzicht auf schwarzen Tee, Bohnenkaffee, Nikotin und Alkohol für lange Zeit. Reichlich Flüssigkeit: Rheuma-Tee. Apfelessig-Kur.

Medikamentöse Therapie

Proteolytische Enzyme

Anfangs 3 mal täglich 5 Dragees Mulsal (Mucos GmbH.)

Tee-Rezept bei Erkrankungen des rheumatischen Formenkreises:

Rp.	Cort.	Salicis cc.	100,0
	Flor.	Sambuci cc.	
	Fol.	Juglandis cc.	
	Fol.	Vitis ideae cc.	
	Fruct.	Juniperi cont.	
	Herb.	Anserinae cc.	
	Herb.	Cardui bebedicti cc.	
	Herb.	Chelidonii cc.	
	Herb.	Equiseti cc.	
	Herb.	Genistae cc.	
	Herb.	Polygonii avicularis cc.	
	Herb.	Veronicae cc.	

	Herb. Tricolor. cc.		
	Rad. Liquiritiae cc.		
	Stipit. Dulcamarae cc.	aa	20,0
	Flor. Arnicae cc.		
	Flor. Stoechados tot.		
	Flor. Cyani tot.	aa	10,0
	Fol. Menthae pip. cc.		
	Fol. Melissae cc.	aa	40,0
M.f.spec.			
D.S.	Einen halben Liter täglich bis 16 Uhr.		

Gesprächstherapie

Aufdeckende Gesprächstherapie zur Spannungslösung! Neuorientierung der Lebenseinstellung.

Autogenes Training

Tägliches AT zur Entspannung über viele Monate.

Katathymes Bilderleben

Auf das KBE sollte in keinem Fall verzichtet werden!

Hypertonie – Ausdruck der Unfähigkeit, aggressive Gefühle freisetzen zu können

Selbstverständlich ist nicht jeder Bluthochdruck emotional bedingt. Vergegenwärtigen wir uns darum die Einteilung der Hypertonien nach aetiologischen Gesichtspunkten, so haben wir zu unterscheiden:

1. *Primäre Hypertonie = essentielle Hypertonie*

   durch primäre Störungen des Blutdruckregelkreises. Sie ist die häufigste Form: Ca. 80% der Hypertonien. Ihre Ursachen sind teilweise noch unbekannt. Unsere Aussage in der Überschrift zu diesem Kapitel gilt für einen Teil dieser essentiellen Hypertonien!
2. *Sekundäre Hypertonie = Bluthochdruck infolge von Organerkrankungen,*

   wie Nierenerkrankungen, endokrine Störungen, Herz- und Gefäßleiden, Erkrankungen des Nervensystems.

Die Weltgesundheitsorganisation hat einheitliche Werte vorgegeben: Von einer Hypertonie ist zu sprechen, wenn bei mehrfacher Blutdruckmessung über einen längeren Zeitraum die Werte ständig über RR 160/95 mm Hg liegen! Dabei gilt der Bereich von 140/90 bis 160/95 als Grenzbereich für den Übergang vom Normalen zum Pathologischen. Die alte Norm für den Blutdruckwert, nämlich 100 plus Lebensalter, kann nicht aufrecht erhalten werden, der normale Blutdruck bei einem gesunden Erwachsenen muß mit 120/80 mm Hg erwartet werden!

Hypertonien müssen rasch erkannt und behandelt werden, um gravierende Schäden vermeiden zu helfen, denn jede Hypertonieform kann maligne werden!

Als Ursachen für die Entstehung der essentiellen Hypertonie müssen u. a. angesehen werden:

Unfähigkeit, feindseelige Gefühle zeigen zu können,

Ständige Erwartungsspannung bei immenser Selbstbeherrschung in Verbindung mit psycho-sozialem Streß.

Persönlichkeitsmerkmale des Hypertonikers

Äußerliche «Fassade»: Beherrscht, aktiv, perfektionistisch, gewissenhaft, pflichtbewußt, freundlich. Hinter der «Fassade»: Unsicherheit, Verletzlichkeit, Abhängigkeit und Unausgeglichenheit; tief verdrängte Aggressionen bei äußerlicher Gelassenheit; weitgehend unfähig, Gefühle ausdrücken zu können.

Therapie

Gesprächstherapie

Aufdeckung der Konflikte und verdrängter Emotionen. Neuorientierung der Wertmaßstäbe und Zielsetzungen

Autogenes Training

Tägliches AT zur Entspannung mit formelhafter Vorsatzbildung: «Ich zeige meine Gefühle!». Das AT läßt sich zur Blutdrucksenkung in Verbindung mit einem Biofeedback-Gerät empfehlen, da der Patient durch die akustische Rückmeldung schon nach relativ kurzer Zeit in der Lage ist, seine Werte zu senken.

Slogan-Repetitionsmethode

Sie ist bestens geeignet, die Hintergründe der unterdrückten Emotionen aufzudecken und eine Katharsis zu ermöglichen.

Akupunktur und Ohrakupunktur

N 7 elektrisch stimulieren! Ohrakupunktur: Hypertension point.

Blutentziehende Maßnahmen

Aderlaß wöchentlich 1 mal 300 ccm über einen Monat oder Blutegelbehandlung: 4–6 Blutegel im Nacken ansetzen, dies ca. über 3 Monate alle 3 Wochen durchführen.

Änderung der Lebensweise

Reichlich Bewegung in frischer Luft. Rauch- und Alkoholverbot! Ausreichend Schlaf- und Erholungsphasen; ggf. Gewichtsreduktion.

Strenge Diät

Wenig Kochsalz! Viel Knoblauch, Zwiebel und Petersilie. Verboten: Kaffee, Tee, Cola-haltige Getränke.

Medikamentöse Therapie: Sympathikolytika.

Magenerkrankungen – Hungerzustand der Seele

Tiefenpsychologische Studien haben das bestätigt, was der Volksmund schon lange in treffenden psychosomatischen Redensarten zum Ausdruck brachte: Der Zusammenhang zwischen chronischen Konfliktzuständen und der Entstehung von Magenerkrankungen, wie Gastritis, Ulkusbildung im Magen oder Zwölffingerdarm:
«Das ist ihm im Magen liegen geblieben»,
«Er hatte es satt»,
«Ein armer Schlucker»,
«Das konnte er nicht mehr verdauen»,
«Auf etwas sauer reagieren»,
«Es war ihm zum Kotzen!»
«Das hat sich auf den Magen geschlagen!»
Die Magenschleimhaut als Projektionsfeld für seelische Belastungen. Ein gesunder Magen kann alles vertragen, bloß keinen Ärger! Die Magensekretion wird durch chronische Angst- oder Konfliktzustände über den N. vagus ständig gesteigert. Eine chronische emotionale Dauerstimulation des Magens verursacht eine Hypersekretion. Der dauernde Kontakt einer winzigen Verletzung der Magenschleimhaut mit der Magensäure führt dann zur Ulkusbildung! Die Annahme, daß psychosomatische Erkrankungen als symbolische Sprache des Körpers, als Organsprache, mit spezifischen Emotionen und Konflikten verbunden sind, bestätigt sich ganz augenscheinlich im Bereich der Magenneurosen.
Psychodynamische Hypothesen gehen davon aus, daß sich beim Magen-Neurotiker der Wunsch, geliebt zu werden, sich in das Bedürfnis umwandelt, gefüttert zu werden. Der unentwegt verdrängte Hunger nach Zuwendung und Hilfe aktiviert die Magentätigkeit. Das bedeutet: Der Magen wird laufend stimuliert, als ob er ständig Speisen erwarten und aufnehmen müßte!

Das sind die wesentlichsten Konflikte, welche die Magensekretion steigern können:

a) *Frustrationen,* Zurücksetzungen und Demütigungen im privaten und beruflichen Bereich, die man schlucken muß, aber plötzlich nicht mehr «verdauen» kann. Hier bestätigt sich der bekannte Satz von Sopp «Was kränkt, macht krank!»
b) *Unbewußte Angst* vor dem Verlust der mütterlichen Geborgenheit. Der

Magenkranke hat eine infantile Abhängigkeit mit oralen Bedürfnissen nach Liebe, Zuwendung und Unterstützung.

c) *Unfähigkeit, Forderungen zu stellen* oder eigene Wünsche und Entscheidungen durchzusetzen. Der Magenkranke leidet Hunger an der Seele. Er resigniert langsam und findet sich mit dem Hungerzustand rein äußerlich ab.
d) *Verdrängter Hunger nach Lebensgenuß,* bei gleichzeitiger Angst, «gefressen» zu werden.
e) *Ständiger «Hunger» nach Anerkennung* durch Leistung.
f) *Tiefsitzende und unterdrückte Aggressionen.* Ein solcher Magenpatient reagiert auf die Lebenssituation «sauer» und ärgert sich dann «Löcher» in den Bauch. Magengeschwüre können also das Ergebnis nicht freigesetzter Aggressionen sein, welche sich ähnlich wie bei der Depression, durch Auto-Aggression einstellen: Der Magenkranke «daut» seine eigene Magenwand an!

Persönlichkeitsmerkmale des Magenkranken

Gewissenhaft, ehrgeizig, äußerlich bescheiden und Verzicht leistend, dabei aber unbewußt viele ungestillte Wünsche; durch die Unfähigkeit, eigene Wünsche durchzusetzen, oft voller Aggressionen; ständiges Bedürfnis, sich nähren zu lassen oder gefüttert zu werden und der Sehnsucht nach «beschützender» Liebe. Flüchtet lieber, als sich zu verteidigen!

Therapie der Magenerkrankungen

Gesprächstherapie

Konflikte müssen aufgedeckt, besprochen und gelöst werden! Der Magenkranke muß lernen, seine Gefühle auszudrücken und durch ein Selbstbehauptungstraining fähig werden, Wünsche und Forderungen äußern und durchsetzen zu können. Stärkung des Selbstvertrauens ist immer erforderlich. Die seelische «Diät» ist wesentlich wirksamer als jede Rollkur und Magenschonkost!

Katathymes Bilderleben

Das KBE sollte über 3 Monate wöchentlich 2 mal zum Einsatz kommen.

Hypnosetherapie und Slogan-Repetionsmethode

Sie sollte aufdeckend und zur seelischen als auch vegetativen Stabilisierung durchgeführt werden. Um entsprechende Konflikthintergründe zu

eruieren, läßt der Verfasser dem Patienten einen Leitsatz bilden, welcher sein Lebensgefühl beinhaltet. Nicht wenige Patienten kommen dabei auf den Leitsatz:
«Ich habe ständig Angst, zu versagen!» Ein anderer formulierte
«Ich habe Angst, daß mich niemand lieben kann» oder
«Ich sehne mich nach Zärtlichkeit, habe aber Angst davor!» oder
«Ich habe Angst, verhungern zu müssen» uvam.
Der Verfasser läßt dann den liegenden Patienten im entspannten Wachzustand, bei geschlossenen Augen, diesen Leitsatz so lange halblaut vor sich hinsagen, bis die dazu gehörenden Gefühle wachgerufen werden und diese dann aus dem Unbewußten Bilder provozieren werden, welche ursächlich mit dem Gefühl verbunden sind. Der Patient berichtet dabei sofort alles, was er «sieht»! Nachdem bei diesem Vorgehen die Aufmerksamkeit des Patienten ganz nach innen verlegt wurde, läßt sich ohne weiteres in den Hypnosezustand überleiten.
Ziel der Hypnotherapie: Das seelische Gleichgewicht herzustellen!

Diätetische Maßnahmen

Kein Bohnenkaffee, keine blähenden Speisen, keine Zwiebeln, Rettich, Radieschen, Gurken, Knoblauch, Schnittlauch. Zum Würzen: Tomatensaft, Zitronensaft, geriebene Nüsse!
1 Liter Buttermilch verteilt über den ganzen Tag trinken.
Absolutes Rauch- und Alkoholverbot!

Änderung der Lebensgewohnheiten

Täglich ein Spaziergang in frischer Luft. Ausreichender Vormitternachtsschlaf! Langsam essen, gut kauen und einspeicheln!

Geriebene rohe Äpfel

Vor den Mahlzeiten gibt man 2 geriebene rohe Äpfel, um das unangenehme Sodbrennen zu verhindern.

Heilerde

Überschüssige Magensäure puffert man durch einen Teelöffel Heilerde, z. B.: Carbo Königsfeld, Luvos-Heilerde ultra oder Meer-Löß-Moor.

Trinkkuren

mit Kissinger oder Emser Wasser kommen bei Hypo- oder Anazidität in Frage. *CAVE: Bei Hypo- oder Anazidität immer an Ca. denken!*
Tägliche Rollkur durchführen!

Akupunktur und Körperakupressur

Neuraltherapie

Ausschalten von Störfeldern und Narben. Segmenttherapie.

Eigenblutbehandlung

zeigt sich gut wirksam bei der Therapie von Magen- und Zwölffingerdarm-Geschwüren. Dazu alle 3 Tage 5 ccm unverändertes Eigenblut i. m. injizieren!

Medikamentöse Behandlung

Kohl-Saft

Täglich 1 Glas Kohlsaft langsam trinken, denn Vit. U ist ein wichtiger Anti-Ulkus-Faktor!

Tropfen bei nervösen Magenbeschwerden

Rp.	Tinct. Trifolii fibrini		
	Tinct. Colae EB 6		
	Tinct. Pimpinellae DAB 6		
	Tinct. Melissae	aa	30,0
	Tinct. Ferri aromaticaa EB 6	ad	200,0
M.d.s.	2 mal einen Teelöffel pro Tag.		

Verordnung zur Tonisierung des Magens

Rp.	Tinct. Chinae comp.		
	Tinct. Gentianae		
	Tinct. Absinthii		
	Tinct. Valerianae		
	Spir. Menthae		
	Spir. Aethereus	ana	5,0
	Tinct. Carminativa		20,0
M.d.s.	Täglich vor dem Essen 15 Tropfen in 1 Eßlöffel warmen Wasser einnehmen.		

Teerezeptur bei Ulcus ventriculi

Rp.	Cort. Salicis cc.	100,0	Rhiz. Calami cc.	aa	20,0
	Flor. Chamomillae cc.		Flor. Stoechados tot.		
	Rad. Gentianae cc.		Flor. Calendulae tot.	aa	10,0
	Herb. Centaurii cc.		Fol. Menthae crisp. cc.		
	Fruct. Foeniculi cont.		Fol. Melissae cc.		
	Rad. Althaeae cc.		Flor. Humuli lupuli cc.	aa	30,0

M.f.spec.

d.s. 2–3 Tassen pro Tag. Tee 3 Minuten ziehen lassen.

Chronische Obstipation – eine Verstopfung der Gefühle

Die Stuhlverstopfung gehört zu den häufigsten Störungen des Darm-Traktes: Nach den Statistiken der Arzneimittelhersteller leidet jeder 5. Bundesbürger, also rund 8 400 000 Menschen, an Obstipation. Frauen sind davon stärker betroffen, man darf von einer Relation Frauen: Männern von 4 : 1 ausgehen.

Im Gegensatz zur atonischen Obstipation ist die chronisch psychogene Verstopfung spastischer Art, sie kann nicht auf schlackenarme Ernährung, sitzende Lebensweise oder eine organische Irritation zurückgeführt werden, sondern ist abhängig von einer ganz bestimmten Persönlichkeitsstruktur mit retentiver Grundhaltung sowie von einer übertriebenen Sauberkeitserziehung im 2. Lebensjahr.

Chronisch Obstipierte wurden sehr häufig im Kleinkindalter sehr frühzeitig und konsequenter Strenge zur Sauberkeit «erzogen». Ein solches Sauberkeitstraining löst erste «Machtkämpfe» zwischen Mutter und Kind aus. Dadurch gerät das Kleinkind in eine echte Trotzreaktion und hält den verlangten Stuhlgang zurück: Der Anfang für Verdauungsprobleme im späteren Erwachsenenalter wurde so gemacht! Die Obstipation ist nach A. Jores Ausdruck einer retentiven Grundhaltung: Der Obstipierte will nichts von sich hergeben, weder Geld, Besitz, Gefühle oder Liebe, natürlich auch nichts aus seinem Körper. Der Kranke geizt mit seinen Gefühlen. Damit er nichts von sich hergeben muß, verzichtet er lieber auf Gefühlszuwendung. Chronisch obstipierte Frauen sind darum auch nicht hingabefähig, in ihrer Zurückhaltung ist ihre Frigidität begründet! Eine «Verstopfte» hat nichts zu verschenken, sie kann sich selbst nicht verschenken! Besitzverluste kann der Obstipierte überhaupt nicht hinnehmen, er lebt unter ständiger Verlustangst! Oft tritt die chronische Verstopfung als Begleitsymptom der Gastritis und der Magen- sowie Zwölffingerdarm-Geschwüre auf! W. Schwidder stellte bei chronisch Verstopften folgende Erlebniszusammenhänge heraus:

a) Körperlicher Ausdruck einer Trotzreaktion
b) Festhalten, um bestehen oder beherrschen zu können
c) Angst und Abwehr von zu großer Verausgabung
d) Assoziieren der Stuhlentleerung mit «schmutzigen» Regungen, die als schuldhaft oder gefährlich erlebt und abgewehrt werden.

Bei der Psycho-Anamnese trifft man bei Obstipierten oft auf Versagungs- oder Verlusterlebnisse, wie unerfüllter Kinderwunsch, schwere Enttäuschungen, Gefühle des Zurückgewiesenseins.

Persönlichkeitsmerkmale chronisch Obstipierter

Gewissenhaft bis pedantisch, sparsam bis geizig, leicht depressiv und pessimistisch, zurückhaltend, gehemmt, mißtrauisch, hingabegestört.

Therapie

Gesprächstherapie

Konflikte müssen aufgedeckt und eine Neuorientierung der Lebenseinstellung eingeleitet werden! Die tiefsitzende retentive Haltung des «Verstopften» muß gelockert werden. Im Leben etwas geben oder von sich hergeben, muß positiv empfunden werden können, auch das Sich-geben und Sich-hingeben! Der Geiz mit den Gefühlen muß unbedingt aufhören!

Autogenes Training

Früh und abends zur Entspannung des Darmtraktes und mit intensiven Terminsuggestionen für die tägliche morgendliche Stuhlentleerung. Es muß eine echte «Darmdressur» vorgenommen werden.

Rolfing

für eine nachhaltige Körpertherapie.

Selbstmassage des Leibes

Der Patient muß angeleitet und angehalten werden, täglich vor dem Aufstehen eine Selbstmassage des Leibes in Uhrzeiger-Richtung für einige Minuten durchzuführen.

Bewegung in frischer Luft

Täglich ein ausgedehnter Spaziergang in frischer Luft. Auch Gymnastik oder leichte sportliche Betätigung wirkt der Darmträgheit entgegen: Golf, Tischtennis etc.

Diät

Schlackenreiche Kost, rohes Sauerkraut, Dörrpflaumen, Feigen, Leinsamenbrot. Reichlich Flüssigkeit! Ungegorener Most.

Absolut verboten: Schokolade, weißes Mehl, Semmeln, Kakao, Haferschleim, Heidelbeeren.

Sitzbäder

Täglich ein warmes Sitzbad; Dauer etwa 20 Minuten.

Medikamentöse Therapie

Abführmittel absetzen, am Anfang ggf. Klistiere oder Gleitmittel.

Abführ-Tropfen

Rp.	Extr. Chamomillae fluid EB 6	
	Extr. Taraxaci fluid	
	Extr. Urticae fluid cum harba	
	Extr. Rhei fluid	
	Extr. Sennae e.fol. fluid	
	Extr. Frangulae fluid DAB 6	aa 10,0
	Essentia aromatica STADA	30,0
M.d.s.	Früh und abends 10 Tropfen einnehmen.	

Chronische Diarrhoe – ständige Angst, im Leben «durchgefallen» zu sein

Die tiefgreifenden Einflüsse von Emotionen auf den Verdauungstrakt sind schon seit langer Zeit bekannt und fanden in verschiedenen psychosomatischen Redensarten des Volksmundes ihren, den Kern der Sache treffenden Niederschlag; z. B.: «Vor Angst in die Hose machen», «eine Wut im Bauch haben» oder «Schiß vor etwas haben». Die Organsprache des Darmes bei chronischer, emotionaler Diarrhoe, Colitis mucosa und ulcerosa berichtet von Ängsten, Enttäuschungen, von ohnmächtigen Gefühlen der Wut und Verbitterung, von der Unfähigkeit, Geld zusammenzuhalten oder zu fordern. Im Gegensatz zum chronisch Obstipierten, der lieber darauf verzichtet, Zuwendung zu bekommen, als etwas von sich hergeben zu müssen, leidet der Durchfallkranke an der Vorstellung, alles geben zu müssen, um ein bißchen Liebe dafür zu erhalten! Man kann immer wieder beobachten, daß sich diese Kranke in ausschlaggebenden Bereichen des Lebens «durchgefallen» fühlen, wie in der Schule; sie fühlen sich vielen Situationen nicht gewachsen und überfordert. Bei allen Formen der emotional bedingten Diarrhoe können wir sagen, daß sie das körperliche Signal für den «seelischen Durchfall» im Leben darstellt.
Durchfall-Leidende hatten meist eine belastende Kindheit durch eine strenge, fordernde und reinlichkeitsbesessene Mutter. Das erforderliche Urvertrauen und Selbstwertgefühl konnte sich nicht aufbauen. Auch mußten immer wieder aggressive Gefühle unterdrückt werden.

Persönlichkeitsmerkmale des chronisch Durchfallkranken

Übergewissenhaft, labil, unselbständig, infantil, voll unterdrückter Aggressionen; ständiges Bedürfnis zu schenken, alles herzugeben oder irgend etwas wiedergutmachen zu müssen.

Therapie

Gesprächstherapie mit dem Ziel, dem Durchfallkranken die Ursachen seines «Durchfalls» bewußt zu machen und eine Neuorientierung seiner Lebenseinstellung einzuleiten. Es muß ihm das Gefühl genommen werden, daß für alles, was er bekommt, auf andere Art wieder alles hergegeben werden muß.

Hypnosetherapie zur Darmberuhigung und Stärkung des Selbstvertrauens. Durch posthypnotische Konditionierung lernt der Patient, sich in Streßsituationen in Sekunden selbst entspannen zu können. Zu Beginn der Behandlung unterstützende diätetische und medikamentöse Maßnahmen:

a) *Jede Woche an 2 Tagen strenge Apfeldiät.* Pro Tag 1–2 Kilo geriebene Äpfel mit Schale und Kernhaus.
b) Flüssigkeitseinschränkung, nur ungesüßter, schwarzer Tee.
c) Ab 2. Woche dann 3 mal täglich einen Teelöffel Sauerkraut- und Knoblauchsaft einnehmen. Dies fördert auch die Sanierung der Darmflora.
d) *Früh nüchtern 1 Teelöffel Kaffee-Kohle* einnehmen.
e) *Tropfen bei Diarrhoe:*

Rp.	Extr.	Castaneae vesc. fluid	
	Extr.	Chinae fluid DAB 6	aa 10,0
	Extr.	Cholae fluid EB 6	20,0
	Extr.	Myrtilli fluid EB 6	ad 50,0
M.d.s.		5 × 10 Tropfen pro Tag.	

f) *Substitution von Elektrolyten:* Die unvermeidlich eingetretenen Elektrolytverluste müssen in jedem Fall ersetzt werden.
g) *Systematische Eigenblutbehandlung* zur Umstimmung.
h) *Ohrakupunktur:* Punkt der Freude, Aggressionspunkt.

Bettnässen – ein verdrängtes Weinen

Ähnlich wie bei der Hyperhidrosis, dem «Weinen» unter den Achseln, mußte auch der Bettnässer das natürliche Weinen verdrängen und auf ein anderes Organ verlegen. So «weint» der Bettnässer im Schlaf über die Blase, er weint nicht mehr oben sondern unten! Das Bettnässen tritt bis auf Ausnahmen fast nur bei Buben auf. Die Enuresis nocturna kommt aber auch bei Erwachsenen vor! Für das Entstehen des «unteren Weinens» ist fast immer eine neurotische Familienatmosphäre maßgebend: Miterleben von Streit zwischen den Eltern, mangelnde emotionale Zuwendung oder Überforderung durch ehrgeizige Eltern, gestörtes Verhältnis zur Sexualität. Die Organsprache des Bettnässers kann also ausdrücken: «Ihr verlangt viel zu viel von mir – schaut doch her, ich bin ja in Wirklichkeit noch so klein, daß ich ins Bett mache!»
Differentialdiagnostisch müssen organische Ursachen ausgeschlossen werden: Narben in den Meningen als Folge einer Meningitis, Epilepsie, Diabetes, Genital- oder Anal-Ekzeme, Wurmbefall.

Therapie

Gesprächstherapie mit den Eltern. Hier gehören im Grunde die Eltern behandelt, nicht das Kind. Aufdecken von Konflikten und Schwierigkeiten, Veränderung der gesamten Familienatmosphäre. Die Eltern sollen das bettnässende Kind niemals tadeln, sondern im Sinne der Verhaltenstherapie für jede trockene Nacht belohnen. Die «Bestrafung» besteht immer nur im Wegfall der Belohnung. Das Kind muß angehalten werden auf dem Bauch zu liegen.

Hypnosetherapie

Suggestionen zur Kontrolle des Blasenschließmuskels während des Schlafens: «Im Schlaf bleibt Ihr Blasenschließmuskel geschlossen und gesperrt. Ihr Unbewußtes führt diese Sperre durch! Erst wenn Sie völlig wach sind, löst sich die Sperre des Blasenschließmuskels wieder und Sie können den Blasenschließmuskel durch Ihren Willen wieder öffnen! Abends, wenn Sie im Bett liegen und das Licht löschen, verlöschen mit dem Licht auch alle Ihre Gedanken und Sie sinken hinein in einen erholsamen Schlaf. Sobald Sie schlafen, übernimmt das Unbewußte die Kontrolle über Ihren

Blasenschließmuskel: Im Schlaf wird der Blasenschließmuskel völlig geschlossen und bleibt gesperrt, bis sie nach dem Schlafen völlig wach geworden sind. Erst dann löst sich diese totale Sperre!»

Diät

Keine Flüssigkeitsaufnahme nach 16 Uhr. Abends keine Suppe und kein Obst! Verbot aller kohlensäurehaltigen Getränke. Salzhaltige Mahlzeiten einnehmen.

Bett- und Schlafstellung

Es sollte kein zu warmes und zu weiches Bett benutzt werden! Der Patient soll angehalten werden, auf dem Bauch liegend zu schlafen!

Nächtliches Abhalten bettnässender Kinder

Ab 22 Uhr muß das Kind über viele Wochen 2-stündlich geweckt und abgehalten werden.

Medikamentöse Behandlung

Tropfen bei Bettnässen:

Rp.	Tinct. Agrimoniae		15,0
	Extr. Plantaginis fluid EB 6		
	Extr. Rhois aromaticae fluid EB 6		
	Extr. Millefolii fluid EB 6		
	Extr. Hyperici fluid		
	Tinct. Pyrethri EB 6	aa	5,0

M.d.s. 3 × 15 Tropfen pro Tag in halber Tasse warmem Wasser bis 16 Uhr; dazu 1 Messerspitze NaCl.

Migräne und Kopfschmerzen – Folge von Konfliktspannung und Reizbarkeit

Jeder 5. gesunde Bundesbürger gibt an, hin und wieder unter Kopfschmerzen leiden zu müssen, wobei Frauen stärker betroffen sind als Männer. Das Symptom Kopfschmerz kann natürlich hunderterlei Ursachen haben. Die chinesische Medizin sah die Ursachen der Cephalgien der Stirne in Störungen des Magens und Dickdarmes, beim Halbseitenkopfschmerz im Gallenbereich, für die Cephalgien des Scheitel machte man Leber- und Lungensyndrome verantwortlich, während man die Auslöser für den Hinterhauptskopfschmerz im Bereich von Blase und Dünndarm suchte. Die moderne Meteorobiologie hat in den letzten Jahrzehnten den gravierenden Einfluß der Kalt- und Warmfronten, der sog. Okklusionen und des Föhns auf den menschlichen Organismus untersucht und bewiesen. So konnte z. B. die Wetterabhängigkeit verschiedener gesundheitlicher Störungen, vor allem des Kopfschmerzes beobachtet werden. Kaltfronten lösen über eine Sympathikus-Erregung eine kapillar-resistenzsteigernde Tonuszunahme aus, während Warmfronten einen gegenteiligen Effekt über den Parasympathikus bewirken. Wir erkennen dabei, daß die vegetative Reaktionslage eines Patienten bestimmt, welche Mißempfindungen und Störungen seine Wetterfühligkeit auslösen wird! Besonders stark ist der Einfluß meteorologischer Faktoren auf psychisch kranke bzw. labile Menschen. Wissenschaftliche Untersuchungen lassen sich in ihren Erkenntnissen ungefähr auf folgenden Nenner bringen: 10 Prozent der Kopfschmerzen hat organische Ursachen, die restlichen 90 Prozent dürften psychosomatisch bedingt sein. Bei den psychogenen Kopfschmerzen sind 2 große Gruppen zu unterscheiden:

1. Spannungskopfschmerzen

Diese meist diffusen Schmerzen im Kopf treten in erster Linie in belastenden Streßsituationen als Ausdruck innerer Spannung auf! Der Volksmund formulierte dafür in seiner psychosomatischen Weisheit die Redensarten: «Er hat den Kopf voll» oder «Sich den Kopf zerbrechen müssen».

2. Migränekopfschmerzen

Dieser anfallsweise auftretende, halbseitige Kopfschmerz kann sich bis zur Unerträglichkeit steigern. Meist kann sich der Organismus nur durch den umstimmenden Vagus-Schock mittels Erbrechen helfen. Gerade der Migräne-Kopfschmerz kann als konversions-hysterisches Symptom ein breites Spektrum an symbolischen Aussagen der Organsprache darstellen:

a) Der Migräne-Kranke wünscht sich nichts mehr, als Anerkennung durch Leistung, Zuwendung durch Leistung. Groteskerweise hat er aber dann in den Leistungssituationen plötzlich Angst, die so sehr von ihm gewünschte Leistung nicht erbringen zu können und verspannt sich. Der Kopfschmerz gibt ihm so die Möglichkeit, sich als Kranker aus der Leistungssituation zurückziehen zu dürfen. Wer solche unerträgliche Kopfschmerzen hat, daß er niemanden mehr sehen und hören kann, von dem kann beim besten Willen keinerlei Leistung erwartet werden!
b) Der Migräne-Patient gehört zu den Menschen, die ständig unter der Angst leiden, zu versagen, keinen Erfolg haben zu können oder ungerechtfertigt kritisiert zu werden. Um all dem zu entgehen, zieht sich ein solcher Mensch in den entsprechenden Situationen durch den Anfall selbst aus dem Verkehr.
c) Tiefsitzende Unzufriedenheit mit den Lebensumständen und die damit unterdrückten Aggressionen fördern die Migräne-Bereitschaft.
d) Traumatische Umstände bei der Geburt eines Menschen, z. B. Druckstellen am Kopf, prägen ein allererstes Verhaltensmuster, das später in Streßsituationen aktiviert wird und zu Kopfschmerz disponiert. Der Verfasser schildert unter den Fallstudien eine derartige Krankheitsgeschichte und die Behandlung durch «Rebirthing».

Persönlichkeitsmerkmale des Migräne-Kranken

Ehrgeizig, perfektionistisch, unflexibel, unduldsam, zwangsneurotische Tendenzen, oft überstarke Mutterbindung; verzögerte emotionale Entwicklung, heterosexuell unbefriedigende Sexualbeziehungen; leicht depressiv, innerlich unzufrieden; ständige Angst vor Mißerfolgen oder Kritik; Frauen oft hingabegestört; unfähig, aus sich herauszugehen: Aggressionen und Wut zu zeigen.

Therapie des Spannungskopfschmerzes

Gesprächstherapie zur Aufdeckung der zugrundeliegenden emotionalen Konflikte.

Autogenes Training zur täglichen Entspannung. Kontrolle der Muskelentspannung über akustische Rückmeldung per Biofeedbackgerät.

Akupressur der Schmerzpunkte im akuten Geschehen.

Therapie des Migränekopfschmerzes

Gesprächstherapie um Konflikte aufzudecken. Neuorientierung des Patienten zu einer toleranteren, zufriedeneren Einstellung zum Leben. Freisetzen von Aggressionen.

Autogenes Training oder Hypnosetherapie zur täglichen Entspannung, besonders «Stirn-Kühle»; Stärkung des Selbstvertrauens; Konditionierung der reflektorischen Entspannung in Leistungssituationen.

Rebirthing in Hypnose um erste Verhaltensmuster einer traumatischen Geburt zu löschen.

Diät: Vegetarische, salzarme Kost über einige Monate. Absolutes Alkohol- und Nikotinverbot!

Bewegung in frischer Luft: Tägliche Spaziergänge, Schwimmen etc.

Naturheilkundliche Verfahren

Eigenblutbehandlung zur Umstimmung; mit 1 ccm unverändertem Eigenblut beginnen, dann alle Wochen um 1 ccm steigern bis 5 ccm erreicht werden.

Schröpfkopfbehandlung: 4–8 Schropfköpfe trocken im Nackenbereich aufsetzen. Dies wöchentlich einmal über Monate wiederholen.

Ohrakupunktur: Unterschiedliche Punkte je nach Art der Cephalgie. Wichtig: Psychosomatischer Meisterpunkt, Valiumpunkt, Allergiepunkte.

Purgation nach oben: um den Vagus-Schock einsetzen zu können, wöchentlich 1–2 mal künstlich erbrechen lassen; dazu

Rp. Cuprum sulfuric. 0,5/50
d. s. Teelöffelweise bis zur Wirkung

Purgation nach unten: Ausleitung über den Darm durch Glaubersalz; dazu

Rp. Natr. sulfuric. 100,0
d.s. 1–2 Teelöffel 2× wöchentlich früh nüchtern in einem Glas lauwarmen Wasser.

Neuraltherapie zur Ausschaltung von Narben und Störfeldern.

Lymphdrainage im Kopf-, Hals- und Brustbereich.

Reflexzonenmassage am Fuß mit Schwerpunkt bei den großen Zehen.

Medikamentöse Therapie

Mit ihr sollte man sehr sparsam sein! Beschränkung nur auf den akuten Notfall. Die Folgeschäden eines langjährigen Schmerzmittelgebrauches dürfen nicht unterschätzt werden. Als Tee bei Kopfschmerzen hat sich folgendes Rezept bewährt:

Rp.	Fol.	Mate cc.	
	Rad.	Taraxaci cum herba cc.	
	Stipit.	Dulcamarae cc.	
	Herb.	Hyperici cc.	aa 30,0
	Flor.	Arnicae cc.	
	Herb.	Droserae cc.	aa 10,0
	Fol.	Menthae crisp. cc.	
	Fol.	Melissae cc.	
	Cort.	Salicis cc.	aa 40,0
M.f.spec.			
d.s.		Nach Bedarf 2–3 mal eine Tasse pro Tag.	

Krebs – tiefe seelische Leere wird durch Zellvermehrung aufgefüllt

Die Bezeichnung «Krebs» geht auf Hippokrates zurück, der 400 v. Christus alle nicht heilenden Geschwüre so nannte. 600 Jahre später war es Galen, der das Wort «Krebs» in der heutigen Bedeutung für den weiblichen Brustkrebs verwendete. Wir sehen, die Symbolik ist schon sehr alt und tief im Bewußtsein der Menschen verankert, sie löst stets Gedankenverbindungen und Vorstellungen von Tod, Siechtum, Todesurteil und totaler Hoffnungslosigkeit aus. Im Verlauf der 70er Jahre kamen besonders amerikanische Wissenschaftler und deutsche Forscher immer mehr zur Auffassung, daß auch der Krebs zum Bereich der psychosomatischen Krankheiten gezählt werden muß. Die psychosomatische Krebsforschung glaubt eindeutige Zusammenhänge zwischen maligner Zellvermehrung und psychosozialen Einflüssen sowie bestimmten disponierenden Persönlichkeitsprofilen bzw. Charakterzügen erkannt zu haben: Seelische Faktoren, das Familienklima und persönliches Verhalten spielen anscheinend eine weit größere Rolle, als man bisher annahm!

Das sind die wesentlichsten Aussagen ihrer Hypothesen:

1. *Psychosozialer Streß begünstigt die Krebsentstehung*
   Frühkindliche Konflikte durch liebloses, verständnisloses Elternhaus, meist mit einem dominierenden Elternteil; später *Verlust- und Trennungserlebnisse* sowie existenzielle Bedrohung mit damit verbundener Depression, Verzweiflung, Hoffnungslosigkeit; *Ungelöste bzw. nicht ausgetragene Konflikte* in der Familie, besonders mit der Mutter; «kaputte Familien».
2. *Krebsbegünstigende Persönlichkeitsmerkmale eines Menschen:*
   Pessimistisch, passiv, verschlossen, verzichtend, vereinsamt, hilflos, Angst vor dem Leben; Gefühl der Machtlosigkeit und tiefer seelischer Leere;

   Unfähigkeit, seine eigenen Bedürfnisse und Wünsche auszusprechen oder Aggressionen und Ärger loszuwerden;

   Konfliktvermeidung und -Verleugnung;

   Verleugnung eigener vitaler Lebensansprüche und Bedürfnisse. Man nimmt heute an, daß das ständige «Hineinfressen» über den Dauerstreß kontinuierlich das körperliche Abwehrsystem so weit schwächt, daß die Krebszellen außer Kontrolle geraten;

Unterdrückung belastender Gefühle, wie Trauer und Enttäuschung;

Selbstlose Aufopferung für andere, unter Hintanstellung eigener Bedürfnisse und Wünsche;

Gefühl des Kontrollverlustes über das eigene Leben.

Der Psychiater J. LEFERS, New York, sagt über seine Erkenntnisse über die Organwahl der Tumorentstehung: «Eine Persönlichkeit mit einer erblichen und emotionalen Tendenz zur Krebsanfälligkeit wird die Krankheit in demjenigen Körperteil bekommen, der die Ursache seiner chronischen Depression und Hoffnungslosigkeit repräsentiert.» Die Überlegungen von LEFERS könnten für die einzelnen Krebsarten z. B. so ausgelegt werden:

a) *Magenkrebspatienten*

wurde von den dominierenden Eltern nicht erlaubt, Gefühle zu haben. Die Angst, vom Leben nicht genug zu bekommen, wurde mit der Zeit übermächtig.

b) Lungenkrebs-Patienten

hatten lange schon das Gefühl, so eingeengt zu sein, daß sie nicht mehr atmen können. Fast zwanghaft disziplinierten sie ihre Gefühle zur Harmonisierung zwischenmenschlicher Beziehungen, bis ihnen selbst die Luft ausging!

c) Brustkrebs-Patientinnen

litten stets an mangelndem Selbstwertgefühl, an depressiven Verstimmungen und Hemmungen. Oft geprägt von beträchtlicher sexueller Zurückhaltung und gehemmter Mutterschaft. Auch masochistische Züge sind erkennbar. Totale Unfähigkeit, aggressive Gefühle freizusetzen. Tiefsitzendes Gefühl, daß das Leben aus Verzicht und Entsagung bestehen muß.

Ergänzung einer orthodoxen Krebstherapie

Gesprächstherapie zur behutsamen Aufdeckung von Konflikten. Entwicklung der Fähigkeit, vitale Bedürfnisse und Gefühle zu erkennen bzw. anzumelden sowie die bestehenden Probleme in einer neuen Sicht sehen zu lernen. Neuorientierung zum positiven Denken und zum Finden des eigenen Ichs. Die seelische Führung des Krebskranken ist durch nichts zu ersetzen! Es muß alles versucht werden, die todesurteilsartige Selbstaufgabe des Patienten mit seinen verheerenden Auswirkungen zu verhindern.

Hypnosetherapie mit 2 täglichen Ablationshypnosen zur Stärkung der Selbstheilungskräfte und des Abwehrsystems durch Hypnosuggestionen, wie:
«Die weißen Blutkörperchen sind die Polizei in Ihrem Körper! Ihre weißen Blutkörperchen erkennen im Blut alle Krebszellen und vernichten sie! Die Krebszellen sind schwach – sie werden ausgerottet! Ihr Körper hat die Kraft, jede Krankheit zu überwinden!» Gezielte Wärmesuggestionen bei Handauflegung auf das Tumorgebiet: «Unter meiner Hand entsteht ein ganz intensives Wärmegefühl im Tumor, gerade, daß Sie die Wärme noch aushalten können: Die Wärme bringt die Geschwulst zum Vertrocknen!» und zur posthypnotischen Verstärkung der medikamentösen Therapie: «Sie wissen, jedes Wort von mir ist ein hypnotischer Befehl für Ihr Unbewußtes. Ihr Unterbewußtes läßt alles geschehen für Ihre Heilung. So verstärkt sich durch den Einfluß meiner Worte auf Ihr Unbewußtes die Wirkung aller Medikamente, die Sie einnehmen.»

Ernährungsumstellung: Vitaminreiche Rohkost.

Vitamin A + E: Gaben in hohen Dosen.

Aktivierung der Zellatmung:

Rechtsdrehende Milchsäure; rote Beete, Vitamin B-Komplex und Vitamin C in hohen Dosen; Flavonoide, wie Holunderbeeren, schwarze Johannisbeeren, roter Wein.

Blütenpollen 3 × täglich 1 Eßlöffel. Cave: Allergie!

Naturheilkundliche Verfahren:

Überwärmungsbäder zur Erzeugung künstlichen Fiebers.

Medikamentöse Therapie:

Proteolytische Enzyme täglich in hohen Dosen; Mistelpräparate; Sanierung der Darmflora; unterstützende Phytotherapie, z. B. durch folgenden Tee:

Rp.	Rhiz.	Calami cc.	
	Herb.	Visci albi cc.	
	Herb.	Millefolii cc.	
	Rad.	Taraxaci c. herb. cc.	
	Herb.	Equiseti cc.	
	Herb.	Urticae cc.	
	Herb.	Pulmonariae cc.	
	Fol.	Plantaginis cc.	
	Fol.	Salviae cc.	aa 30,0
	Flor.	Calendulae cc.	20,0
	Cort.	Salicis cc.	30,0

M.f.spec.
d.s. bis 5 Tassen pro Tag. 2–5 Minuten ziehen lassen.

oder aber diesen Tee:

Rp. Herb. Gerantii Robert. cc. 100,0
d.s. 1 Tasse pro Tag kalt schluckweise über den ganzen Tag verteilt trinken.

Asthma bronchiale – das unsichtbare Band zwischen Mutter und Kind

Die asthmatischen Syndrome werden in 2 Hauptformen eingeteilt: Das allergische und das nichtallergische Asthma. Für Prof. D. NOLTE, Bad Reichenhall, ist die «Übererregbarkeit des Bronchialsystems der pathologische Dreh- und Angelpunkt der Asthma-Krankheit.» Die Ursachen dieser Hyperreagibilität sind vielfältig und zum Teil noch nicht geklärt.

Folgende Asthma-Ursachen werden diskutiert:

a) Überempfindlichkeit der sensiblen Rezeptoren
b) Vermehrte Permeabilität des Bronchialepithels
c) Verstärkte Kontraktibilität der glatten Bronchialmuskulatur
d) Psychische Faktoren haben die vegetative Reaktionslage in Richtung Vagotonie verschoben
e) Folgen einer traumatischen Geburt mit Atembehinderung
f) Pharmakologische Unausgewogenheit der Ansprechbarkeit der Beta-Rezeptoren
g) Chronische Eiterherde

Die häufigsten Asthma-fördernden Allergene müssen heute in folgender Reihenfolge gesehen werden: Hausstaub, Menschenhaare, Schimmelpilze, Katzen- und Kaninchenfelle, Hundehaare, Federn, Gräserpollen und Pelze.

Meistens ist beim Asthmatiker sowohl eine allergische, als auch eine psychische Komponente vorhanden. Die allergische Reaktion genügt oft nicht alleine, um einen Anfall auszulösen, erst wenn die emotionale Erregung dazukommt, ist es so weit! Man kann eben auch auf andere Menschen allergisch sein! Anfangs spürt der Kranke eine gewisse Atembehinderung und bekommt dadurch Angst vor einem Anfall. Diese Angst führt dann über die totale Vagus-Stimulierung zum Spasmus, das Ausatmen wird zum Problem!

Wir wissen heute, daß neben der Allergiediagnostik ebenso die Psycho-Anamnese von ausschlaggebender Bedeutung für eine erfolgversprechende Therapie der Atemstörungen ist, denn als Verstärker oder Auslöser dieser Krankheitserscheinungen müssen eben auch besondere Persönlichkeitsstrukturen des Patienten sowie seiner Mutter und Eigenarten der gestörten Mutter-Kind-Beziehung bedacht werden. Das psychosomatische Denken ist unabdingbar!

In früher Kindheit bestand beim Asthma-Kranken häufig eine ängstliche Überprotektion durch die dominierende und perfektionistische Mutter. Die in der Pubertät beginnende Loslösung, man kann fast sagen, «Abnabelung» von der Mutter ist nie erfolgt: Die überstarke Mutterbindung ließ ein «Asthma-Band» zwischen Mutter und Kind entstehen – das Kind erstickt gleichsam an der Mutterbrust! Der Asthmatiker leidet an seiner Unfähigkeit, aggressive Gefühle freizusetzen, einmal ein NEIN herausschreien zu können, hierbei verschlägt es ihm den Atem! MITSCHERLICH sah im Asthma-Anfall den Ausdruck eines Ambivalenzkonfliktes mit der Mutter: «Symbolischer Aufschrei nach, aber auch gegen die Mutter.»

Persönlichkeitsmerkmale des Asthmatikers

Hohe moralische Anforderungen; überbetonte Mutterbindung; unsicher, mangelndes Urvertrauen zum Leben; hilflos, Anlehnungsbedürfnisse mit Trennungsängsten; ehrgeizig, gewissenhaft, unflexibel, überempfindlich, retentive Grundhaltung, gehemmt.

Therapie

Gesprächstherapie um Konflikte und ambivalente Haltungen gegenüber der Mutter aufzudecken. Neuorientierung der Lebenseinstellung: Angriff statt Flucht.

Hypnosetherapie übergehend in tägliche Ablationshypnosen zur Stärkung des Selbstvertrauens und zur Loslösung von der Mutter auf natürliche Weise. Posthypnotische Konditionierung der Entspannung, damit der Patient immer und überall selbst in die Lage versetzt wird, die Entspannung in Sekunden auslösen und damit Angstzustände und Anfallbereitschaft durchbrechen zu können.

Rebirthing in Hypnose oder durch «gebundenes Atmen». Das Wiedererleben der eigenen traumatischen Geburt mit schwerer Atembehinderung kann dieses erste Verhaltensmuster löschen.

Atemtherapie und -Gymnastik wöchentlich 1–2mal.

Allergenausschaltung und Hyposensibilisierung

Herdsuche und -Bereinigung besonders Zahnherde, Rödern der Tonsillen 1mal wöchentlich über Monate.

Eigenblutinjektionen zur Umstimmung; ggf. auch Eigenharn-Injektionen oder bei Kleinkindern Eigenharn-Klistiere.

Früh- und Intensivbekämpfung jedes noch so leichten Infektes der Luftwege.

Ableiten über den Darm: 2× wöchentllich morgens milde Purgation durch Glaubersalz.

Ableiten über die Haut: Beim Asthmatiker niemals vorhandene Ekzeme unterdrücken! Im Gegenteil: Quaddelbildung durch wöchentlich 2maliges paravertrebrales Baunscheidtieren der dorsalen Lungensegmente.

Blutegeltherapie: Zur Umstimmung monatlich 1mal je nach Körpergröße des Patienten 3–6 Blutegel zwischen den Schulterblättern ansetzen.

Regelung einer ungenügenden Menstruation

Bei Frauen im entsprechenden Alter muß der 28-Tage-Rhythmus unbedingt angestrebt werden. Nach B. Aschner kann dazu verwendet werden:

Rp. Tinct. Aloes DAB 6 100,0
d.s. 3 × 20 Tropfen pro Tag.

Ohrakupunktur: Bourdiol-Punkt, Allergie-Punkte, Thymus-Punkt mit Dauernadel, Lungenpunkte.

Klimatherapie mit Orts- und Milieuwechsel.

Medikamentöse Therapie

Eine notwendige, intensive Erstbehandlung im Status asthmaticus mit intravenöser Applikation der bekannten Chemotherapeutika (Kortikoide, Sympathikomimetika, Adrenergika, Parasympathikolytika, Valium etc.) sowie Überdruckbeatmung sollte so bald als irgend möglich durch psychotherapeutische Verfahren ergänzt und dann allmählich in eine biologische Behandlung übergeleitet werden. Besonders die Cortisongaben müssen langsam, aber sicher abgebaut werden! Der Verfasser schildert bei den Fallstudien die tragischen Folgen, wo dies übersehen wurde!

Phytotherapie

Tee bei asthmatischen Beschwerden und Bronchitis (Rezept nach Scharl/Viehauser: «Erfolgsrezepte aus der modernen Naturmedizin»):

Rp.					
Spec.	pectoralis DAB 6		Herb.	Galeopsidis cc.	
Cort.	salicis cc.	aa 100,0	Herb.	Hederae helicis cc.	
Herb.	Pulmonariae cc.		Herb.	Plantaginis cc.	
Herb.	Thymi cc.		Herb.	Symphyti cc.	aa 20,0
Lichen	islandicus cc.		Flor.	Farfarae cc.	
	Carrageen		Flor.	Crataegi tot.	
Fol.	Farfarae cc.		Herb.	Droserae cc.	aa 10,0
Flor.	Sambuci cc.		Fol.	Menthae crisp. cc.	
Fruct.	Carvi cont.		Fol.	Melissae cc.	aa 40,0
Herb.	Cardui benedicti cc.				

M.f.spec.
d.s. 3–4 Tassen pro Tag.

Anorexia nervosa – Magersucht als Protest gegen die körperliche Reifung

Aus dem 16. Jahrhundert stammt von dem Genueser Arzt S. Porto der früheste Bericht über die Anorexia nervosa. Die Pubertätsmagersucht wurde dann 1874 zum ersten Mal von Sir William Gull ausführlich beschrieben.

Die psychogene Magersucht tritt in der Pubertät oder Nachpubertät bis etwa zum 30. Lebensjahr auf. Der Verfasser behandelt aber auch schon eine Frau Anfang 40. Nach den Beobachtungen des Verfassers ist die Geschlechtsverteilung männlich: weiblich ungefähr 1:99. Wenn aber ein junger Mann oder ein Bub magersüchtig wird, handelt es sich um einen extrem schwierigen Fall. Die Letalität bei dieser Gruppe lebensverweigernder Patienten liegt mit rund 10% bedenklich hoch, da primär nicht das Verhungern als häufigste Todesursache in Betracht kommt, sondern die fatale Infektanfälligkeit der durch die «Todesdiät» in ihren Abwehrkräften geschwächten Patienten. Das Krankheitsbild der Anorexia nervosa, also durch seelischen «Hungerstreik» herbeigeführter Marasmus, war bis Mitte der Fünfziger Jahre selten, seine Häufigkeit ist in den letzten 2 Jahrzehnten enorm angestiegen. Es bestätigen sich die Anzeichen, daß diese schwerwiegende, psychosomatische Erkrankung bevorzugt in Ländern mit unserem Wohlstand zunimmt. Amerikanische Beobachtungen zeigen auf, wie mit dem Anlaufen der Joggingwelle zu einer Massenbewegung auch die Anorexia nervosa von einer medizinischen Rarität zu einem nicht mehr unbedeutenden Problem auflief. Es ist auch bekannt, daß sich verschiedene Sportler, darunter Marathonläufer, Turner und Tennisspieler selbst als Anorektiker sehen. Im Laufzwang der meist 20–40jährigen Athleten sehen amerikanische Kliniker ein echtes Pendant zur Anorexie!

Der typische Anorektiker verweigert zunehmend die Nahrungsaufnahme oder erbricht nach dem Essen. Nicht selten magert er bis zu einem lebensbedrohlichen Untergewicht von 30 bis 35 Kilo ab – alle Grade der Abmagerung kommen vor. Meist wird über Appetitmangel geklagt. Den spindeldürren Mädchen kommt es vor, als wehre sich der Magen und empfinden, als ob von unten eine Platte alles wieder hochdrücken würde. Die von der Familie immer wieder erzwungene, minimalste Nahrungsaufnahme löst ein schier unerträgliches «schlechtes Gewissen» aus.

Magersüchtige verwenden häufig zusätzlich Appetitzügler und nehmen für die Verstopfung obendrein auch Abführmittel. Dies führt zu einem weiteren Gewichts- und Elektrolytverlust. Die hochgradige Abmagerung führt dann zu einer sekundären Amenorrhoe und zum Schwinden aller weiblichen Rundungen. Die Magersüchtige hungert sich in einen, man könnte sagen, geschlechtslosen Elfenzustand zurück und zeigt dabei die Tendenz zu motorischer Überaktivität. Sie alle beeindrucken durch eine nicht zu erwartende, außerordentliche Lebensenergie und bringen schulische und berufliche Höchstleistungen zustande. Sie neigen sogar dazu, andere zu bekochen, zu füttern, ohne davon selbst für sich etwas zu nehmen. Euphorische Gemütszustände können mit depressiven Phasen abwechseln. Die Sucht nach engelhafter, reiner Körperlosigkeit führt dazu, die fehlende Krankheitseinsicht so weit gehen zu lassen, daß der Kranke eine halbe Stunde vor seinem Hungertod noch immer Angst hat, eine Mahlzeit zu sich zu nehmen und doch noch dick zu werden: Der Magersüchtige wird zum Todessehnsüchtigen!
Vorsicht: Magersüchtige Mädchen erfinden immer neue, erstaunliche Tricks, um ihren Zustand den Eltern und Behandlern gegenüber zu verschleiern. So legen sie z. B. Gewichte in die Schuhe oder Kleidung ein oder trinken vor dem Wiegen literweise Wasser. Man muß also wie ein Kriminalist denken, um nicht von den Zauberkunststücken magersüchtiger Mädchen aufs Kreuz gelegt zu werden!

Hypothesen über die Genese der Magersucht

Wie kann es zu dem «pubertären Hungerstreik» junger Mädchen kommen? Trotz verschiedener Forschungsarbeiten ist die Ätiologie der Anorexia nervosa noch mit vielen Fragezeichen versehen. So sieht man heute die wichtigsten Deutungsversuche und Ursachen für die Entstehung dieser schweren psychosomatischen Erkrankung:

1. Familiäre Kommunikationsprobleme

Die amerikanischen Wissenschaftler J. Lagos, S. Minuchin und M. S. Palazzoli erkannten besonders häufig die folgenden, interaktiven Konstellationen und Aspekte in Anorexia-Familien:

a) *Enmeshment = Verstrickung*

Die Angehörigen solcher Familien «verstricken» sich in fast zwanghafter Weise in die Angelegenheiten der anderen, so daß jeder meint, die

Fragen des anderen beantworten zu können. Eigene Gefühle oder Gedanken auszudrücken, wird nicht geschätzt. Kontinuierlich wird die Glaubwürdigkeit eines Betroffenen in Frage gestellt, er wird ständig unterbrochen, kritisiert oder abqualifiziert. Er hat wirklich keine Chance, ein tragfähiges Selbstwertgefühl zu entwickeln, sich und die übrigen Familienmitglieder als abgrenzbares Selbst zu empfinden. Magersüchtigen ist es also nicht möglich, ihr «Selbst» zu definieren und über den eigenen Körper Selbstkontrolle auszuüben.

b) *Lack of conflict resolution = Mangelnde Fähigkeit zur Konfliktbewältigung*

In der Anorexia-Familie dominiert meist die Mutter, manchmal sogar eine autokratische herrschende Großmutter. Oft finden wir einen chronisch kranken, resignierenden oder auch jähzornigen Vater. Um die Gunst der Eltern entbrennt zwischen den Töchtern ein unsichtbarer, aber umso tragischer geführter Kampf. In diesen Familien herrscht nach außen volle Übereinstimmung, so daß Meinungsverschiedenheiten zwischen den Familienmitgliedern fast immer bestritten werden. Treten aber tatsächlich Unstimmigkeiten auf, so werden sie nicht ausgetragen und bewältigt, sondern durch abrupte Themenwechsel oder ablenkende Argumentationen neutralisiert. Im Grunde genommen protestiert der magersüchtige Jugendliche, für ihn ist die Magersucht ein letztes Ausdrucksmittel, eben die intensivste Organsprache, wo ihm in der Familie die Worte fehlen!

c) *Overprotectiveness = Überfürsorgebedürfnis*

In der Familie ist jeder für den anderen in übertriebener Weise um dessen Wohlergehen besorgt. Gerade das anorektische Kind ist hier betroffen, weil es sich in zwanghafter Manier für das Wohl seiner Familie verantwortlich fühlt. W. Brinkmann schrieb dazu in der «Süddeutschen Zeitung» vom 19. 6. 82 u. a.: «Dieses Sich-Aufopfern ist ein Vermächtnis über Generationen, es wurde bereits von den Eltern der Eltern weitergegeben. Ein sicheres Konzept, um Ablösung zwischen den Generationen zu verhindern. Denn wer so aufwächst, hat das ständige Gefühl, etwas zu schulden, ohne wirklich bekommen zu haben. Zuwendung bekommt man nicht um seiner selbst willen, sondern in erster Linie für Wohlverhalten und besondere Leistung. Ein Grund, warum so viele Magersüchtige im schulischen und sportlichen Bereich besondere Leistungen zeigen und darin erbittert mit ihren Geschwistern konkurrieren. Bis sie den Betrug merken, den Betrug, doch nie die ersehnte bedingungslose Liebe und Zuwendung zu bekommen. Liebe ohne Freiheit. Liebe wird in diesen Familien mit intensiver Sorge gleichgesetzt. Die Eltern zeigen eine Überfürsorglichkeit, die eigenständige Entwicklung eher begrenzt. «Zum Wohle» des Kindes werden dessen Bestrebungen nach Autonomie dadurch von klein auf ständig behindert. Was liegt daher näher, als eines Tages die Situation in dem besonders beachteten Bereich der Ernährung und Gesundheit einfach umzukehren. Durch ihr Untergewicht und die konsequente Verweigerung des Essens definiert die Magersüchtige ihren Körper in nicht zu überbietender Deutlichkeit als letzten autonomen Bereich. Hier weist sie jede fremde Einmischung erfolgreich zurück. Durch ihr Symptom teilt sie jedoch gleichzeitig mit: «Ich hungere, aber die Nahrung, die ich brauche (nämlich bedingungslose Zuwendung) könnt ihr mir nicht geben.» Da die Eltern die symbolisch gemeinte Botschaft nicht entschlüsseln können, beginnt der Teufelskreis: Die Eltern kümmern sich noch mehr um das leibliche Wohl der Patientin und diese reagiert mit weiterer Abmagerung beziehungsweise mit häufigerem Erbrechen.»

d) *Rigidity = Starrheit*

Veränderungen, Neuordnungen oder pubertären Wandlungen gegenüber ist die anorexogene Familieneinheit zutiefst ablehnend, glaubt man sich doch frei von unterschiedlichen Auffassungen und Konflikten. Gerade der in der «Entwicklung» stehende junge Mensch wird durch eine solche Einstellung an seiner Entfaltung gehindert. Darum findet die «Rebellion», so sieht es CHR. EGGERS in seiner Arbeit «Anorexia nervosa und Adipositas», in der Pubertät statt, weil die altersgemäß einsetzenden Loslösungsbestrebungen in Konflikt mit der massiven Abhängigkeit durch das Sich-Aufopfern-Müssen gerät.

2. *Familiäre Erwartungshaltungen und Einstellungen*

a) *Prestige-Erwartung: Nur die Leistung zählt*

Die Patienten, die meist besonders brave Töchter sind, halten die Eltern, speziell die Mutter, für leistungsfordernd. In der Anorektiker-Familie zählt nur die geleistete Arbeit, der Einsatz für die anderen, die Wunschlosigkeit und natürlich auch die Krankheit. Ein schwerer Krankheitszustand wird also anerkannt. Der Magersüchtige ertrotzt sich in der Familie besondere Aufmerksamkeit und Fürsorge, dies in erster Linie gegenüber einer «konkurrierenden» Schwester. Es gibt fast keine Magersüchtige ohne diese rivalisierende Schwester! Neid und Eifersucht gegenüber Geschwistern sind dominierende Faktoren für die Genese der Pubertätsmagersucht. Diese aggressiven Tendenzen werden durch Gewissenseinwände gehemmt, was zu Eßhemmungen führen kann. Das schlechte Gewissen legt als Buße den Verzicht auf das lustvolle Gefühl der Sättigung auf. Fasten als Form der Buße!

b) *Ablehnung der Sexualität*

Die Mütter in anorexogenen Familien lehnten meist selbst den sexuellen Bereich ihres Lebens ab. Auch wird niemals in der Familie über diese schmutzigen, sündhaften Dinge gesprochen, der Mensch vom «Nabel abwärts» existiert überhaupt nicht. Das Thema «Sexualität» ist tabu!

Konsequenterweise lehnt die Tochter in der Pubertät die Übernahme der weiblichen, erwachsenen Geschlechtsrolle ab und hungert sich durch den «Flirt mit dem Tod» auf ein reines, geschlechtsloses Elfenwesen zurück. R. Degen formulierte dazu: «Dünn wie ein Strich und rein wie ein Engel!»

Hinter der Angst, dick zu sein oder zu werden, steht in Wirklichkeit die Furcht vor der eigenen Sexualität, den eigenen Trieben, Wünschen und Aggressionen. Wie eingangs gesagt: Die Magersucht als Protest gegen die körperliche Reifung!

c) *Angst zu versagen, von Männern nicht akzeptiert zu werden*

Diese Mädchen und Frauen haben häufig das konstante Gefühl des Versagens vor dem Überanspruch an das «Idealbild» einer Frau. Sie glauben vor diesem idealen Bild der Frau, das sich die Männer machen, versagt zu haben. Letztlich fürchten sie die Männer als Richter über ihre Figur. Diese Angst vor Zurückweisung führt zur Hungerstrategie für den heimlichen Wunsch nach einem geschlechtlosen Körper und sexueller Abstinenz.

Therapie der Magersucht

Bis auf ganz wenige Fälle sind es fast stets die Eltern eines Mädchens, die sich hilfesuchend an einen Behandler wenden, meist sogar gegen den Willen der Tochter. Magersüchtige sind weder krankheitseinsichtig noch

therapiewillig! Hier liegt eben der neuralgische Punkt, denn eine erfolgversprechende Behandlung ist ohne Kooperation nicht möglich. Wenn das Sollgewicht unter 50% gesunken ist, kann nur noch eine sofortige Klinikeinweisung zur künstlichen Ernährung lebensrettend wirken. Erst wenn der Patient aus dieser bedrohlichen Phase geführt wurde, kann eine aussichtsreiche Psychotherapie begonnen werden. Bei stationären Patienten haben sich als Basis verhaltenstherapeutische Maßnahmen besonders bewährt:
«Belohnung» des Kranken nach jeder Essenseinnahme, z. B. durch Ergänzung des zunächst fast leeren Zimmers zu einem behaglichen Raum durch Fernsehgerät, Radio, Cassettenrecorder etc. Wird der Essensplan vom Patienten nicht erfüllt, besteht die «Bestrafung» in einem befristeten Entzug der Vergünstigungen. Für die ambulante Behandlung von Magersüchtigen stehen die verstärkenden Möglichkeiten der Verhaltenstherapie nicht zur Verfügung. Hier muß ganz anders vorgegangen werden:

1. *Familientherapie*

   Die festgefahrenen Lebensregeln (Leistungserwartung, Überfürsorge, Ablehnung der Sexualität, Konfliktverleugnung) in der asketischen Familie müssen korrigiert werden. Besonders müssen die Geschwister-Rivalitäten ausgeräumt werden. Konflikte in der Familie müssen endlich offengelegt werden; ohne Krise geht es darum in der Familientherapie nicht ab!

2. *Gesprächstherapie*

   Die Patientin muß lernen, ihren eigenen Körper und die weibliche Erwachsenenrolle anzunehmen. Die Furcht, die Männer seien die Richter über die Figur muß eliminiert werden, ebenso wie die tiefsitzende Vorstellung: Schlankheit sei gleichbedeutend mit Liebe und Glück! Besprechen von etwaigen Schuldgefühlen, in erster Linie den Geschwistern gegenüber, und Trotzreaktionen den Eltern gegenüber. Das Sich-Loslösen von den Eltern muß nachhaltig gefördert werden. Der Patient muß davon überzeugt sein können, daß der Behandler voll hinter ihm steht, daß er sich stark und sicher fühlen kann.

3. *Katathymes Bilderleben*

   Hier kommen besonders die konfliktaufdeckenden Standardmotive zum Tragen. Finden des eigenen «Selbst».

4. *Hypnosetherapie*

   Aufdeckend und stützend. Stärkung des Selbstvertrauens und des Selbstwertgefühles, des Lebensmutes und der Lebensfreude.

5. *Milieuwechsel*

6. *Naturheilverfahren und medikamentöse Behandlung*

   Wöchentlich 2 i. m.-Injektionen mit Vitamin B 12 (3000 γ) über 2 Monate;
   Kneipp-Anwendungen oder Massagen, um dem Patienten ein neues Körpergefühl zu vermitteln;
   Akupunkturpunkte: Bl 17, 19, 21, Gbl 39, 43, 44, Di 4, Ma 36, MP 2, 3, 42, Ni 1;
   Ohrakupunkturpunkte: Punkt der Freude, Aggressionspunkt, Magenpunkt und Bourdiol-Punkt.

IV
Fallstudien und Behandlungsverläufe

Fall 1: Hyperhidrosis

Eine 32jährige Frau, verheiratet mit einem an Asthma bronchiale leidenden Mann, ohne Kinder, als Bedienung tätig, ruft mich wegen ständiger, unerträglicher und besonders in Beobachtungssituationen auftretenden Achselschweißausbrüchen, welche eine weitere Berufsausbildung unmöglich machten, an, da ein Neurologe ihr deshalb zu einer operativen Nervendurchtrennung geraten hat. Er versicherte ihr, dann werde sie nicht mehr schwitzen. Bei diesem Telefongespräch stellte der Verfasser vorweg eine projektive Testfrage: «Angenommen, es wäre so wie im Märchen möglich, daß Sie nochmals auf die Welt kommen könnten, was würden Sie dann anders machen?» Die Anruferin antwortet darauf, ohne überlegen zu müssen: «Ich glaube, diesen Mann würde ich nicht mehr heiraten!» Diese spontane Aussage machte ihre ganze Problematik sofort sichtbar: In ihrer Ehe mußte die Patientin stets still sein, durfte keine eigene Meinung äußern, hielt alles zurück (Meinungen und Gefühle) und platzte dabei vor innerer Spannung.
Die Organsprache des Zurückhaltens von Gefühlen war in diesem Fall besonders eindrucksvoll und aussagekräftig: Diese Frau mußte ihre Gefühle so massiv zurückhalten, daß sie nicht einmal mehr im Stande war, mit den Augen zu weinen, sondern nur noch «heimlich» unter den Achseln weinen konnte.

Therapie

Es wurde mit einer Gesprächstherapie begonnen, in welche der Ehemann der Patientin mit einbezogen werden konnte. Ein therapeutisches Vorgehen ohne Beeinflußung des Ehepartners wäre unter den gegebenen

Umständen von vorneherein zum Scheitern verurteilt. Leider zeigt sich in der täglichen Praxis, daß es nicht immer möglich ist, den Ehepartner für ein gemeinsames Gespräch zu gewinnen. Häufig wird dieser Wunsch mit dem Hinweis abgelehnt: «Ich wüßte gar nicht, was ich da sagen sollte – Du bist ja krank, Du brauchst Behandlung, nicht ich . . .!»
In einer Reihe von Gesprächen wurde die Patientin angehalten, aus sich herauszugehen, ihre Gefühle zu zeigen und ihre Meinung frei zu äußern. Der Ehemann wurde dabei zu verständnisvoller Kooperation gewonnen und gebeten, seine Frau immer wieder aufzufordern, ihre Meinung frei zu sagen. Parallel wurde eine intensive Hypnosebehandlung (6 Sitzungen) zur vegetativen Stabilisierung und zur Stärkung ihres Selbstvertrauens durchgeführt. Der therapeutische Schwerpunkt lag auf folgenden Hypnosuggestionen:
«Sie finden durch diese Behandlung eine völlig neue Einstellung zum Leben, zu Ihrem Mann!»
«Sie vertreten Ihre Meinung jedem gegenüber, auch Ihrem Mann gegenüber, voll Ruhe und Selbstvertrauen!» «Wenn Sie NEIN denken, dann sagen Sie auch NEIN?» Bei dieser Suggestion wird die hypnotisierte Patientin aufgefordert, sich ganz deutlich eine Situation vorzustellen, in der sie ihrem Mann sagt, was sie denkt und fühlt, dazu dann
«Sie dürfen Ihre Gefühle zeigen. Wenn Sie froh sind, dürfen Sie lachen, wenn Sie traurig sind, dürfen Sie weinen! Wenn Sie mit etwas unzufrieden sind, dann sagen Sie das sofort!»
Die Patientin erlernte in den 6 Hypnosebehandlungen die Ablationshypnose und war dadurch in der Lage, die erforderlichen Suggestionen der Ruhe und Entspannung, des wachsenden Selbstvertrauen und der Neuorientierung zur Selbstverwirklichung noch über einige Monate täglich einmal zuhause per Tonband weiter auf sich einwirken zu lassen.
Die Behandlung war erfolgreich und ersparte dieser Frau die schon ins Auge gefaßte Operation.

Fall 2: Herzneurose

Die Mutter von 2 Kindern, 30 Jahre, verheiratet, mußte mehrfach wegen Infarkt-ähnlicher Herzsensationen mit Blaulicht in das Krankenhaus eingeliefert werden, ohne daß man dann einen organischen Herzbefund erheben konnte. Ein Kollege bat den Verfasser, sich diese Patientin einmal

anzuschauen, da er «psycho-logisch» dachte und es für ihn daher nahelag, diese «Herzanfälle» aus psychosomatischer Sicht zu betrachten. Wie treffend sich die Organsprache des Herzens auszudrücken vermag, bewies wieder einmal mehr der Fall dieser Patientin.
Wenn das Herz «rebelliert» sollte unbedingt u. a. eruiert werden, ob eine Herzensangelegenheit als Auslöser und Verursacher dahinterstehen könnte.
Der Verfasser läßt sich auch stets die Träume vom Patienten berichten, da mancher Hinweis über Ängste oder Wünsche in die richtige Richtung gegeben wird.
Schon die erste Aussprache deckte dann auch Zusammenhänge ihres aktuellen Herzenskonfliktes auf. Die Patientin, die seit 10 Jahren mit einem hohen, vielleicht aber etwas langweiligen Beamten «gut» verheiratet war, hatte sich vor einem halben Jahr in den wesentlich jüngeren Freund ihres Mannes verliebt und durch ihn nie erlebte, frauliche Erfüllung finden können. Der Verfasser machte ihr die psychosomatischen Zusammenhänge zwischen Konfliktspannung und der Organsprache ihres Herzens klar und fordert sie auf, sich in dieser Herzensangelegenheit umgehend, so oder so, klar zu entscheiden, denn ihr Herz könne eben diese «Zwickmühle» nicht ertragen. Sie könne sicher sein, daß eine klare Entscheidung die unerträgliche Spannung und den Druck von ihrem Herzen nehmen werde. In diesem Zusammenhang sei erwähnt, daß man den Patienten die erforderliche Entscheidung niemals abnehmen kann, diese muß er selbst treffen! Aber er muß in einer Konfliktsituation zu der unumgänglich notwendigen Entscheidung aufgefordert werden! Innerhalb von 2 Wochen kam die Patientin nach reiflicher Überlegung zu der klaren Einsicht, daß es in ihrem und im Interesse ihrer beiden Kinder liegt, sich eindeutig für ihren Mann zu entscheiden und die Verbindung zu ihrem Freund sofort und für immer zu lösen.

Therapie

Durch die Gesprächstherapie (2 Sitzungen) wurde die Entscheidung zur Konfliktbereinigung bewirkt und die Weichen gestellt für eine Neuorientierung. 3 Hypnosebehandlungen wurden zur Vertiefung der Neuorientierung und zur vegetativen Stabilisierung angeschlossen. Die wichtigsten Suggestionen in der Hypnose waren: «Sie wissen und spüren bis in die tiefste Seele, daß Ihr Mann das Beste für Sie will, daß er für Sie da ist!»

«Einen Menschen lieben, heißt, das Beste für diesen Menschen wollen!»
«Sie finden wieder eine ganz neue Einstellung zu Ihrem Mann – Sie öffnen dem Vater Ihrer Kinder in Liebe immer mehr und mehr!»
«Stellen Sie sich jetzt vor, daß Sie im Kreise Ihrer Familie sitzen. Alle schauen Sie an und Sie sehen die glücklichen Augen Ihrer Kinder und Ihres Mannes. Sie fühlen dabei, wie Ihnen Ihre Liebe zufließt und Sie öffnen allen Ihr Herz!»
«Ihr Herz schlägt wieder für Ihren Mann und Ihre Kinder.»
«Ihr Herz findet wieder Ruhe!»
»Ihr Herz schlägt darum ab sofort bei Tag und Nacht immer ganz ruhig und kräftig, ganz regelmäßig.»
«Alle Untersuchungen haben bewiesen, daß Ihr Herz organisch beneidenswert gesund ist. Manch kranker Mensch würde sein ganzes Vermögen bieten, wenn er Ihnen Ihr gesundes Herz abkaufen könnte!» Durch die Konfliktlösung und Behandlung wurde das «seelische» Störfeld ausgeschaltet, das Herz der Patientin konnte wieder Ruhe finden.

Fall 3: Torticollis spasticus

Ein Dozent, 49 Jahre, verheiratet, sehr kontaktfähig, kann plötzlich seit 2 Monaten seine Tätigkeit als Sportlehrer wegen eines spastischen Schiefhalses mit einseitiger Verdrehung des Kopfes infolge tonischer Krämpfe der Hals- und Nackenmuskeln nicht mehr ausüben. Er wurde seitdem wegen eines rheumatischen Schiefhalses krankgeschrieben. Alle bisherigen Therapieversuche mit Injektionen in die entsprechenden Segmente brachten keine Besserung. Da der Schiefhals ein typisch hysterisches Symptom darstellt, es wird nämlich die willkürlich zu beeinflussende Muskulatur zur Organsprache benutzt, fahndete der Verfasser beim Erstgespräch durch seine Fragen nach Ereignissen oder Lebensumständen, vor denen sich der Patient abwenden möchte:
«Haben Sie im letzten halben Jahr besondere berufliche oder private Spannungen oder Auseinandersetzungen erleben müssen?
«Was oder wen möchten Sie am liebsten gar nicht mehr sehen müssen?»
«Wovor wenden Sie sich ab?»
«Wenn es da gäbe wie im Märchen, daß man eine Tarnkappe aufsetzen könnte und wäre dann unsichtbar, vor wem würden Sie sich am liebsten unsichtbar machen?»

«Was bringt Ihnen der Schiefhals? Was können Sie vermeiden? Wem können Sie aus dem Weg gehen? Wer wendet sich Ihnen besonders zu?» Diese Fragen brachten sofort Klarheit: Der Patient war in letzter Zeit mehrfach durch den Dekan tief gedemütigt und zurückgesetzt worden. Der Patient konnte dies nicht mehr ertragen, auch den Anblick seines Vorgesetzten nicht mehr ertragen und wandte sich durch den Schiefhals symbolisch ab und signalisierte auch seine Hilflosigkeit. Der sekundäre Krankheitsgewinn bestand für den Patienten also darin, daß er durch seine Krankheit nicht mehr zur Uni mußte, dadurch der Konfrontation mit dem Dekan ordnungsgemäß krankgeschrieben entgehen konnte und zudem von der Familie intensive Zuwendung bekam. Der Patient berichtet auch von Träumen, in denen der Boden unter seinen Füßen wegrutscht.

Therapie

Die Hypnosetherapie mußte hier aufdeckend eingesetzt werden, um eine Katharsis zu erreichen – aus dem körperlichen Symptom muß wieder seelischer Schmerz werden. Im tiefen Hpynosezustand wurden dazu folgende Suggestionsinhalte vermittelt: «Gehen Sie jetzt zurück zu der Situation, in der Sie der Dekan zum ersten (zweiten, dritten) Mal gedemütigt hat. Ganz deutlich können Sie alles sehen und dabei hören, was der Dekan zu Ihnen sagt. Aber jetzt wissen Sie, wie Sie sich wirkungsvoll verteidigen können. Los, sagen Sie ihm Bescheid – schreien Sie heraus, was Sie bewegt! Schreien Sie heraus, bis alles gesagt ist, bis alle Spannung von Ihnen abgefallen ist – bis er weiß, daß er Sie nicht mehr demütigen kann!»
«Stellen Sie sich jetzt einen großen, starken Baum im Herbst mit goldgelben, welken Blättern vor – Sie könnten dieser große, starke Baum sein – und nun kommt gleich der Wind und die welken Blätter fallen ab, so wie alle Spannung von Ihnen abfallen wird. Die welken Blätter machen Platz für das neue Wachstum im Frühling.» Dann werden Vorstellungen der Symbolkonfrontation aus dem Katathymen Bilderleben hereingenommen und suggeriert:
«Vor Ihrem inneren Auge können Sie jetzt gleich Ihren Vorgesetzten deutlich sehen – deutlich sehen Sie diesen Mann, der Sie demütigen will und schauen ihm jetzt scharf in die Augen, so daß er Ihrem Blick kaum noch ertragen kann. Sie können ihn mit Ihrem Blick bannen – und nun

erkennen Sie, daß dieser Mensch unter ihrem bannenden Blick plötzlich zusammenschrumpfen muß zu einer bedeutungslosen, häßlichen, kleinen Kröte! Unter Ihrem Blick wurde dieser Mensch klein und bedeutungslos, völlig ungefährlich!» «Ihr Selbstvertrauen wächst von Tag zu Tag groß und stark, wie ein gesunder Baum, der im Frühling neue Kräfte aus der Erde nimmt und neue Triebe ansetzt.»
Um das Selbstvertrauen des Patienten zu steigern, wird ein besonderes Erfolgserlebnis reaktiviert:
»Nun dürfen Sie in Ihrem Leben soweit zurückgehen, bis Sie zu einem entscheidenden Erfolgserlebnis kommen. Ich weiß genau, daß Sie solche Erfolgserlebnisse hatten. Schauen Sie sich genau an, wie erfolgreich Sie sein können ...! Darum sind Sie im Leben allen Menschen gewachsen – Sie schauen allen Situationen gelassen entgegen. Sie stehen über den Dingen!»
Der Patient erlernte in 5 Sitzungen die Ablationshypnose und ließ die Suggestionen der Entspannung und Neuorientierung täglich 2mal über Monate zuhause per Tonband auf sein Unbewußtes einwirken. Die Spannung im Hals ließ immer mehr und mehr nach. Der Patient konnte seiner Lebenssituation wieder gerade ins Auge sehen und seinen Beruf wieder ausüben. In künftigen Erregungssituationen bleibt der Hals im Leben solcher Patienten erfahrungsgemäß immer die anfälligste Stelle.

Fall 4: Migräne

Bei einem Seminar 1982 zum Thema «Hypnose- und Regressionstherapie» meldete sich in einer Pause eine Teilnehmerin (19 Jahre, Studentin, ledig) beim Verfasser und Seminarleiter und bat sich, als Demonstrationsperson für Rebirthing, der Rückführung zur eigenen Geburt als Therapie, zur Verfügung stellen zu dürfen, da sie seit ihrer Kindheit immer wieder an halbseitigen Kopfschmerzen, besonders stark über dem linken Auge, zu leiden hatte und sich Hilfe erhoffte. Die Studentin bewies in einem Imaginationstest, daß sie bei geschlossenen Augen bildhafte Vorstellungen rasch, deutlich und farbig entwickeln kann und daher eine Grundvoraussetzung für eine Regression erfüllt.

Therapie

Da die Seminarteilnehmerin gut imaginieren und gut «loslassen» konnte, war es in der Ersthypnose möglich, einen tiefen Trancezustand zu induzieren und sie über den ersten Schultag bis zur eigenen Geburt zurückzuführen. Nach Induktion und Vertiefung des Hypnosezustandes wurden für die Rückführung vorbereitend folgende Suggestionen verwendet: «Ich kann Sie jetzt in der Hypnose ganz sicher weit in die Vergangenheit zurückführen – zurück bis in Ihre Jugendzeit und Kindheit und weiter zurück bis zum Tag Ihrer Geburt in XY und in den Mutterleib hinein. Sie können dabei alles sehen, hören und fühlen. Alles, was Sie sehen, hören und fühlen, können Sie mir sofort sagen – Sie verfügen dabei über einen enormen Wortschatz. Die Zeit spielt für uns in der Hypnose überhaupt keine Rolle: Die Vergangenheit wird zur Gegenwart!» Und dann weiter: «Ich nehme Sie jetzt bei der Hand und führe Sie in die Vergangenheit zurück, immer weiter und weiter . . .»

Die Studentin durchlebte und schilderte dabei die eigene, traumatische Geburt in allen Einzelheiten und verspürte den intensiven Schmerz, den ihr die Hebamme durch einen ungeschickten Griff mit dem Daumen über ihrem linken Auge zufügte, um sie am Kopf zu fassen. Zwei Monate nach dieser Demonstration schrieb die Teilnehmerin dem Verfasser, daß die migräneartigen Kopfschmerzen seit dem Rebirthing nicht mehr aufgetreten seien. Eine Nachfrage ein Jahr später bestätigte das völlige Ausbleiben der Migräne. Das Wiedererleben der eigenen, traumatischen Geburt hat das dabei entstandene, erste Verhaltensmuster löschen können.

Fall 5: Chronische Diarrhoe

Eine 46jährige Frau, verheiratet, 2 Kinder, leidet seit 10 Jahren an einer chronischen Durchfallerkrankung, für die man trotz zahlreicher Untersuchungen keine organische Ursache eruieren konnte. Besonders wenn die Patientin einen Besuch erwartete, stellte sich der Durchfall spontan ein. Im ersten Gespräch wurde die Patientin auf ihre Träume angesprochen. Sie schildert darauf u. a. folgenden Traum: «Ich stehe nachts im Wasser, das immer höher steigt und sich braun verfärbt. Ich rufe laut um Hilfe!» Gegenfrage: «Wen haben Sie denn um Hilfe gerufen?» Antwort: «Ich rief nach meinem Sohn!» Schon der Trauminhalt signalisiert die gestörte Partnerbeziehung und tiefe Enttäuschung, sonst hätte sie auch im Traum nach ihrem Mann gerufen, nicht nach ihrem Sohn.

Therapie

Einige Aussprachen gaben der Patientin die Möglichkeit, die tiefe menschliche Enttäuschung über ihren Mann von der Seele zu reden, ihr Herz auszuschütten. Dinge zu sagen, die sie bisher noch nie jemandem anvertraut hatte. Der Verfasser machte ihr klar, daß sie eigentlich keine Enttäuschung erlebt habe, sondern die Aufklärung eines Irrtums. Sie habe in Ihrem Mann etwas gesehen, was er eben gar nicht ist – dieser Irrtum ist nun aufgeklärt. Die Gespräche brachten der Patientin spürbare Erleichterung. Die intensive Hypnosetherapie (6 Sitzungen) mit anschließenden täglichen Ablationshypnosen zuhause per Tonband verwendeten u. a. folgende Suggestionsinhalte:
«Meine Hand wirkt jetzt gleich wie eine Wärmeflasche auf Ihren Magen. Ihr Magen wird strömend warm – deutlich spüren Sie, wie Ihr Magen warm durchströmt wird. Die Wärme aus dem Magen strömt nun gleich in Ihren ganzen Bauch, bis ins Becken hinein. Die Wärme heilt und beruhigt Ihren ganzen Darm. Ihre Verdauung beginnt ganz normal zu arbeiten. Täglich scheidet Ihr Darm die Schlackenstoffe als geformten Stuhl aus!»
«Ihr Selbstvertrauen beginnt nun von Tag zu Tag zu wachsen, wie eine wunderbare Sonnenblume, die unaufhörlich der Sonne entgegenwächst, groß und schön. Und nun können Sie sehen, wie sich die Blüte der Sonnenblume entfaltet zur vollen Pracht – so entfaltet sich auch Ihr Selbstvertrauen. Sie werden sich dadurch Ihres Wertes und Ihrer Möglichkeiten voll bewußt und finden so eine ganz neue Einstellung zum Leben, zu den Menschen, zu Ihrem Mann. Sie vertreten in Zukunft Ihre Meinung jedem gegenüber voll Ruhe und Selbstvertrauen und wenn sie NEIN denken, dann sagen Sie auch NEIN!» Gegen Ende der Hypnose werden die folgenden Suggestionen gebracht, um die Patientin in die Lage zu versetzen, immer und überall in Zukunft jeden Angstzustand mittels posthypnotisch auszulösender, reflektorischer Entspannung selbst durchbrechen zu können: «Nun legen Sie bitte Ihre Hände ineinander, wie zum Beten – und immer wenn Sie in Zukunft die Hände so ineinanderlegen, ganz gleich, wo Sie sind und was Sie tun, werden Sie überrascht sein, daß Sie in der gleichen Sekunde so ruhig und entspannt sein werden, wie Sie jetzt daliegen. Ihr Unbewußtes steuert dies ganz von selbst. Sie beherrschen also eine Methode, die Ruhe und Entspannung auf natürliche Weise immer und überall selbst in Sekunden hervorholen zu können, wozu viele Menschen Tabletten, Spritzen oder Alkohol brau-

chen. Sie beherrschen dadurch eine Methode, jeden Angstzustand selbst durch Entspannung zu durchbrechen. Sie können sich jetzt selbst helfen!»

Der Patientin wird ferner empfohlen, täglich morgens nüchtern einen Teelöffel Kaffeekohle zur Darmentgiftung einzunehmen. Zur Sanierung der Darmflora sollen täglich 3 Teelöffel Sauerkrautsaft eingenommen werden. Elektrolytverluste werden ersetzt.

Die täglichen, zuhause durchgeführten Ablationshypnosen bewirkten eine erstaunliche Darmberuhigung. Besonders hilfreich erwies sich die posthypnotische Konditionierung zur reflektorischen Entspannung.

Fall 6: Ohnmachtsanfälle

Eine 29jährige Frau (verh., ohne Kinder) leidet seit ihrer Jugend an Ohnmachtsanfällen und Übelkeit in Situationen der Einengung und des Zwanges, irgend etwas zu «müssen», besonders aber an der ständigen Angst, ohnmächtig werden zu können. Sie kann auch als Autofahrerin auf breiten Straßen immer nur in der rechten Spur fahren, damit sie, rechtzeitig vor einer eventuellen Ohnmacht aus dem Wagen aussteigen könnte. Aktueller Anlaß für ihren Therapiewunsch war, daß sie ihren Mann auf einer großen, geschäftlichen Flugreise begleiten sollte, sich aber nicht in der Lage sah, die «Enge» eines Flugzeuges zu betreten und zu ertragen.

Um die Hintergründe dieser deutlichen Organsprache für die Lebensohnmacht der Patientin möglichst rasch aufdecken zu können, bittet der Verfasser sie, einen Satz zu bilden, in dem sie den «Extrakt» ihres Lebensgefühles auszudrücken versuchen soll. Der «Leitsatz» der Patientin lautete: «Ich kann machen, was ich will – es ist hoffnungslos, niemand gibt mir, was ich brauche.» Die Patientin wird nun aufgefordert, diesen Leitsatz im entspannten Wachzustand liegend, bei geschlossenen Augen halblaut so lange vor sich hinzusagen, bis das entsprechende Gefühl zu dieser Aussage entsteht, was seinerseits Bilder bzw. Szenen der Vergangenheit aus dem Unbewußten provozieren wird, welche für dieses Lebensgefühl verantwortlich sind. Schon nach 2 Minuten sieht die Patientin vor ihrem inneren Auge Szenen aus ihrer Kindheit: Die dominierende Mutter schenkt ihr keine Zärtlichkeit, zwingt ihr aber dauernd in allem ihren Willen auf. Sie erlebt, wie die Mutter ständig sagt: «Du mußt!

Du mußt am Tisch sitzenbleiben, bis Du alles gegessen hast!» Sie erlebt das dauernde «Du mußt» – Übelkeit und Ohnmachtsgefühle der Mutter gegenüber steigen auf.

Therapie

Gesprächstherapie um die Kindheitserlebnisse zu verarbeiten. Das Katathyme Bilderleben mit den Standardmotiven für konfliktbesetzte Imaginationen werden in 5 Sitzungen durchgeführt und dabei ermöglicht, Hindernisse auf dem Weg zum «Berggipfel» überwinden zu lernen. Die parallel angesetzte Hypnosebehandlung zielte auf eine Befreiung von Ohnmachtsgefühlen der Mutter gegenüber hin und wurde mit folgenden Suggestionen versucht:
«Ihre Mutter verliert jeden Einfluß auf Sie! Deutlich können Sie jetzt gleich erkennen, daß ich die unsichtbare Nabelschnur, die Sie immer noch mit der Mutter verbindet, schmerzlos durchtrenne. Als erwachsener Mensch haben Sie sich auf natürliche Weise von der Mutter gelöst!»
«Ihre Mutter kann Sie nicht mehr einengen, das ist endgültig vorbei! Ihre Mutter hat nicht mehr das Sagen. Schluß ist mit dem «Du mußt»! Ein für allemal!
«Stellen Sie sich jetzt vor, wie Sie am Tisch mit Ihrer Mutter sitzen und ihr jetzt sagen: Ich mache in Zukunft nur noch, was ich für richtig halte. Ich allein entscheide, ob ich aufstehen, essen oder weggehen will – nicht Du! Hast Du mich verstanden, Mutter!» Sie entscheiden also in Zukunft ganz alleine, ob Sie etwas tun wollen oder nicht. Sie sind völlig frei in Ihren Entscheidungen!» Es folgten Suggestionen zur Stärkung des Selbstvertrauens und posthypnotischen Konditionierung der reflektorischen Entspannung durch Ineinanderlegen der Hände, wie im Fall 5 dargestellt.
«Sie nutzen die Kraft des positiven Denkens und sagen sich stets: Ich kann, was ich will – ich darf, was ich will! Sie können sich immer und überall frei entscheiden und bewegen!»
Kurze Zeit darauf erhält der Verfasser eine Postkarte der Patientin vom Tagungsort im Pazifischen Ozean, in der sie freudig mitteilt, daß sie selbst erstaunt war, den Flug so «komplikationslos» zu überstehen. Sie hatte das Flugzeug nicht mehr als unerträgliche Einengung empfunden, es gab keine Übelkeit, keine Ohnmacht.

Fall 7: Schlafstörung und Alkoholabusus

Eine 32jährige Studentin (verh., ohne Kinder) steht vor Staatsexamen und Dissertation. Sie ist nicht in der Lage zu lernen bzw. mit der Arbeit zu beginnen, sondern braucht ständig einen gewissen Alkoholspiegel im Blut, dazu exzessiver Nikotinabusus. Die Patientin erkennt selbst, daß sie Hilfe braucht. Die erste Aussprache legt tiefsitzende Aggressionen gegen ihre Mutter frei und zeigt, daß auch die Krankheit ihres Ehemannes sie sehr belastet. Sie sieht sich nicht mehr hinaus, Sie ist um ihren Schlaf gebracht. Sie flüchtet in den Rausch, in das Nichts-mehr-sehen-Müssen!

Therapie

Wichtig für solche Fälle ist zu wissen, daß man die ambulante Behandlung von Alkoholkranken nur unmittelbar nach einer Entziehungskur aufnehmen kann. In diesem Fall schaffte die Patientin selbst, 2 Wochen «sauber» zu bleiben.

Zunächst Gesprächstherapie zur Motivierung, das Studium und die Arbeit an der Dissertation wieder aufzunehmen.

Zur Entgiftung des Körpers wurde ihr für 3 Wochen geraten, vormittags 3mal 1 Eßlöffel reinen Bienenhonig einzunehmen, nachmittags dann Selenium D200 3 × 10 Tropfen, ein Homöopathikum zur Alkoholaversion.

15 Hypnosesitzungen zur Schlafförderung, Stärkung des Selbstvertrauens und zum Aversionsaufbau gegen Bier, Sekt und Wein. Im tiefen Trancezustand wurden u. a. folgende Suggestionen eingesetzt: «Mit jedem Atemzug Tag und Nacht strömt, wenn Sie einatmen, unaufhörlich Ruhe in alle Zellen Ihres Körpers ein!» Die hypnotisierte Patientin hört dabei in Stereoqualität vom Tonband das beruhigende und gleichmäßige Rauschen des Meeres. Dazu:

«So regelmäßig wie die Brandung des Meeres, die Tag und Nacht zum Ufer hineinströmt, strömt die Ruhe mit jedem Atemzug bei Tag und Nacht in alle Zellen Ihres Organismus ein. Lassen Sie sich tragen vom Rauschen des Meeres, wohin Sie wollen ...» Sprechpause, nur das Rauschen des Meeres ist für eine Minute zu hören.

«Durch die wunderbare Ruhe, die auch nachts mit jedem Atemzug in Ihren ganzen Körper einströmt, schlafen Sie von Nacht zu Nacht immer tiefer und tiefer, immer besser und besser! Die Wirkung meiner Worte in

Ihrem Unbewußten ist hundertmal stärker, als alle Schlafmittel, die man einnehmen kann. Abends, wenn Sie im Bett liegen und das Licht löschen, verlöschen mit dem Licht auch automatisch alle Ihre Gedanken und Sie sinken hinein in einen tiefen und erholsamen Schlaf. Alle Träume behüten nachts Ihren Schlaf. Wir wissen, die Träume sind Hüter des Schlafes beim Menschen. Im Schlaf erholt sich jede Nacht Ihr Nervensystem auf wunderbare Weise! Morgens früh erwachen Sie immer erfrischt und erholt und freuen sich auf Ihre Arbeit!
«Ihr Selbstvertrauen wächst so groß und natürlich, wie eine wunderbare Sonnenblume, die unaufhörlich der Sonne entgegenwächst. Und die Blüte der Sonnenblume entfaltet sich zur vollen Pracht, wie Ihr Selbstvertrauen und Ihre schöpferischen Kräfte. Ich weiß, daß Sie die Fähigkeiten haben, Ihr Studium gut zu beenden und eine hervorragende Doktorarbeit zu schreiben. Ich glaube an Sie und Ihre Fähigkeiten! Sie spüren den inneren Drang, mit der Arbeit zu beginnen. Jede Seite, die Sie schreiben, verschafft Ihnen tiefe innere Befriedigung. Es macht Ihnen wieder Freude, zu arbeiten!»
«Den Alkohol haben Sie als Ihren ärgsten Feind erkannt und haben ihm einen gnadenlosen Kampf angesagt. Sie wissen: Der Alkohol will Ihr Gedächtnis zerstören, er will Sie zum Sklaven machen, der Alkohol trachtet nach Ihrem Leben. Der Alkohol will sich alles holen! Eine unüberwindbare Abscheu, Ekel vor Alkohol, Bier, Sekt und Wein erfaßt die letzte Zelle ihres Körpers. Sie spüren sogar Ekel, wenn Sie nur das Wort «Alkohol» hören müssen. Ihr Körper weigert sich in Zukunft, Alkohol aufzunehmen. Es würgt Sie im Hals und Magen, wenn Sie Alkohol, Bier, Sekt, Wein in den Mund nehmen. Sie spucken ihn aus, vor Ekel. Eine unüberwindliche Abscheu und Ekel vor jedem Alkohol hat Ihren ganzen Organismus erfaßt. Jedes Wort von mir wirkt dafür bei Tag und Nacht in Ihrem Unbewußten als hypnotischer Befehl in Ihrem Interesse weiter und weiter!»
Die Studentin wurde aufgefordert, an jedem Wochentag früh 7 Uhr 30 beim Verfasser anzurufen und die Aufnahme der Arbeit zu «melden». Die Patientin schließt ein halbes Jahr später ihr Studium mit einem Notendurchschnitt von 1,5 ab und erstellte auch eine hervorragend bewertete Dissertation.

Fall 8: Asthma bronchiale

Eine junge Frau (26 Jahre, verheiratet, ohne Kinder) leidet seit 6 Jahren an so schweren Bronchialasthma-Anfällen, daß sie immer wieder vom Notarzt ins Krankenhaus eingewiesen werden mußte. Cortisonhaltige Anti-Asthmatika wurden seit dieser Zeit regelmäßig eingesetzt und verordnet. Die durchgeführten Allergie-Tests brachten keine klaren Erkenntnisse. Ein junger, psychosomatisch denkender Arzt, der im Sonntagsdienst zur Patientin gerufen wird, empfiehlt im Hinblick auf naheliegende, psychische Hintergründe der Erkrankung Kontakt mit dem Verfasser aufzunehmen. Es zeigte sich folgendes Bild: Schon als Kind mußte die Patientin um die Zuneigung ihres Vaters kämpfen. Das Urvertrauen konnte sich nur ungenügend aufbauen, dadurch auch wenig Selbstwertgefühl. In ihrer Ehe ergab sich, daß ihr Mann jahrelang beruflich von einem Schulungskurs zum anderen beordert wurde und daher meist nur an den Wochenenden nach Hause kommen konnte. Auch ihr Kinderwunsch erfüllte sich nicht. Die Asthma-Anfälle stellten sich fast immer nur an den Wochenenden ein, wenn der Ehemann «zu Besuch» zu ihr heim kam. Die Patientin konnte sich über ihr seelisches Problem, sich verlassen zu füllen, allein zu sein, nicht mitteilen, es nicht zum Ausdruck bringen, mußte sich der Organsprache bedienen, brauchte also ein Symptom, um dies zu können. Es verschlug ihr den Atem! Der sekundäre Krankheitsgewinn verstärkte die Symptomatik beträchtlich, da sich der Ehemann natürlich um seine Frau in solch lebensbedrohlichen Zuständen des Erstickens intensiv um sie kümmern mußte. Der Hilferuf kam also an!

Therapie

Zunächst Herdsanierung (Nebenhöhlen), dann Segmenttherapie im Bereich Th 3 paravertebral, Regelung der Verdauung und des Menstruationszyklus, Höhensonnenbestrahlung, wöchentlich 1 Obsttag, tägliche Spaziergänge nur bei trockener Luft, ständig

Phytotherapie:

Rp.	Spec.	pectoralis DAB 6	
	Cort.	salicis cc.	aa 100,0
	Herb.	Pulmonariae cc.	
	Herb.	Thymi cc.	
	Carrageen		

	Fol.	Farfarae cc.	
	Flor.	Sambuci cc.	
	Fruct.	Carvi cont.	
	Fruct.	Foeniculi cont.	
	Herb.	Cardui benedicti cc.	
	Herb.	Galeopsidis cc.	
	Herb.	Hederae helicis cc.	
	Herb.	Plantaginis cc.	
	Herb.	Symphyti cc.	aa 20,0
	Flor.	Farfarae cc.	
	Flor.	Crataegi tot.	
	Herb.	Droserae cc.	aa 10,0
	Fol.	Menthae crisp. cc.	
	Fol.	Melissae cc.	aa 40,0
M.f.spec.			
d.s.		3–4× eine Tasse pro die.	

Insgesamt waren 30 Sitzungen Gesprächs- und Hypnosetherapie notwendig, um die psychische Komponente für Anfall-Auslösung entscheidend zu dämpfen. Die Suggestionen in Hypnose zielten auf eine Stärkung des Selbstvertrauens und die schon geschilderte posthypnotische Konditionierung auf eine reflektorische Entspannung durch ineinanderlegen der Hände. Die Patientin muß davon überzeugt werden, daß sie durch diese Konditionierung in der Lage ist, eine sich anbahnende Atemstörung immer und überall selbst durch totales Entspannenkönnen beheben zu können. Sie muß erkennen, daß die Angst vor dem Luftmangel ihr größter Feind ist und sich Angst durch Entspannung eliminieren läßt. Das positive Denken, die positive Erwartungshaltung muß ihr zur Selbstverständlichkeit werden. Auch Gelassenheit muß erlernt werden!
Ferner die Hypnosuggestionen:
«Das Atmen geht ganz von selbst. So regelmäßig wie die Brandung des Meeres Tag und Nacht zum Ufer hinein- und wieder hinausströmt, strömt Ihr Atem in die Lunge und dann wieder hinaus. Hören Sie auf die Brandung des Meeres – es ist so als ob das Meer, wenn Sie einatmen, sagen würde: «Lebensfreude» und, wenn Sie ausatmen dann: «Freiheit»!»
Die Patientin wird angewiesen, tagsüber einige Male bei der Inspiration das Wort «Lebensfreude» und während der Expiration im Sinne der Phasentherapie das Signal «Freiheit» zu denken. Zwischen den einzelnen

Sitzungen führt die Patientin täglich zuhause 1–2mal die Ablationshypnose per Tonband durch.
Die Patientin kann wieder wandern und bergsteigen. Das Erfolgserlebnis des Bergsteigenkönnens wird in die Hypnosetherapie zur positiven Imagination hereingenommen. Durch die Anfallfreiheit versucht die Klinik das Cortison ausschleichen zu lassen, was dann tragischer Weise nicht möglich ist, da sich die Nebennieren schon an die Substituierung gewöhnt haben. Mit 29 Jahren entwickelte sich der graue Star als Folge der jahrelangen Hormongaben, die Patientin muß jetzt auf ihre Augenoperation warten.

Fall 9: Magenneurose/Gastritis

Eine junge Dame (29 Jahre, ledig, Sekretärin) leidet seit vielen Jahren an immer wiederkehrenden Magen- und Verdauungsbeschwerden. Die Anamnese ergibt, daß sie als Kleinkind vom 2. bis 4. Lebensjahr von den Eltern getrennt bei der Großmutter lebte und, als sie gerade zur Schule gekommen war, die Mutter starb. Zunächst war sie dann wieder bei der Großmutter und ab dem 7. Lebensjahr im Kinderheim. Enorme Lern- und Schulschwierigkeiten stellten sich ein: In der 3. Klasse mußte sie «sitzenbleiben»! Nach seiner Wiederverheiratung nahm der Vater sie wieder auf. 3 Jahre später, im Alter von 14 Jahren, lief die Patientin aus Verzweiflung von zuhause weg und wurde vom Onkel aufgenommen. Nach sehr schlechtem Schulabschluß mußte die Patientin entgegen ihrem Wunsch einen ganz anderen Beruf erlernen. Als sie kaum 16 war, «flüchtete» sie in die erste intime Freundschaft. Sie war immer auf der Suche nach Geborgenheit und Zuwendung. Es folgten einige enttäuschende Beziehungen zu meist älteren Männern, die Ähnlichkeit mit ihrem dominierenden Vater aufwiesen. Besonders ihr letzter Freund stößt sie zurück und erklärt ihr, daß er sich von ihrer anklammernden Liebe eingeengt fühlt, was er nicht ertragen könne und woran dann diese Beziehung auch scheiterte. Trotzdem gelingt es der Patientin nicht, sich von diesem Mann zu lösen. Sie sucht unaufhörlich nach Gründen, welche diesen «Freund» entlasten und ihr selbst alle Schuld für das Scheitern der Liebesbeziehung zuweisen. Auf die Frage, wie die Patientin ihr Lebensgefühl am besten in einem Satz ausdrücken könnte, bietet sie einige gravierende Sätze an:
«Ich habe Angst, vor meiner Eifersucht!»

«Ich habe Angst, daß man über mich lacht!»
«Ich habe Angst, daß ich bald zu alt für Kinder bin!»
Der Wahrheitsgehalt des letzten Satzes wird durch den Trauminhalt eindrucksvoll bestätigt, den die Patientin erzählt:
«Ein Mann und ich gehen durch eine kleine, dreckige Stadt. Wir kommen in eine enge Gasse, in der viele Kinder sich, immer zu zweit, an den Händen halten – sie gehen in die gleiche Richtung wie wir. Auf einmal sind wir mitten unter den Kindern und werden vorwärts gestoßen. Dann liegen auf einmal tote Kinder auf der Straße und zwischen den Kindern Äpfel. Ich hebe einige Äpfel auf und stopfe sie in einen Leinensack. Auf einmal sind wir am Stadtrand und die Kinder sind weg! Wir gehen weiter einen Feldweg entlang, bis wir einen Zaun sehen, an dem wir entlang gehen. Plötzlich ist hinter dem Zaun ein Trödelmarkt zu sehen. Wir klettern über den Zaun, um uns die Sachen anzuschauen. Den Sack mit den Äpfeln trage ich immer noch mit mir herum. Dann merke ich, daß ich alleine bin – Angst überfällt mich, weil ich nicht weiß, wo ich bin!»
Schon in diesem einen Traum spiegeln sich die Ängste der Patientin: Die tiefsitzende Angst,
a) keine Kinder mehr bekommen zu können,
b) keinen Abnehmer für die Liebe, die man geben will, zu finden,
c) alleine bleiben zu müssen und nicht zu wissen, wo man hingehört.
Diese Gefühle der zurückgewiesenen Anklammerung und Zuwendung führte über die konstante Vagus-Übererregung zur Irritierung des Magens und der Verdauung. Zuviel im Leben mußte diesem Menschen im Magen «liegen» bleiben, auch die Seele kann Hunger leiden!

Therapie

Verbot von Nikotin und Koffein sowie von blähenden Speisen. Zur Entgiftung: Morgens nüchtern 1 Teelöffel Kaffeekohle. Wöchentlich 1 i. m.-Injektion Vitamin B 12 (3000 y). Ferner folgende Magentropfen:

Rp.	Tinct. Absinthii DAB 6	
	Tinct. Angelicae EB 6	
	Tinct. aurantii DAB 7	
	Tinct. Calami DAB 6	
	Tinct. Chamomillae EB 6	aa 10,0
	Tinct. Chinae comp. DAB 8	aa 100,0
M.d.s.	Jeweils 10 Tropfen vor und nach dem Essen einnehmen.	

Die Gesprächs- und Hypnosetherapie zielten darauf hin, der Patientin in der Tiefe der Seele erkennen zu lassen, daß sie im Therapeuten eine Vaterfigur gefunden hat, so daß sie unter dieser schützenden Hand ihre Persönlichkeit entfalten kann. Ferner soll sie wissen, daß sich Freundschaft und Zuneigung nicht erzwingen lassen und es nicht möglich ist, es allen Menschen recht zu machen. Besonders durch die täglich zuhause durchgeführten Ablationshypnosen konnte die Patientin das Selbstvertrauen ausreichend stärken, sich vom Freund auch gefühlsmäßig lösen und den Magen, als Spiegel der Seele, wieder zur Ruhe kommen lassen.

Fall 10: Anorexia nervosa

Eine junge Dame (26 Jahre, wesentlich jünger aussehend, ledig, 170 groß, 47 kg) spürt fast nach jedem Essen den Zwang, zu erbrechen.
In der Kindheit mußte sie ihren Geschwistern immer alles geben, durfte nichts selbst behalten. Im Alter von 14 Jahren mußte sie auf Drängen der Mutter einen Verwaltungsberuf erlernen, den sie innerlich ablehnte. Sie war tief traurig und begann, wie sie dem Verfasser sagte, weniger zu essen, um darin Bestätigung (!) und Bewunderung (!) zu bekommen. Schon ein Jahr später erfolgte die erste Einweisung in ein Kinderkrankenhaus wegen Magersucht. Nach 3 Monaten riß sie dort aus, weil sie sich unverstanden und nicht anerkannt fühlte: Sie wollte nicht jemand sein, der nichts anderes zu lernen hatte, wie zu essen! Nach Arbeitswiederaufnahme ist die Patientin zunächst sehr zufrieden, da die Eltern ihr alles gewähren, findet aber keinen Freundeskreis und beschäftigt sich darum erneut in Gedanken mit Kalorien, um den seelischen Schmerz nicht wahrzunehmen. Ein ganz eigenartiges Lebensgefühl stellt sich bei ihr ein – sie sieht keine natürlichen Grenzen und, da sie auch keine Magersüchtige mehr sein will, beginnt sie, große Mengen zu essen und diese dann sofort zu erbrechen! Zugleich wünscht sie sich Bewunderung von der Familie, der sie verheimlichen kann, daß sie nach dem Essen immer erbricht! Verzweifelt über ihr Alleinsein schreibt sie den Eltern einen Abschiedsbrief und teilt darin mit, daß sie erst wieder heimkommen werde, wenn sie etwas geworden, und setzt sich in den nächstbesten Zug. Am Zufallszielort nimmt sie aber dann doch gleich Kontakt mit den Eltern auf und kann so mit Wissen der Eltern dort bleiben und sich Arbeit suchen. «Ich erbreche noch, um nicht allein zu sein», so beschreibt die

Patientin die damalige Situation. Schon nach 5 Tagen Arbeit als Küchenhilfe kehrt sie, nachdem sie auch ihre Unterkunft verloren hatte, ins Elternhaus zurück. Ihr Wunsch nach Geborgenheit erfüllt sich wiederum nicht, da ihre Familie sie inzwischen als schwarzes Schaf ansieht und ihr jede zuwendende Anerkennung vorenthält. Im gleichen Jahr nimmt die Patientin die Ausbildung an einer Berufsfachschule für Hauswirtschaft auf, da dort auch eine gute Freundin aus früherer Zeit zur Schule und ins Internat geht. Da die Freundschaft scheitert, kommt die Patientin schon einen Monat später für 4 Wochen in ein Krankenhaus für Magersüchtige und 4 Monate danach nochmals dorthin, da sie sich von den Eltern verlassen fühlt. Das Fachabitur besteht sie erst im zweiten Anlauf. Verschiedene Tätigkeiten als Arzthelferin und Hausangestellte folgen. Ihr Sich-unverstanden-Fühlen und Alleinesein führte immer wieder nach jedem Essen zum Erbrechen. Sie kommt erneut in ein Krankenhaus und liegt dort unter lauter alten Frauen in einem Krankensaal. Nach der Entlassung sucht sie Zuflucht in christlichen Gruppen, hat aber keine Kraft mehr, Verantwortung zu übernehmen, bricht zusammen und wird jetzt in eine Nervenheilanstalt eingewiesen. Eine Zimmerkollegin sagte ihr später, sie hätte ein ganzes Jahr nachts laut gesprochen. Nach ihrer Entlassung aus der Heilanstalt schenken ihr die Eltern ein Auto, aber wieder keine Zuwendung und Geborgenheit. Sie kommt ohne den Rückhalt durch die Eltern, ohne Arbeit, lediglich mit einigen Ersparnissen nach München und findet Unterkunft in einem christlichen Wohnheim, wo man sie auch als Telefonistin einstellt. Das ständige Erbrechen nach jeder Nahrungsaufnahme fällt dort einer Heimbewohnerin, die schon einige Seminare des Autors besucht hatte, auf und empfiehlt ihr, den Verfasser deswegen aufzusuchen.

Therapie

Gesprächstherapie in Kombination mit Katathymen Bilderleben und Hypnosetherapie. Dem Verfasser gelang es, von der wie eine 17-Jährige wirkende Patientin als positive Vaterfigur akzeptiert zu werden. Alle therapeutischen Ansätze zielten daraufhin, daß sich dieser junge Mensch, der sich im bisherigen Verlauf des Lebens wie ein aus dem Nest gefallener Vogel vorkommen mußte, angenommen fühlen konnte und über den Vertrauenszuwachs in die Lage kam, die lebensverneinende Grundhaltung aufzugeben und endlich mit Freude am Leben teilnehmen kann. Die

Patientin mußte überzeugt werden, daß man hinter ihr steht, daß man für sie da ist, daß man ihr Hilfe zur Selbsthilfe bietet. Die Suggestionen in tiefer Hypnose wurden daher wie folgt gewählt: «Bis in die tiefste Seele hinein erkennen und fühlen Sie, daß ich meine schützende Hand ab sofort immer über Sie halte. Unter diesem Schutz können Sie Ihr Selbstvertrauen und Ihre Persönlichkeit entfalten und voll Freude am Leben teilnehmen.»
«Ich weiß, daß Sie als Kind nichts behalten durften, daß Sie immer alles hergeben mußten. Immer alles den Geschwistern geben mußten! Diese Zeit ist endgültig vorbei – alles, was Sie besitzen oder behalten wollen, das sage ich Ihnen, dürfen Sie ruhig behalten – auch die lebenserhaltende Nahrung!»
«Krankhaft Schlanksein bedeutet nicht gleich Liebe und Glück! Nur wenn Sie die erforderliche Nahrungsmenge, die Ihr Körper zum Leben braucht, bei sich behalten, dann sind Sie stark. Den Körper verhungern lassen ist wider jede bio-logische Vernunft. Leben ist ohne Energiezufuhr und ohne den Sauerstoff durch die Atmung nicht möglich! Ich wünsche mir darum, daß Sie in Zukunft nur so viel essen, wie Ihr Körper braucht. Diese Speisen können Sie mit gutem Appetit essen, behalten und zur Energiegewinnung verwerten und täglich die Schlackenstoffe als geformten Stuhl ausscheiden.»
«Sie akzeptieren auch Ihren weiblichen Körper! Die Männer sind nicht Richter über die Schönheit einer Frau. Wie ich vorher schon sagte, extremes Schlanksein bedeutet nicht gleich Liebe und Glück!», dann
«Stellen Sie sich jetzt einen Spiegel vor. In diesem Spiegel können Sie sich gleich deutlich sehen, wie Sie voll Freude am Leben teilnehmen. Das ist doch ein wunderschönes Gefühl, zu leben!» Nachdem die Patientin neuen Lebensmut schöpfte, fühlte Sie sich stark genug, zum ersten Mal in ihrem Leben eine eigene Wohnung, ein modernes 1-Zimmer-Appartement, zu nehmen und einzurichten. Das Erbrechen nach den Mahlzeiten wurde immer seltener. Der Verfasser nahm daraufhin folgende Suggestionen mit herein: «Mit dem Bezug Ihrer ersten, eigenen Wohnung hat ein völlig neuer Lebensabschnitt für Sie begonnen – die Vergangenheit verliert jeden Einfluß auf Sie. Goethe läßt im Faust sagen: Laßt das Vergangene vergangen sein!»
«Klar und deutlich können Sie jetzt gleich sehen, wie Sie neben mir am Sonnwendfeuer sitzen. Wir wärmen uns gerade an den Flammen des Sonnwendfeuers, das alles wendet – das eine neue Zeit ankündigt. Und nun lege ich eine große Schachtel vor Sie hin und bitte Sie, alle Ihre Ängste

mit meiner Hilfe hineinzulegen. Die Ängste sind lauter zerlumpte Kleider, die Sie jetzt ablegen. Legen Sie alle Ihre Lebensängste in diese Schachtel! Diese Schachtel schließe und verschnüre ich jetzt und werfe sie mit allen Ihren Ängsten, mit den zerlumpten Kleidern mitten ins Sonnwendfeuer. Wir schauen zu, wie die Flammen des Sonnwendfeuers die Schachtel erfassen und wie die zerlumpten Kleider mit allen ihren Ängsten zu Asche zerfallen. Vorbei! Ein ganz neues Leben hat so für Sie begonnen, voll Selbstvertrauen und Gesundheit. Sie können voll Freude endlich am Leben teilnehmen.»

Nach einer halbjährigen Behandlung mit 40 Sitzungen und täglichen Ablationshypnosen hat sich die lebensbejahende Einstellung der Patientin soweit stabilisiert, daß das Erbrechen kaum noch auftritt. Der Verfasser gibt der Patientin täglich Gelegenheit für ein kurzes Telefonat, um Probleme sofort besprechen und das Gefühl der Sicherheit fördern und festigen zu können. Die geänderte Lebenssituation kommt auch in einem Trauminhalt zum Ausdruck, den die Patientin zuletzt berichtet: Sie sieht sich in zahlreichen, gefährlichen Situationen im Meer und muß viele schlammige Passagen durchschwimmen, um zuletzt in wunderschönem Südseewasser das rettende Ufer einer Insel zu erreichen, wo sie eine katholische Ordensschwester (die Heimleiterin, wo sie zuletzt wohnte) und den Verfasser findet, sich ausruhen kann und Geborgenheit und Sicherheit spürt. Der Verfasser ist gegenwärtig dabei, auch dieser Patientin bei der Suche nach Arbeit mit Rat und Tat beizustehen. Auch die Lebensberatung und -Hilfe gehört zur Aufgabe eines auf den ganzen Menschen orientierten, psychosomatischen Behandlers.

Auf die körperliche Untersuchung kann nicht verzichtet werden!

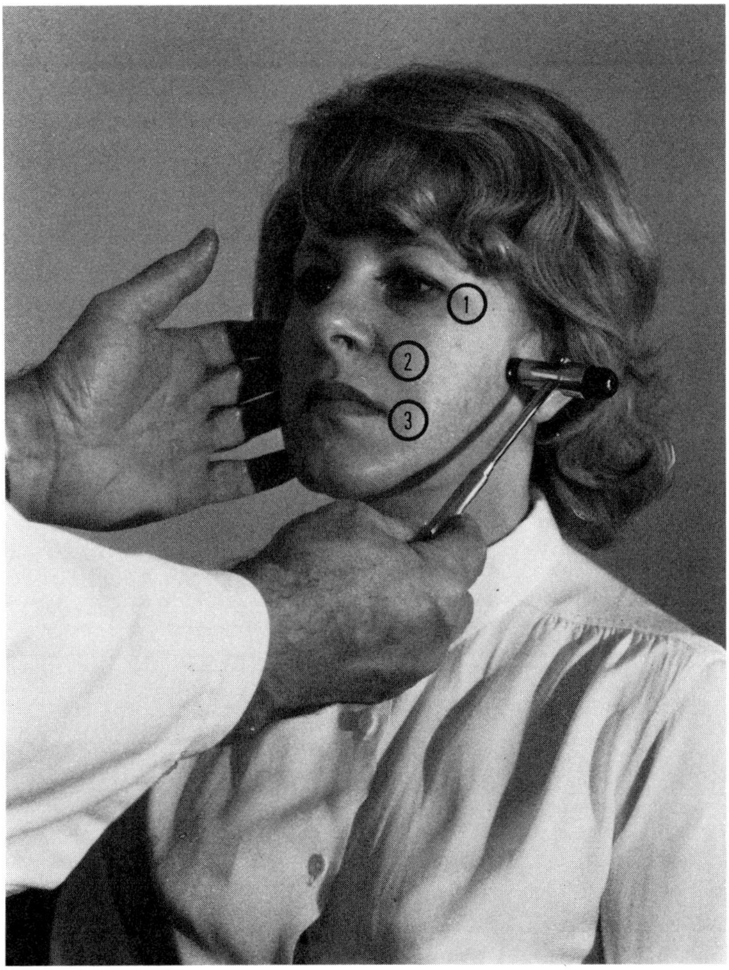

Anamnese, Psycho-Anamnese und die körperliche Untersuchung des Patienten müssen sich ganzheitlich ergänzen, um zur psychosomatischen Diagnosestellung kommen zu können. Es wäre ebenso falsch, nur den psychischen Bereich zu klären und die Erhebung körperlicher Befunde mittels klinischer Untersuchungsmethoden zu vernachlässigen. Wer aber in seinen diagnostischen und therapeutischen Überlegungen den seelischen Bereich nicht ins Kalkül zieht, betreibt Veterinärmedizin, wobei man bei dieser Feststellung vielen Tierärzten Unrecht tun würde, da sie sich um den Kontakt zu ihren kranken Tieren intensiv bemühen.

«Denn es ist der größte Fehler
bei der Behandlung der Krankheiten,
daß Leib und Seele allzusehr
voneinander getrennt werden,
wobei sie doch nicht getrennt werden
können; aber das gerade
übersehen die Ärzte, und darum
entgehen ihnen so viele Krankheiten;
sie sehen nämlich niemals das Ganze.
Dem Ganzen sollten sie ihre Sorge
zuwenden, denn dort,
wo das Ganze sich übel befindet,
kann unmöglich ein Teil gesund sein.»

PLATON
(427–347 v. Chr.)

V
Psychosomatische Medizin in der täglichen Praxis

10 wichtige Leitsätze für das psychosomatische Vorgehen in Diagnostik und Therapie für die ambulante Praxis

A. Diagnostik

(1.) *Leitsatz: Immer vom Ganzheitsbegriff ausgehen!*

Die Leib-Seele-Geist-Einheit des Menschen steht immer im Mittelpunkt jeder diagnostischen und therapeutischen Betrachtung.

(2.) *Leitsatz: Die psychosomatische Mehrstufendiagnostik ist notwendig!*

a) *Erhebung der Befunde* durch Anamnese und körperliche Untersuchung; Harn-Screening zur Vorfeld-Diagnostik; Feststellen der vegetativen Reaktionslage. Zur Zustandsdiagnose dann die

b) *Leistungsdiagnose:* Sie ist notwendig, um die Leistungsbreite des erkrankten Organismus im Hinblick auf seine Reaktionsfähigkeit auf natürliche Lebensreize als Anhalt für die Wahl seiner biologischen und naturheilkundlichen Behandlungsansätze festzustellen.

c) *Bedeutungsdiagnose:* Durch sie sollen wichtige Zusammenhänge im pathologischen Geschehen erkannt werden; z. B. bei Kopfschmerzen das Vorhandensein von statischen Veränderungen an der Wirbelsäule, von Gallenblasen-Irritationen, von Gelosen oder von einer entarteten Darmflora.

d) *Ergänzungsdiagnostik:* Sie soll die Befundpalette vervollständigen; z. B.: Konstitutionsbeurteilung aus der Iris, Nagel- und Zungendiagnostik, Bauchdiagnose nach F. X. Mayr oder Analyse graphologischen oder astrologischen Materials.

e) *Psychodiagnostik:* Aussprache, Konfliktaufdeckung; Lüscher-Farbtest. Auswertung des großen psycho-anamnestischen Fragebogens, Beurteilung der Aussagen der «Organsprache» des Patienten, Deutung der Träume, Einblick in die seelische Problematik durch die Standardmotive des Katathymen Bilderlebens und die Slogan-Repetitionsmethode.

(3.) *Leitsatz: Funktionelle Störungen als psychologisches Problem sehen!*

M. Balint sagte dazu: «Eine funktionelle Krankheit bedeutet, daß der Patient ein psychologisches Problem hatte, das er mittels seiner Krankheit zu lösen versuchte. Die Krankheit bietet ihm die Möglichkeit, sich zu beklagen, was er zunächst nicht tun konnte. Die Aufgabe des Arztes besteht in der Klärung des Problems, über das sich der Kranke ursprünglich nicht beklagen konnte und für das er die Krankheit erzeugt hat ...»
Was sagt die «Organsprache» des Patienten?

(4.) *Leitsatz: Frage nach einem möglichen sekundären Krankheitsgewinn!*

In der praktischen Psychodiagnostik stellt sich nicht nur die Frage nach dem «Warum» der Symptomentstehung sondern auch nach dem «Wozu»! Es muß daher gefragt und geklärt werden, welchen Konfliktsituationen im persönlichen oder sozialen Bereich der Patient durch seine Erkrankung aus dem Weg gehen kann; z. B.:
Vermeiden von Streßsituationen? Ärger? Unlustgefühlen? Streit? Vermeiden von Gefahrensituationen? Angst, gedemütigt zu werden oder zu versagen?
Vermeiden von Energieverlust? Vermeiden von Situationen, denen sich der Patient nicht gewachsen fühlt, sich überfordert sieht? Klärung der Frage, was die Flucht in die Krankheit dem Patienten für Möglichkeiten bietet, den vorher aufgezeigten unlustbesetzten Situationen aus dem Wege gehen zu können! Besteht der sekundäre Krankheitsgewinn in einer erhöhten Zuwendung durch Angehörige?

(5.) *Leitsatz: Frage nach dem Konstitutions- und Reaktionstypus!*

Zu welchem Konstitutionstypus nach Kretschmer gehört der Patient?
Welche Krankheitsdispositionen ergeben sich daraus?
Welchen Reaktionstypus gehört der Patient an:

a) Introversion? Extraversion?
b) Vegetative Reaktionslage: Sympathikoton? Vagoton? Hohe vegetative Labilität?

c) Welche traktus-gebundene Labilität oder «Organminderwertigkeit» ist beim Patienten schon in der Jugend oder Kindheit zu erkennen gewesen? Atmung? Verdauung? Haut? WS? Herz? (Diese Fragen werden dem Patienten im Rahmen des psychoanamnestischen Fragebogens zur Persönlichkeits- und Konfliktanalyse gestellt!)

Die entsprechenden Tabellen in diesem Buch über die Konstitutions- und Reaktionstypen und ihre Auswirkungen zeigen, daß z. B. ein Patient, der a) dem leptosomen Typus angehört b) in seiner Persönlichkeitsdimension als introvertiert anzusehen ist und c) in seiner vegetativen Reaktionslage als vagoton bezeichnet werden muß, bei starker und länger anhaltender emotionaler Erregung in Richtung Phobien oder Hypochondrie reagieren wird!

(6.) *Leitsatz: Chronische Störfelder müssen erkannt werden!*

Es gilt alle chronischen Störfelder, Herde und Narben an Körper *und* Seele zu erkennen:

a) Beherdung von Zähnen, Nebenhöhlen, Tonsillen, Appendix, Gallenblase, Adnexe, Prostata, entartete Darmflora, Narben
b) Unbewältigte Konflikte, seelische Dauerbelastung, Aufregungen, Resignation, ständiges negatives Denken,
c) Krankmachende geobiologische Einflüsse besonders am Arbeits- und Schlafplatz des Patienten,

um sie ausschalten oder zumindest eindämmen zu können.

B. Therapie

(7.) *Leitsatz: Alle Krankheitszeichen in erster Linie als Signale der vom Organismus beschrittenen Heilwege sehen!*

Durch eine ganze Reihe von Reaktionen, wie z. B. durch Fieber, Erbrechen, Durchfälle oder Hautausschläge uvam. kann der erkrankte Organismus zu erkennen geben, welchen Heilweg er zu beschreiten versucht. Der bio-logisch orientierte Heiler wird darum diese wegweisenden Zeichen daher niemals als unerwünschte Krankheitssymptome sofort und radikal zu unterdrücken versuchen, sondern ganz im Gegenteil, diese zu nutzen, zu fördern oder sogar hervorzurufen suchen!

Die von der Natur eingeschlagenen Heilwege müssen Richtschnur des therapeutischen Denkens und Handelns sein:

Nutzung der Heilwege der Natur zur Selbstheilung durch Stärkung aller Lebensfunktionen nach den Prinzipien der Regeneration, Kompensation, Übung, Schonung, Ausleitung und Umstimmung. Über Jahrmillionen hat der menschliche Organismus gelernt, auf entsprechende Reize sinnvoll zu antworten, um sich anzupassen, um überleben zu können! Zu den entwicklungsgeschichtlichen Reizen, welche unseren Körper zum Überleben durch Stärkung seiner Abwehr sozusagen durch «Übung» und damit zur Anpassung geführt haben, gehören u. a. folgende funktionelle Lebensreize: Seelischer Streß, Hungern-Fasten, Wärme-Kälte, Anstrengung-Ruhe, Licht, Luft, Wasser, Sonne, Erde, Ernährung.
Aus diesen Erkenntnissen heraus, kann man sicher sein, die Tätigkeit von Organsystemen durch planmäßige Übung mit entsprechenden Reizen stärken zu können. Für diese Gegebenheiten muß die biologische Grundregel nach ARNDT-SCHULZ berücksichtigt werden: *Schwache Reize fachen die Lebenstätigkeit an, mittelstarke fördern sie, starke Reize hemmen sie, stärkste heben sie auf!*

(8.) *Leitsatz: Wir müssen alle Möglichkeiten der Reinigung von Schlacken- und Giftstoffen durch Aus- und Ableitung, Blutreinigung und Umstimmung durch antidyskratische Behandlungsmethoden zu nutzen versuchen!*

Alle natürlichen Ausscheidungswege und -möglichkeiten des Organismus müssen unterstützt oder benutzt werden. Das ist der Grundgedanke des Naturheilprinzipes und die einleuchtende Arbeitshypothese der Biologischen Medizin! Auch an die «Vergiftung» der Seele durch negatives Denken, Ängste und Schuldgefühle gedacht und durch sinnvolle psychotherapeutische Maßnahmen «ausgeleitet» werden!
Es gilt dabei, grundsätzlich das Folgende zu erkennen und zu berücksichtigen:
Für eine wirklich erfolgversprechende Behandlung chronischer Erkrankungen sind die gezielten Ab- und Ausleitungsmethoden über die Haut, den Magen-Darm-Kanal, die Nieren und die Menses unentbehrlich! Durch eine solche «antidyskratische» Allgemeinbehandlung werden u. a. die «Giftblockaden» der entgiftenden Systeme des Körpers aufgehoben und dadurch die Abwehrkräfte des Organismus wieder freigesetzt. Erst dies schafft die Voraussetzung, daß andere, feinsteuernde Therapiemaßnahmen inklusive der medikamentösen Behandlung, also von der Zelltherapie herüber bis zur Homöopathie nach der Entgiftung des Organismus ihre optimale Wirkung entfalten können.

In diesen Denkansätzen wird der gravierende Unterschied zwischen dem Vorgehen der alten Ärzte hippokratischer Schule und der gegenwärtigen, vorwiegend lokal und spezialisiert eingestellten Universitätsmedizin evident: Heute sieht man in erster Linie «Minus-Krankheiten», also Erkrankungen, bei denen etwas fehlt und führt daher Substanzen mannigfacher Art zu, während die antidyskratische Allgemeinbehandlung der biologisch eingestellten, alten Medizin sehr oft von «Plus-Krankheiten» ausging, welche durch Überernährung, Blut- und Stoffwechselschlacken verursacht sind und aus diesem Grund der Ausleitung, der Blutentziehung und Reinigung, der Entgiftung bedürfen!
Hierher gehört also auch die Behandlung und Ausschaltung von streuenden Herden; z. B. im Rahmen einer Neuraltherapie.

(9.) *Leitsatz: Das seelische und vegetative Gleichgewicht muß wieder hergestellt werden!*

Sowohl körperlich als auch psychische Faktoren können das Vegetativum ständig irritieren. Sie gilt es auszuschalten:

a) *Somatische Faktoren,* die eine vegetative Dysregulation (= gestörter Synergismus zwischen Sympathikus und Parasympathikus) mitbedingen oder verstärken können: Interne Leiden, endokrine Störungen, chronische Intoxikationen (Alkohol, Nikotin, Koffein, Drogen, Arzneimittel, falsche Ernährung, Gift in der Nahrung, Umweltgifte, Parasiten, Herde, Störfelder, Strahlenbelastung, Erdstrahlen, körperliche Streßsituationen (Überarbeitung, Hungerzustand, Onanie, sexuelle Exzesse, Coitus interruptus) durch

   Neuorientierung der Lebensweise des Patienten

   z. B.:

   Einstellung auf eine richtige Ernährung,
   Sorgen für eine tägliche, ausreichende Bewegung in frischer Luft und genügenden Schlaf (besonders vor Mitternacht!);
   Gewichtsreduktion;
   Darmdressur: Regelmäßige, tägliche Stuhlentleerung zu einer bestimmten Zeit;

   Maßnahmen zur Anregung der Selbstheilungskräfte

   z. B.:

   Allgemein- und Naturheilverfahren zur Ab- und Ausleitung, Umstimmung, Stärkung der körpereigenen Abwehr;

Neuraltherapie;
Ergänzungstherapien;
Diätetische Behandlung;
Chirurgische Maßnahmen;
Medikamentöse Therapie mit Schwerpunkt:
Naturheilmittel, biologische Mittel, Homöopathie und Phytotherapie.

b) *Maßnahmen zur seelischen Neuorientierung durch Konfliktaufdeckung und -lösung sowie Streßausschaltung:*

Aufdeckende psychotherapeutische Verfahren

Gesprächstherapie,
Katathymes Bilderleben,
Slogan-Repetitionsmethode,
Traumanalyse,
Hypno-Analyse bzw. -katharsis,
Rebirthing uvam.

Stützende psychotherapeutische Verfahren

Gesprächstherapie: Verbale Medizin,
Autogenes Training,
Hypnosetherapie,
Musiktherapie,
Atemtherapie uvam.

Verhaltenstherapie

Aversionstherapie bei unerwünschtem Verhalten;
Desensibilisierung bei Angstzuständen.

Erst an Hand der Erkenntnisse, die unter Berücksichtigung der hier vorgetragenen 10 Leitsätze erarbeitet wurden, kann der Behandler im Sinne einer echten Ganzheitsmedizin eine sinnvolle Wahl der erfolgversprechenden psychosomatischen Behandlungsverfahren treffen und einen Behandlungsplan aufstellen. Eine Übersicht hierzu finden Sie am Ende für die häufigsten psychosomatischen Erkrankungen!

Training des positiven Denkens

Stärkung des Selbstvertrauens in allen Lebensbereichen; Unterbinden der ständigen, schädlichen Selbstbeobachtung des Patienten.

(10) *Leitsatz: Die Feinsteuerung muß durch örtliche Maßnahmen erfolgen! Oberster Grundsatz: Nihil nocere!*

Alle biologisch eingesetzten Maßnahmen und Arzneimittel dienen zunächst im Rahmen einer antidyskratischen Allgemeinbehandlung den bekannten Ausleitungs- und Umstimmungszielen, um den dann folgenden örtlichen Anstößen und steuernden Eingriffen den Weg frei zu machen, Wirkungsblockaden aufzuheben. Wir erkennen: Die biologische Allgemeinbehandlung schafft durch eine erfolgreiche Ausleitung erst die Voraussetzungen für eine gezielte Feinsteuerung durch örtliche Maßnahmen. Ein Heublumensack auf die Lebergegend bei Gallenwegserkrankungen wird seine örtliche Wirksamkeit erst dann voll entfalten können, wenn die blockierenden Gift- und Schlackenstoffe im somatischen Bereich und die «Herde» im psychischen Bereich «ausgeleitet» werden konnten. Örtliche Maßnahmen sollen die Heiltendenzen auf möglichst natürliche und schonende Weise anregen oder beeinflußen. Die vegetative Reaktionslage des Patienten ist stets zu berücksichtigen: S+-Krankheiten (= Sympathikus-Übererregung) müssen durch S− oder V+-Maßnahmen feingesteuert werden und umgekehrt! Siehe: Tabelle über den Einfluß der Nahrung bzw. Ernährung auf den Sympathikus bzw. Vagus im Kapitel über die «Schlaflosigkeit»!

Die 10 Leitsätze zeigen, daß im Rahmen einer sinnvollen psychosomatischen Behandlung mehr verlangt werden muß vom Patienten, als 3mal täglich 20 Tropfen irgendeines Präparates einzunehmen. *Das bedeutet: Nur dem einsichtigen, zur aktiven und zuverlässigen Mitarbeit bereiten Patienten kann geholfen werden!*

Wichtige Hinweise

zur praktischen Verwendung des folgenden, vertraulichen
«Psycho-anamnestischen Fragebogens zur Persönlichkeits- und Konfliktanalyse»

① Geben Sie beim ersten Gespräch dem Patienten einen solchen kompletten Fragebogen mit der höflichen Aufforderung mit, diesen absolut gewissenhaft ausgefüllt zum nächsten Behandlungstermin mitzubringen!

② Versichern Sie dem Patienten glaubhaft und mit Nachdruck, daß alle seine Angaben absolut vertraulich, wie von einem Beichtvater, behandelt werden!
Alle Angaben dienen ausschließlich der besseren Erkennung von krankmachenden Einflüssen, Einstellungen oder Lebensumständen und damit der Erstellung eines optimalen Therapie-Konzeptes.

③ Sagen Sie dem Patienten, daß er, falls eines seiner gravierenden Probleme vom Fragebogen nicht erfaßt sein sollte, dies auf einem gesonderten Blatt darstellen sollte!

Psycho-anamnestischer Fragebogen zur Persönlichkeits- und Konfliktanalyse

Vertraulich!
Nur für den Behandler bestimmt!

Bitte nehmen Sie sich zuhause Zeit, um im Interesse Ihrer Behandlung alle Fragen gewissenhaft zu beantworten. Soweit Fragen durch Ankreuzen oder Unterstreichen des Zutreffenden beantwortet werden können, dies tun! Die anderen Fragen erläuternd beantworten!

Name: . . . . *Vorname:* . . . .
Adresse: . . . .
Geb. Datum: . . . . *Geburtsort:* . . . .
Beruf: . . . .
Religion: . . . . *Ledig/verheiratet/gesch./verwitw.?*
Körpergröße/cm: . . . . *Gewicht/kg:* . . . .
Wieviel eigene Kinder haben Sie? . . . .
Sind Sie ein eheliches, uneheliches Kind? Adoptivkind?
Sind Sie Linkshänder? . . . . Wurde dies unterdrückt? . . . .

Welche Kinderkrankheiten hatten Sie?
Masern? Scharlach? Diphtherie? Mumps? Röteln? Angina?

Hatten Sie als Kind:
Bettgenäßt? Wie lange? . . . .
Daumen gelutscht? Wie lange? . . . .
Nägel gebissen? Wie lange? . . . .
Zähne geknirscht? Wie lange? . . . .
Gestottert? Wie lange? . . . .
Erröten? Wie lange? . . . .

Hatten Sie als Kind bis 14 Jahre:
Ohnmachtsanfälle? . . . . Magersucht? . . . .
Operationen? . . . . Welche? . . . .
Unfälle? . . . .
Gehirnhautentzündung? . . . . Atemstörungen/Asthma? . . . .
Lähmungserscheinungen? . . . .
Verdauungsbeschwerden? . . . . Oft Verstopfung? . . . .
Oft Durchfall? . . . . Hautausschläge? . . . .
Allergien? . . . . Schweißausbrüchen? . . . .

Litten Sie im Alter über 14 Jahren oder als Erwachsener an einer der nachstehend aufgeführten Krankheiten? An welcher? Wann?

Blutkrankheit? . . . . Rheuma? . . . .
Geschlechtskrankheit? . . . .
Tuberkulose? . . . .
Herzkrankheiten? . . . .
Hoher Blutdruck? . . . . Niedriger Blutdruck? . . . .
Schlaganfall? . . . . Lähmungen? . . . .
Magen- oder Darmkrankheiten? . . . .
Leberkrankheiten/Gelbsucht? . . . .
Gallenblasenerkrankungen? . . . .
Nieren- oder Blasenkrankheiten? . . . .
Thrombosen? Embolien? . . . .
Venenentzündungen? . . . .
Lungenerkrankungen? . . . .
Augenkrankheiten? Glaukom? . . . .
Zahn- oder Kieferkrankheiten? . . . .
Krebs? . . . . Hautkrankheiten? . . . .
Erkrankungen der Geschlechtsorgane? . . . .
Unregelmäßige Menstruation? . . . . . . Zu kurz? . . . . . . Zu lang? . . . . . .
Nerven- oder Geisteskrankheiten? . . . .
Nervenzusammenbruch? . . . . Warum? . . . .
Selbstmordgedanken? . . . . Selbstmordversuche? . . . .
Krämpfe? . . . . Epilepsie? . . . .
Schlafstörungen? . . . . Verstopfung? . . . . . Durchfall? . . . . .
Unterleibsleiden? . . . .
Ischias? . . . . Neuralgien? . . . .
Brachialgien? . . . . Migräne? . . . .
Kopfschmerzen? . . . . Zuckerkrankheit? . . . .
Sexuelle Störungen? . . . . Impotenz? . . . .
Tropenkrankheiten? . . . .

Fragen zu Ihren Gegenwartsproblemen

Wegen welcher gesundheitlicher Störungen kommen Sie in Behandlung? Bitte genau schildern! . . . .

. . . .

. . . .

. . . .

Wann sind diese Beschwerden zum ersten Mal aufgetreten? . . . .

Wiederholt aufgetreten? Wie häufig? . . . .

Hatten schon Ihre Eltern oder Verwandte diese Beschwerden? . . . .

. . . .

Kamen schon Selbstmorde oder Versuche in Ihrer Familie vor? . . . .

. . . .

Hatten Sie zum Zeitpunkt des ersten Auftretens Ihrer Beschwerden ein besonderes Erlebnis, eine Auseinandersetzung, einen Konflikt, großen Ärger oder eine Krankheit?

. . . .

Welches? Welcher? Welche? . . . .

. . . .

Haben Sie selbst eine Vorstellung, woher Ihre Beschwerden kommen könnten? . . . .

Was haben Sie bisher gegen Ihre Beschwerden getan? Behandlungen? . . . .

. . . .

Wie war der Erfolg? . . . .

Bei wem? Wo? . . . .

Mangelt es Ihnen an Selbstvertrauen? . . . .

In welchen Situationen? . . . .

Sind Sie im Kreise fremder Menschen gehemmt? . . . .

Könnten Sie vor 50 Zuhörern einen Vortrag halten? . . . .

Erröten Sie leicht? . . . . In welchen Situationen? . . . .

Sind Sie oft von Zweifeln geplagt? . . . . Warum? . . . .

Hat Ihre Leistungsfähigkeit nachgelassen? . . . . Seit wann? . . . .

Halten Sie sich für einen Pessimisten? . . Warum? . . . .

Leiden Sie oft an Unlustgefühlen oder Hoffnungslosigkeit? . . . .

. . . .

Leiden Sie an Angstzuständen? . . . .

Wovor haben Sie Angst? . . . .

. . . .

. . . .

Haben Sie Angst, ohne zu wissen, wovor Sie Angst haben? . . . .

Haben Sie Angst vor engen Räumen (z. B. Lift)? . . . .

Haben Sie Angst über weite Plätze zu gehen? . . . .

Haben Sie Angst, zu versagen? . . . .

Prüfungsängste? . . . .

Haben Sie Angst, von anderen Menschen abgelehnt zu werden? . . . .

. . . .

Haben Sie Angst vor Krankheiten? . . . .

Wenn Sie über eine Krankheit sprechen oder davon lesen, haben Sie dann Angst, diese Krankheit zu bekommen oder sie gar schon zu haben? . . . .

Haben Sie Angst, alleine zuhause zu bleiben? . . . .

Schauen Sie abends vor dem Schlafen unter Ihr Bett? . . . .

Leiden Sie unter Schuldgefühlen? . . . . In welcher Sache? . . . .

. . . .

Machen Sie sich Selbstvorwürfe? . . . . . Warum? . . . .

. . . .

Müssen Sie zwanghaft grübeln? . . . .

Was läßt sie da nicht los? . . . .

. . . .

Wenn Sie abends nicht einschlafen können oder nachts aufwachen, worüber grübeln Sie dann nach? . . . .

. . . .

Neigen Sie zu Zwangshandlungen? . . . .

Müssen Sie öfters als nötig, die Hände waschen? . . . .

Müssen Sie, wenn Sie Ihre Wohnung verlassen, öfters als einmal kontrollieren, ob Sie die Wohnungstüre auch abgesperrt haben? . . . .

Sind Sie besonders ehrgeizig? Sparsam? Geizig? Ungesellig? Jähzornig? Sadistisch? Rachsüchtig? Eigensinnig? Herrschsüchtig? Aggressiv? Gewissenhaft? Pedantisch? Neidig? Eifersüchtig? Reizbar? Launisch? Grundlos traurig? Ständig dem Weinen nahe? Schwermütig? Verzweifelt? Freßsüchtig? Körperlich erschöpft? . . . .

An welchen Traum können Sie sich zuletzt erinnern? Inhalt genau: . . . .

. . . .

Welcher Ihrer Träume hat sich schon mit gleichem oder ähnlichem Inhalt schon öfters wiederholt? . . . .

Sind Sie schon wegen eines Alptraumes aufgewacht? Inhalt? . . . .

. . . .

. . . .

Haben Sie schon einmal geträumt, daß Sie hoch herunterfallen? . . . .

. . . .

Haben Sie schon davon geträumt, daß Sie ohne jedes Hilfsmittel fliegen können? . . . .

Wenn Sie tagsüber einmal Gelegenheit haben, so «dahin zu träumen», welche Tagträume haben Sie? . . . .

. . . .

. . . .

Nehmen Sie oft Schlafmittel? Schmerzmittel? Beruhigungsmittel? . . . .

Welche Medikamente nehmen Sie gegenwärtig ein? . . . .

. . . .

. . . .

Kann es sein, daß Ihre Beschwerden Sie vor etwas (Kontakte, Arbeitssituation, Verpflichtungen, Auseinandersetzungen etc.) schützen? . . . . . Wovor? . . . .

. . . .

Kümmert sich jemand wegen Ihrer Beschwerden jetzt mehr um Sie, als vorher? . . .
Wer? . . . .

Was würden Sie am liebsten tun, wenn Sie gesund wären? . . . .

. . . .

Angenommen, Sie könnten, wie das im Märchen möglich ist, noch einmal auf die Welt kommen, was würden Sie dann anders machen? . . . .

. . . .

Welche falschen Entscheidungen haben Sie im Leben getroffen? . . . .

. . . .

Was im Leben würden Sie gerne wieder gutmachen? . . . .

. . . .

Was ist gegenwärtig Ihr größtes Problem? . . . .

Was bedrückt Sie im Leben am meisten? . . . .

. . . .

Was war in Ihrem Leben bisher die größte Enttäuschung? . . . .

. . . .

Was Ihr größter Verzicht? . . . .

. . . .

Die größte Demütigung in Ihrem Leben? . . . .

. . . .

Der größte Konflikt/Auseinandersetzung/Streit im Leben? . . . .

. . . .

Gibt es Zwist in Ihrer Familie? Welchen? . . . .

Was haben Sie zur Überwindung der Schwierigkeiten beigetragen? . . . .

. . . .

Flüchten Sie am liebsten vor der Wirklichkeit? . . . .

Können Sie sich entspannen? . . . .
Sagen Sie Ihre Meinung, wenn Ihnen etwas nicht paßt? . . . .
Oder schlucken Sie alles in sich hinein? . . . .
Sagen sie oft JA, wenn Sie in Wirklichkeit NEIN denken? . . . .
Können Sie aus sich herausgehen und Ihre Gefühle (Zärtlichkeit, Freude, Wut, Zorn, Trauer etc.) zeigen? . . . .
Knirschen Sie nachts im Schlaf öfters mit den Zähnen? . . . .
Glauben Sie, daß Sie zu wenig Liebe oder Zuwendung bekommen? . . . .

. . . .

Fühlen Sie sich einsam? . . . .
Fühlen Sie sich nur sicher, wenn Sie nicht allein sind? . . . .
Können Sie sich frei entfalten? . . . . . . Wer hindert sie daran? . . . .
Was hindert Sie daran? . . . .
Wer steht Ihnen im Leben am nächsten? . . . .
Wen können Sie am wenigsten ausstehen? . . . .
Warum? . . . .

. . . .

Ist Ihre Ehe bzw. Partnerschaft bedroht? . . . . Warum? . . . .

. . . .

Würden Sie diesen Partner nochmals heiraten? . . . .
Wenn nein, warum nicht? . . . .
Würden Sie sich, wenn Sie noch einmal von vorne anfangen könnent, noch einmal Kinder wünschen? . . . .
Hat sich Ihr Kinderwunsch nicht erfüllt? . . . .
Warum nicht? . . . .
Haben Sie sexuelle Probleme? . . . . Welche? . . . .

. . . .

Was stört Sie beim Geschlechtsverkehr an Ihrem Partner am allermeisten? . . . .

. . . .

Hatten Sie Schwierigkeiten mit der Treue zu Ihrem Partner? . . . .
Schuldgefühle deshalb? . . . .
Hatten Sie auch vorehelichen Geschlechtsverkehr? . . . .
Haben Sie deshalb Schuldgefühle? . . . .
Sind Sie sehr streng religiös erzogen worden? . . . .
Was bedauern Sie in Ihrem Leben am meisten? . . . .

. . . .

Haben Sie das Gefühl, im Leben versagt zu haben? . . . .
Was ist Ihre Hauptsorge für die Zukunft? . . . .

Was war Ihr größter Erfolg im Leben? . . . .
Was glauben Sie, ist das Beste an Ihnen? . . . .
Was ist Ihre schlechteste Eigenschaft? . . . .
Wer hatte im Leben darunter am meisten zu leiden? . . . .
Vertragen sie Kritik? . . . .
Von wem am wenigsten? . . . .
Sind sie religiös aktiv? . . . .
Glauben Sie an ein Weiterleben nach dem Tod? . . . .
Wer wird sich nach Ihrer Meinung, nach Ihrem Tod dankbar oder in Liebe an Sie erinnern? . . . .
Haben Sie schon einmal insgeheim jemandem den Tod gewünscht? . . . Wem? . . . .
Wer, meinen Sie, würde sich über Ihren Tod freuen? . . . .
Warum? . . . .
Wem würden Sie denn am liebsten einmal die Meinung sagen oder ihn verprügeln? . .
Haben Sie oft zweifelnde oder ängstliche Gedanken? . . . .
Worüber? . . . .
Fühlen Sie einen Druck auf der Brust? . . . .
Fühlen Sie sich morgens schlechter als abends? . . . .
Haben Sie manchmal Wahnideen? . . . . Welche? . . . .
. . . .

Fühlen Sie sich verfolgt? . . . . Von wem? . . . .
Haben Sie manchmal Halluzinationen? . . . .
Haben Sie grundlose Ängste vor Krankheiten? . . . .
Wenn Sie von einer Krankheit hören oder lesen, tut Ihnen dann schon etwas weh oder haben Sie Angst, diese Krankheit zu bekommen? . . . .
Fühlen Sie sich im Leben ausgenützt? . . . . Von wem? . . . .
Wenn Sie aufgeregt oder unlustig sind, müssen Sie dann essen? . . . .
oder vergeht Ihnen dann der Appetit? . . . .
bekommen Sie dann feuchte Hände? . . . .
wird Ihre Stimme dann heiser? . . . .
bekommen Sie dann schlecht Luft? . . . .
müssen Sie dann husten? . . . .
müssen Sie dann räuspern? . . . .
müssen Sie dann gleich zur Toilette? . . . .
müssen Sie dann erröten? . . . .
bekommen Sie dann einen Schweißausbruch? . . . .
stellt sich dann Hautjucken ein? . . . .
Sind Sie glücklich, wenn Sie bemuttern können? . . . .

Sind Sie aufopfernd? Selbstlos? Hilfsbereit? Uneigennützig? . . . .
Fühlen Sie sich im Leben oft wehrlos? . . . . Ausgeliefert? . . . . Kraftlos? . . . .
Ungerecht behandelt? . . . . Verkannt? . . . .

Fragen zu Ihrer Kindheit

Was ist Ihre früheste Kindheitserinnerung in Verbindung

1. Ihrer ersten Angst? . . . .
2. Ihrer schlimmsten Enttäuschung? . . . .
3. Ihrer schwersten Bestrafung durch die Eltern, Lehrer oder Geschwister, Freunde? . .
4. Ihrem ersten großen Kummer? . . . .
5. Ihrer fürchterlichsten Erfahrung? . . . .
. . . .
6. Ihrem glücklichsten Erlebnis? . . . .
. . . .
7. Hätten Sie als Kind einmal am liebsten nicht mehr leben wollen? . . . . Weswegen?
. . . .
8. Wenn Sie sich in Ihrer Kindheit sehr erregen mußten, weil Sie z. B. geschimpft, bestraft oder gedemütigt wurden im Elternhaus, im Kindergarten, in der Schule oder anderswo, wie haben Sie darauf meistens reagiert? Durch

○ Zittern?	○ Schweißausbruch?
○ Kopfweh?	○ Herzklopfen?
○ Erbrechen?	○ Magenschmerzen?
○ Appetitlosigkeit?	○ Essen von Süßigkeiten?
○ Bauchweh?	○ Durchfall?
○ Heiserkeit?	○ Sprachstörung?
○ Atembeklemmung?	○ Hautjucken?
○ Ohnmachtsanfall?	○ Wutanfall?
○ Krämpfe?	○ Onanieren?
○ Bettnässen?	○ Tiefe Traurigkeit?

oder in welcher anderen Weise haben Sie reagiert? . . . .
. . . .

Fragen über Ihre Eltern bzw. Stiefeltern

1. *Wie sehen Sie heute das Verhältnis zu Ihrem Vater?* . . . .

. . . .

Wie alt war Ihr Vater bei Ihrer Geburt? . . . .

Welchen Beruf übte er aus? . . . .

Sind Sie ein eheliches oder uneheliches Kind? . . . .

War Ihr Vater oft krank? . . . . Woran litt er? . . . .

War Ihr Vater jähzornig? Herrschsüchtig? Gewalttätig? geizig? Launisch? Depressiv? Pedantisch? Oft betrunken? . . . .

Möchten Sie so sein, wie Ihr Vater? . . . .

Warum nicht? . . . .

Wodurch strafte Sie Ihr Vater? . . . .

Strafte er oft? Selten? Hart? Milde? Ungerecht? . . . .

Wie belohnte er Sie? . . . .

Hatten Sie Vertrauen zu Ihrem Vater? . . . .

Warum und wann verloren? . . . .

. . . .

Liebten Sie Ihren Vater? . . . .

Warum nicht oder nicht mehr? . . . .

Wann ist Ihr Vater gestorben? . . . . Woran? . . . .

Kannten Sie Ihren Vater gar nicht? . . . .

2. *Wie sehen Sie heute das Verhältnis zu Ihrem Stiefvater?*

. . . .

Wie alt waren Sie, als Sie den Stiefvater bekamen? . . . .

Was haben Sie sich da gedacht? Gefühlt? . . . .

. . . .

Welchen Beruf übte Ihr Stiefvater aus? . . . .

War Ihr Stiefvater oft krank? . . . . Woran litt er? . . . .

War Ihr Stiefvater gerecht? Jähzornig? Herrschsüchtig? Geizig? Launisch? Depressiv? Pedantisch? Oft betrunken? Unehrlich?

Möchten Sie so sein wie er? . . . . Warum nicht? . . . .

. . . .

Wodurch strafte Sie Ihr Stiefvater? . . . .

Strafte er oft? Selten? Hart? Milde? Ungerecht? . . . .

Wie belohnte er Sie? . . . .

Hatten Sie Vertrauen zu Ihrem Stiefvater? . . . .
Warum nicht oder nicht mehr? . . . .
Liebten Sie Ihren Stiefvater? . . . . Warum nicht oder nicht mehr? . . . .
. . . .
Wann ist er gestorben? . . . . Woran? . . . .

3. *Wie sehen Sie heute das Verhältnis zu Ihrer Mutter?*

Wie alt war Ihre Mutter bei Ihrer Geburt? . . . .
Waren Sie Ihr eheliches oder uneheliches Kind? . . . .
War Ihre Mutter berufstätig? . . . . Als was? . . . .
Hat Sie Ihre Mutter als Kind oft allein gelassen? . . . .
War Ihre Mutter oft krank? . . . . Woran litt sie? . . . .
War Ihre Mutter dominierend? Launisch? Rechthaberisch? Geizig? Unterwürfig? Egoistisch? Depressiv? Pedantisch? Trunksüchtig?
Möchten Sie so sein, wie Ihre Mutter? . . . . Warum nicht? . . . .
. . . .
Wodurch strafte Sie Ihre Mutter? . . . .
Strafte sie oft? Selten? Hart? Milde? Gar nicht? . . . .
Wie belohnte Ihre Mutter Sie? . . . .
Hatten Sie Vertrauen zu Ihrer Mutter? . . . .
Warum und wann verloren? . . . .
. . . .
Liebten Sie Ihre Mutter? . . . .
Warum nicht oder nicht mehr? . . . .
. . . .
Wann gestorben? . . . . Woran? . . . .
Kannten Sie Ihre Mutter gar nicht? . . . .

4. *Wie sehen Sie heute das Verhältnis zu Ihrer Stiefmutter?*

. . . .
Wie alt waren Sie, als Sie die Stiefmutter bekamen? . . . .
Was haben Sie sich da gedacht? . . . .
Hat Ihre Stiefmutter Kinder in die Ehe mitgebracht? . . . .
War Ihre Stiefmutter berufstätig? . . . . Als was? . . . .
War Ihre Stiefmutter oft krank? . . . . Woran litt sie? . . . .
War Ihre Stiefmutter ungerecht? Rechthaberisch? Unterwürfig? Geizig? Egoistisch? Depressiv? Pedantisch? Trunksüchtig?

Möchten Sie so sein, wie sie? . . . . Warum nicht? . . . .

. . . .

Wodurch strafte Sie Ihre Stiefmutter? . . . .

Strafte sie oft? Selten? Gar nicht? Hart? Milde? Ungerecht?

Wie belohnte Sie ihre Stiefmutter? . . . .

Hatten Sie Vertrauen zu Ihrer Stiefmutter? . . . .

Warum und wann verloren? . . . .

. . . .

Liebten Sie Ihre Stiefmutter? . . . .

Wann gestorben? . . . . Woran? . . . .

5. *Wie sehen Sie heute die Ehe Ihrer Eltern?* . . . .

. . . .

War die Ehe harmonisch? Mittelmäßig? Schlecht? Eine Tragödie? . . . .

Lebten die Eltern getrennt? . . . . Seit wann? . . . . Warum? . . . .

. . . .

Waren Sie Zeuge von Tätlichkeiten? . . . . Wann? . . . .

Welcher Art? . . . .

Waren Sie Zeuge von Zärtlichkeiten zwischen Ihren Eltern? . . . .

Was haben Sie gesehen? . . . .

Wer hat in der Ehe dominiert? Vater? Mutter? . . . .

Welcher Elternteil war eifersüchtig? . . . .

Hat ein Elternteil zu viel getrunken? . . . .

Lebten noch andere Familienangehörige in der elterlichen Wohnung? Großvater, Großmutter? Schwager? Schwägerin? Andere Verwandte oder Freunde? . . . . . .

Gab es durch sie Probleme? . . . . Welche? . . . .

. . . .

Fragen über Ihre Geschwister bzw. Stiefgeschwister

Sind Sie als Einzelkind aufgewachsen? . . . . Haben Sie darunter gelitten? . . . .

Als wievieltes Kind wurden Sie geboren? . . . .

Wieviel Brüder haben Sie? . . . . Geburtsjahre? . . . .

Wieviel Stiefbrüder haben Sie? . . . . Geburtsjahre? . . . .

Mit welchem Bruder haben Sie sich am besten verstanden? . . . .

Mit welchem am wenigsten? . . . . Warum? . . . .

. . . .

Wieviele Schwestern haben Sie? . . . . Geburtsjahre? . . . .
Wieviele Stiefschwestern haben Sie? . . . . Geburtsjahre? . . . .
Mit welcher Schwester haben Sie sich am besten verstanden? . . . .

. . . .

Mit welcher am wenigsten? . . . . Warum? . . . .

. . . .

Wen hat der Vater bevorzugt? Wer war sein Liebling? . . . .
Wen hat die Mutter bevorzugt? . . . .
Wer wurde vom Vater benachteiligt? . . . .
Wer wurde von der Mutter benachteiligt? . . . .
Was dachten Ihre Geschwister, daß sie bevorzugt oder benachteiligt wurden? . . . . . .
Haben Sie Ihre Geschwister als Rivalen um die Gunst der Eltern erlebt? . . . . Warum?

. . . .

Wodurch haben Sie sich bemüht, die Aufmerksamkeit der Eltern auf sich zu lenken? . .
War einer Ihrer Geschwister oft krank? . . . .
Woran litt er/sie? . . . .
War einer Ihrer Brüder oder Schwestern

☐ Mißgebildet?	☐ Asthmatiker?
☐ Bettnässer?	☐ Stotterer?
☐ Magersüchtig?	☐ Gemütskrank?
☐ Selbstmordgefährdet?	☐ Drogenabhängig?

Fragen zum Familienleben

Sind Sie bei anderen Verwandten, Bekannten oder in einem Heim aufgewachsen? . . . . Von wann bis wann? . . . . Warum? . . . .

. . . .

Gab es in Ihrer Kindheit ein gemeinsames Familienleben? . . . .
Gemeinsame Mahlzeiten? Gemeinsame Spiele? Gemeinsame Wanderungen? Gemeinsamer Kirchgang? Gemeinsame Theaterbesuche? Gemeinsamer Urlaub? Familienfeste? . . . .
Durften Sie Freunde/Freundinnen/Spielkameraden in die Wohnung mitbringen? . . . . Warum nicht? . . . .

Fragen zu Ihrem Lebenslauf

Geburtsort und -Datum: . . . .

Umgezogen/geflüchtet? . . . .

Waren Sie im Kindergarten/Heim/bei Pflegeeltern? . . . .

Wie lange? . . . . Gerne? . . . .

Welche Schulen haben Sie besucht? . . . .

. . . .

. . . .

Waren Sie ein guter/mittelmäßiger/schlechter Schüler? . . . .

Hatten Sie Ärger mit einem Lehrer? . . . . Warum? . . . .

. . . .

Hatten Sie Ärger/Auseinandersetzungen mit Schulkameraden bzw. Studienkollegen? . . . . Warum? . . . .

. . . .

Haben Sie eine Lehre gemacht? . . . . Welche? . . . .

Waren Sie Mitglied in einer Jugendgruppe/Verein? . . . .

Pflegten Sie in Ihrer Jugend echte Freundschaften/Kameradschaften? . . . . Wie lange? . . . . Mit wem? . . . . Im Streit beendet? . . . .

Was hatten Sie in der Jugend für Hobbys? Sport? Musik? Lesen? Basteln? Malen? Andere Interessen? . . . .

Haben Sie als Kind «Onkel Doktor» gespielt? . . . . Mit wem? . . . .

Von wem wurden Sie aufgeklärt? . . . .

Wie alt waren Sie da? . . . . Schlechtes Gewissen dabei? . . . .

Bei Mädchen: Erste Regelblutung? . . . . Waren Sie darüber von den Eltern aufgeklärt? . . . . Empfanden Sie Angst dabei? . . . .

Haben Sie als Kind die Geschlechtsorgane eines Elternteiles, eines anderen Familienmitgliedes, Schulkameraden oder einer anderen Person gesehen . . . . Von wem? . . . . Wie alt waren Sie da? . . . .

Wie reagierten Sie darauf? . . . .

Haben Sie in Ihrer Jugend einmal Ihre Eltern oder ein anderes Paar beim Geschlechtsverkehr gesehen bzw. beobachtet? . . . .

Wie reagierten Sie darauf? . . . .

Hatten Sie Kontakt zu Sittlichkeitsverbrechern? . . . .

. . . .

Wann kam es zum ersten Mal zur Selbstbefriedigung? . . . .

Wer hat sie darauf gebracht? . . . .

Haben Sie mit anderen zusammen onaniert? . . . . Mit wem? . . . .

Haben Sie Hilfsmittel zum Onanieren benutzt? . . . .

Welche Phantasien hatten Sie dabei? . . . .

. . . .

Wie oft haben Sie wöchentlich onaniert? . . . .

Spürten Sie beim Onanieren Lust oder Qual? . . . .

Hatten Sie durch die Onanie Schuldgefühle? Religiöse Konflikte? . . . .

. . . .

Gebeichtet? . . . .

Waren Sie in Ihrer Jugend dem anderen Geschlecht gegenüber besonders gehemmt? Schüchtern? . . . .

Wie alt waren Sie beim ersten Geschlechtsverkehr? . . . .

Wie kam es dazu? . . . .

Mit wem? . . . . Wo? . . . .

Was empfanden Sie dabei? . . . .

. . . .

Wie verhielt sich Ihr Partner dabei? . . . .

Hatten Sie «nachher» Schuldgefühle? . . . .

Wie lange hielt diese erste Partnerschaft? . . . .

Haben Sie häufig den Partner gewechselt? . . . .

Werden oder wurden Sie von Ihrem Partner beim Geschlechtsverkehr zu Praktiken gezwungen, die sie ablehnen? . . . .

Welche? . . . .

Verlangen Sie von Ihrem Partner beim Geschlechtsverkehr sexuelle Praktiken, welche dieser ablehnt? . . . .

Welche? . . . .

Haben Sie sexuelle Probleme? . . . . . Welche? . . . .

. . . .

Mangelnde Errektion? Vorzeitiger Samenerguß? Kein sexuelles Verlangen? . . . . . .

Bei Frauen: Kein Orgasmus? Vaginismus? Schmerzen bei GV?

Angst vor Schwangerschaft? Ekel vor GV? Schuldgefühle?

Fragen zum Berufsleben

Wie ist Ihr beruflicher Werdegang? Ausbildungen? Prüfungen? . . . .

. . . .

. . . .

. . . .

Durften Sie den Beruf erlernen, den Sie sich gewünscht haben? . . . . Warum nicht? . .

. . . .

Sind Sie mit Ihrem Beruf, Ihrer Tätigkeit zufrieden? . . . .
Fühlen Sie sich überfordert? . . . .
Fühlen Sie sich als Arbeitskraft anerkannt? . . . .
Sind Sie bei Ihren Vorgesetzten beliebt? Unbeliebt? Warum? . . . .
. . . .
Vertragen Sie sich mit Ihren Berufskollegen gut? Schlecht? Warum? . . . .
. . . .
Können Sie sich im Beruf unterordnen? Gut? Schlecht? Warum? . . . .
. . . .
Widersprechen Sie gerne? . . . . Warum? . . . .
Können Sie sich im Beruf durchsetzen? Gut? Mittel? Schlecht? . . . .
Warum? . . . .
Sind Sie sehr ehrgeizig? Geltungssüchtig? Rechthaberisch? . . . .
Können Sie auch Befehle geben? . . . .
Haben sie Minderwertigkeitsgefühle? . . . . Warum? . . . .
. . . .
Wem würden Sie im Beruf einmal richtig «Bescheid» sagen? . . . .
Warum? . . . .
Wenn Sie Chef wären, wen würden Sie rausschmeißen? . . . .
Warum? . . . .
Wechseln Sie oft die Stellung bzw. Arbeitsplatz? . . . .
Wie lange halten Sie es durchschnittlich auf einem Posten aus? . . . .
Konkurrieren Sie beruflich mit Ihrem Ehepartner? . . . .
Verdient Ihr Ehepartner mehr als Sie? . . . .

Fragen zu Ihren Gewohnheiten, Kontakten und Hobbys

Wieviel Zigaretten rauchen Sie täglich? . . . . Rauchen aufgegeben? . . . .
Welche alkoholischen Getränke konsumieren Sie täglich? Wieviel? . . . .
Bier? . . . . Wein? . . . . Schnaps? . . . . Sekt? . . . . Magenbitter? . . . .
Wieviel Tassen Bohnenkaffee trinken Sie täglich? . . . .
Sind sie Vegetarier? Rohköstler? Alkoholablehner? Drogenabhängig? Tablettensüchtig? Reinlichkeitsfanatiker? Spieler? . . . .
Sind Sie in finanziellen Dingen sparsam? Geizig? Großzügig? Verschwenderisch? Abhängig? Unselbständig? Leichtsinnig?
Kann man bei Ihnen leicht Geld zu leihen nehmen? . . . .
Haben Sie den Mut, eine Rückzahlung zu fordern? . . . .

Was haben Sie als Erwachsener für Hobbys? . . . .

. . . .

Sind Sie ein leidenschaftlicher Sammler? . . . .

Was sammeln Sie? . . . .

Treiben Sie Sport? . . . . Welchen? . . . .

Haben Sie besondere Interessen? . . . .

Steht Ihr Partner Ihren Hobbys, Interessen ablehnend gegenüber? . . . . Warum? . . .

Machen Sie regelmäßig Urlaub? . . . .

Engagieren Sie sich auf sozialem Gebiet für andere Menschen? . . . .

. . . .

Sind Sie als Vater oder Mutter bei der Erziehung Ihrer Kinder streng? Mild? Verwöhnend? . . . .

Kommen Ihre Kinder zu Ihnen, um sich auszusprechen, wenn Sie Probleme haben? . .

Sind Sie von Ihren Kindern enttäuscht? . . . . Warum? . . . .

. . . .

Sind Sie in Gesellschaft unterhaltsam? Zuhause wortkarg oder grantig? . . . .

Brauchen Sie ständig Freunde um sich? . . . .

Fällt es Ihnen schwer, Kontakt zu anderen Menschen aufzunehmen? . . . . Warum fällt es Ihnen schwer? . . . .

. . . .

Woran scheitern meist Ihre Freundschaften/Liebesbeziehungen? . . . .

. . . .

Was ist dabei Ihr Hauptproblem? . . . .

. . . .

Fragen zu Ihrer Geburt

Wissen Sie durch Gespräche mit Ihrer Mutter, ob Ihre Geburt durch irgendwelche Umstände schwer war? . . . .

Steißlage? Zangengeburt?

Übertragen? Wieviele Wochen? . . . .

Frühgeburt? Wieviele Wochen zu früh? . . . .

Sauerstoffmangel während der Geburt? . . . .

Kaiserschnitt? Künstliche Geburtseinleitung?

Mutter bei Ihrer Geburt in Narkose? . . . .

Andere Komplikationen während Ihrer Geburt? . . . .

. . . .

VI
Beschreibung psychotherapeutischer Verfahren, die sich besonders für die ambulante Behandlung psychosomatischer Erkrankungen anbieten

Dieses Fachbuch informiert in kurzen Zusammenfassungen über die wichtigsten Fakten und Techniken jener psychotherapeutischen Methoden, die sich nach den Erfahrungen des Verfassers speziell für die ambulante Behandlung psychosomatischer Krankheiten und psychovegetativer Störungen eignen und bewährt haben:

1. *Gesprächstherapie*
2. *Autogenes Training*
3. *Katathymes Bilderleben*
4. *Aufdeckende und stützende Hypnosetherapie*
5. *Rebirthing*
6. *Verhaltenstherapie.*

Mit der Empfehlung und Herausstellung dieser psychotherapeutischen Verfahren ist kein Werturteil verbunden, selbstverständlich kann auch eine völlig andere «Palette» seelenheilkundlicher Methoden mit gleich gutem Erfolg bei entsprechender Begabung und Erfahrung des Therapeuten eingesetzt werden!

In diesem Zusammenhang ist es nicht uninteressant, wie sich die «Beliebtheit» diverser psychotherapeutischer Verfahren in den 80iger Jahren in den USA entwickelt hat. So wurden 1982 rund 900 amerkinische Psychotherapeuten befragt, welcher Therapieschule sie sich am engsten verbunden fühlen:

Verfahren	*%-Angabe*
Eklektische Therapieformen (= Kombination verschiedener Therapieformen)	30,0
Psychodynamische Ansätze	23,5
Psychoanalyse	4,9
Psychoanalyse nach SULLIVAN	1,7
Verhaltenstherapie	9,8
Kognitive Therapieformen	7,3
Existenzielle Therapien	3,0
Klientenzentrierte Therapie	2,6
Andere humanistische Therapien	2,8
System- und kommunikationsorientierte Therapien, besonders Gruppen- und Familientherapie	4,5
Sonstige Therapierichtungen	7,7

Was bedeutet «psychische Gesundheit»?

Aufgabe und Ziel der Ganzheitsmedizin wird stets sein, die organische Gesundheit und das seelische Gleichgewicht für den Patienten zu erreichen. Für dieses Vorhaben ist es daher außerordentlich wichtig, sich über die Kriterien psychischer Gesundheit vollkommen klar zu werden. Wie sehen nun die Kennzeichen einer erwachsenen, psychisch gesunden Persönlichkeit aus? Der bekannteste und, nach wie vor, stichhaltigste Versuch zur Beantwortung dieser Frage stammt von SODDY (Kongreß Menthal Health, London 1948). Ergänzt man seine Gedanken mit Erkenntnissen von BERG und FUCHS, ergeben sich folgende Kriterien für psychische Gesundheit:

1. *Der Gesunde ist fähig, zu lieben* – in allen sozialen Rollen und besonders in der des Geschlechtspartners.
2. *Die Fähigkeit zu arbeiten und in der Arbeit Befriedigung zu finden.* Beim «Normopathen» liegen die Ambitionen innerhalb des Spielraumes praktischer Verwirklichung – der Kreative dagegen wird im Rahmen seiner schöpferischen Unzufriedenheit seine Ziele immer etwas höher ansetzen, als sie sich verwirklichen lassen. Der psychisch Gesunde hat dabei eine scharfe, kluge Einsicht in die eigene Kraft und Schwäche.

3. *Der Gesunde ist zur Selbstbehauptung fähig,* ohne dabei kriminelle Mittel einsetzen zu müssen. Er kann anderen behilflich sein, aber auch Hilfe annehmen. Er ist aber ggf. auch stark genug, Hilfe auszuschlagen.
4. *Der Gesunde ist fähig, Freundschaften zu schließen,* wo es angebracht erscheint, aber auch *fähig zu aggressivem Verhalten.*
5. *Die Fähigkeit zur einsichtigen koordinierenden Zwecksteuerung,* und zwar in einem weiten Lebens- und Aktionsbereich
6. *Dem psychisch Gesunden ist es möglich, innere Konflikte durch Kompromißbildung und Wahlentscheidung zu lösen* – er verfügt so über eine ausreichende Belastungsfähigkeit.
7. *Sein Glaube, sein Denken, alle Werte, die ihm teuer sind, werden ihm zur positiven Motivation für das Leben.*

Aus dieser Zusammenstellung wird klar, wie rar in unseren Tagen psychisch völlig gesunde Persönlichkeiten sind. Der neurotische Mensch ist, statistisch betrachtet, heute die Norm! Die vorher aufgezeigten Kennzeichen für psychische Gesundheit müssen als Zielvorgabe für alle psychotherapeutischen Maßnahmen angesehen werden. Es gilt also den «seelischen Humus» des Patienten nach den aufgezeigten Kriterien nach psychischen «Wunden» oder «Narben» zu durchforsten, Konflikte aufzudekken und zu lösen sowie für die Streßausschaltung zu sorgen und eine seelische Neuorientierung einzuleiten!

Wichtig für die Nutzung dieses Fachbuches

Es kann nicht Aufgabe dieses Buches sein, die einzelnen aufgezeigten und empfohlenen psychotherapeutischen Verfahren für den Lernenden erschöpfend darzustellen. Der Verfasser beschränkt sich auf die Darstellung des «Extraktes» und empfiehlt den Besuch entsprechender Ausbildungs- bzw. Fortbildungskurse!
Im Literaturverzeichnis am Ende dieses Buches sind Lehrbücher zu den aufgeführten psychotherapeutischen Methoden besonders durch (•) gekennzeichnet!

Gesprächstherapie

In den ersten beiden Sitzungen muß durch Aussprachen, exakte Auswertung des großen Fragebogens, des Lüscher-Farbtestes, eines Imaginationstestes mit dem ersten Standardmotiv aus dem Katathymen Bilderleben (Wiese) und den Befunden der körperlichen Untersuchung vom Behandler die Diagnose gestellt und die Problematik des vorliegenden Falles erkannt werden, denn erst dann kann er entscheiden,

a) ob er die Behandlung dieses Patienten aufgrund der Schwere des Falles oder der notwendigen Behandlungsmethoden im Hinblick auf seine Sorgfaltspflicht (Kenntnisse, Fähigkeiten, Möglichkeiten) übernehmen kann oder nicht.

b) welche Behandlungsverfahren in welcher Kombination und zeitlichem Einsatz mit Erfolgsaussichten angewendet und ob Kollegen evtl. für komplementäre Therapieverfahren hinzugezogen werden sollten.
Es ist also erforderlich und wichtig nach diesen ersten Sitzungen einen umfassenden Therapieplan aufzustellen und sich genau klarzuwerden, was man bei dem Patienten zu erreichen hofft; der «Hauptfocus» muß erkannt und angegangen werden!

Voraussetzungen für eine erfolgversprechende Gesprächstherapie

Der Gesprächstherapeut muß über solide psychologische und psychotherapeutische Kenntnisse verfügen, um z. B. unter anderem zu der wichtigen Übertragungsdeutung, der Beziehung zwischen Patient und Therapeut, in der Lage zu sein oder die Abwehrmechanismen des Ichs berücksichtigen zu können. Er muß bereit sein, sich tief auf den Patienten einzulassen und mit Enthusiasmus bei der Aufgabe zu sein. Der Behandler muß dabei dem Patienten so gegenübertreten, daß dieser kranke Mensch fühlt, daß

- er vom Therapeuten akzeptiert und geschätzt wird,
- der Therapeut nicht anders urteilt, als er selbst,
- ihm der Behandler keine Einsichten aufdrängt, er durch Selbsterkenntnis dazukommt.

Durchführung und Ziele der Gesprächstherapie

1. *Besprechen der Probleme, Konflikte* und des gegenwärtigen «Hauptfocus» mit dem Patienten mit Erkennen des Zieles, welche Verhaltensänderungen im Falle einer optimalen Lösung eintreten sollten. Aufgreifen und Verarbeiten der Hinweise aus dem Katathymen Bilderleben, Rebirthing, aufdeckender Hypnosetherapie, der Slogan-Repetitionsmethode u. a. m.

2. *Psychodynamisches «Einüben», Gefühle zeigen* und ausdrücken zu können. Dies gilt besonders für das Freisetzen aversiver Emotionen.

3. *Stärkung des Ich und des Selbstvertrauens,* um gegenwärtige Konflikte überwinden zu können. Vergangenheitsbewältigung. Hilfe zur Selbsterkenntnis und damit zur Selbsthilfe.

4. *Training des positiven Denkens*
   Die Wichtigkeit des positiven Denkens auf Gesundheit und Lebensgestaltung muß dem Patienten intensiv klargemacht werden. Die meisten Patienten sind «Meister der Selbstbeeinflussung», aber eben leider nur der negativen, weil sie nur Erwartungsängste und zweifelnde Gedanken hegen! Damit:

5. *Neuorientierung der Lebenseinstellung des Patienten* mit Vertrauen in die eigenen Möglichkeiten und Fähigkeiten. Nicht Tabletten oder Spritzen können ein Problem lösen, sondern nur der Patient selbst – dazu erhält er «Lebenshilfe»!

6. *Deutung der «Übertragung»* kann wichtig sein, sie wird aber erforderlich, wenn sie als «Widerstand» die Behandlung zu stören beginnt, dann muß dieses Haßgefühl auf seine ursprünglichen Ursachen hingelenkt werden.

7. *Der Patient soll bei der Gesprächstherapie aktiv sein!* Also keine Gespräche auf der Couch – der Patient sitzt dem Therapeuten aktiv gegenüber!

Die 6 Übungen des Autogenen Trainings (Unterstufe)

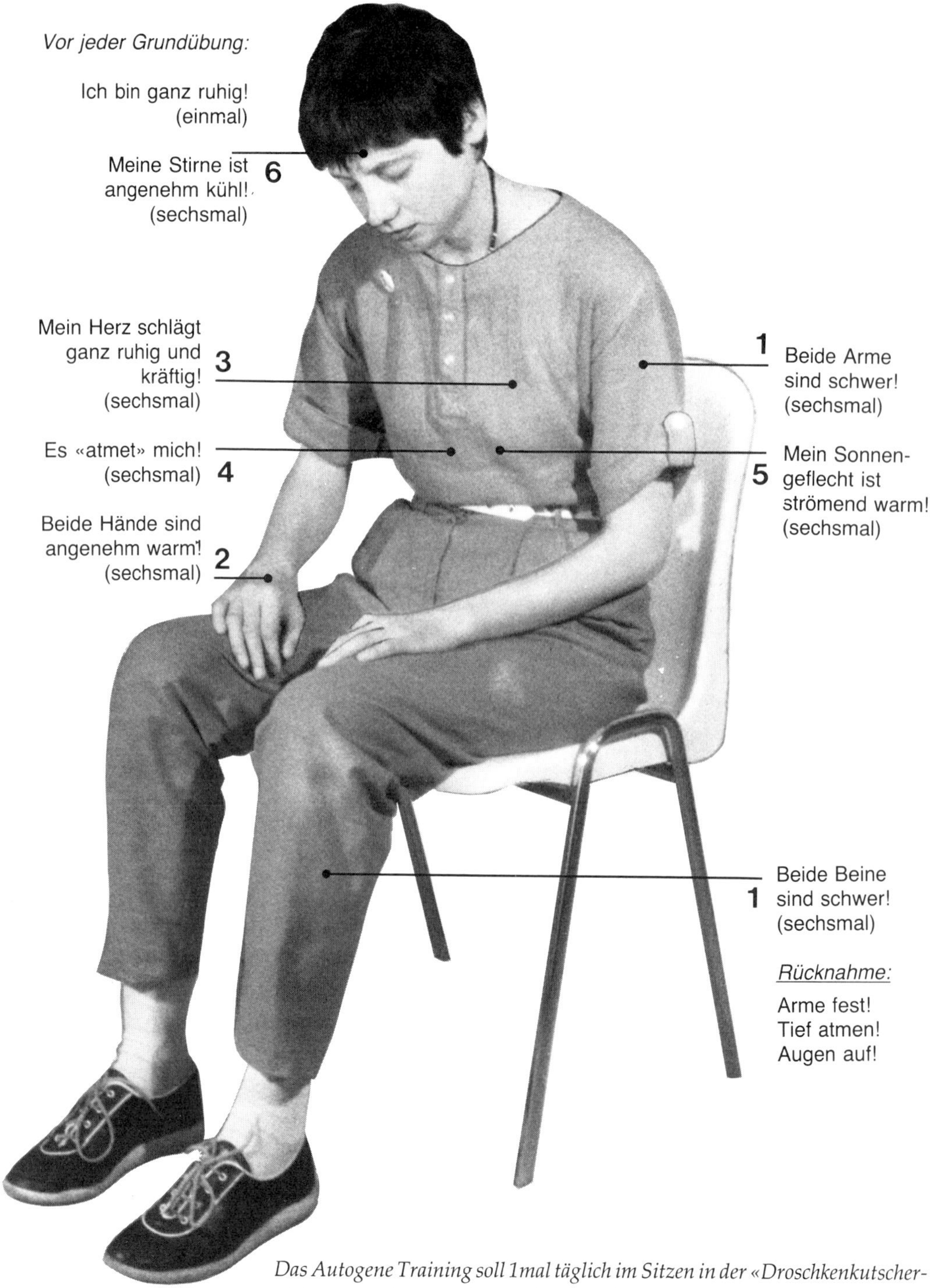

Das Autogene Training soll 1mal täglich im Sitzen in der «Droschkenkutscher-Haltung» und 1mal im Liegen durchgeführt werden. Täglich soll also 2mal rund 10 Minuten «trainiert» werden! Mehr ist nicht notwendig!

Autogenes Training (AT) in der Unterstufe

Das AT nach J. H. Schultz ist eine systematische Methode der Selbsthypnose, welche sich der in der Abbildung aufgezeigten Übungen bedient, um

a) *Entspannung* des Organismus
b) *Versenkung und Erholung*
c) *Selbstregulierung* von sonst unwillkürlichen Körperfunktionen
d) *Leistungssteigerung*
e) *Selbstbestimmung* durch formelhafte Vorsatzbildung

einzuleiten und zu bewirken.

Wie oft soll «trainiert» werden?

In der Regel soll mindestens zweimal täglich und zwar zur gleichen Zeit, einmal sitzend und einmal liegend, geübt werden. Man muß dabei völlig ungestört bleiben können.
Vor jeder der 6 Grundübungen sagt man sich 1 mal: «Ich bin ganz ruhig!». Die Grundübungen selbst werden jeweils 6 mal repetiert. Das AT wird zurückgenommen bzw. beendet, in dem man sich sagt: «Arme fest» und dabei die Arme mehrfach hintereinander anwinkelt und dann «Tief atmen» und erst dann «Augen auf!»
Die Durchführung eines AT dauert also nicht länger als ca. 8 Minuten.

Formelhafte Vorsatzbildung

Sobald der Patient die Grundübungen (1–6) beherrscht, kann er je nach Indikation vor dem Zurücknehmen formelhafte Vorsatzbildungen in das AT einbeziehen. Im Gegensatz zu den Grundübungen, welche jeweils 6 mal repetiert werden müssen, ist es ratsam, diese Formeln 20–30 anzuwenden.

Beispiele für «Formeln» im AT:
Bei Prüfungsangst: In jeder Prüfung bleibe ich völlig ruhig!
Bei Hemmungen: Bei anderen Menschen fühle ich mich sicher und frei!
Bei Schlafstörungen: Nachts schlafe ich tief und ruhig!

Das Katathyme Bilderleben (KBE) in der Unterstufe

Gelenkte Tagtraumtechnik mit 5 Standmotiven für konflikt-besetzte Imaginationen

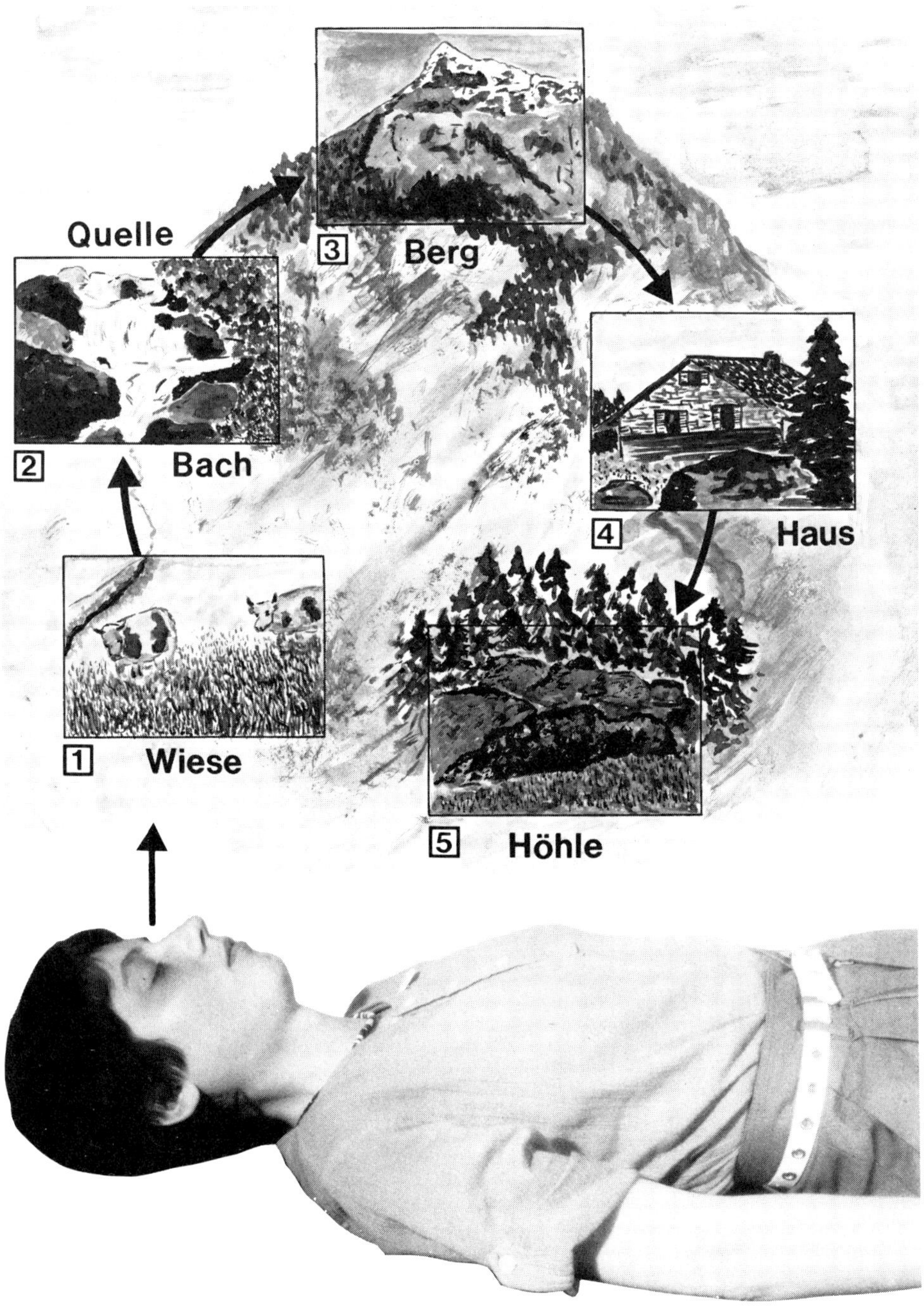

Im KBE (Unterstufe) wird dem Patient im entspannten Wachzustand oder ggf. in Hypnose die Möglichkeit gegeben, die 5 Standardmotive abhängig von seinen hintergründigen Gefühlen und Einstellungen zu konflikt-besetzten Imaginationen auszugestalten. Diese Bilder geben tiefen Einblick in die Probleme und Emotionen des Patienten.

Hochsensibles Diagnose-Instrument für psychische Konflikte

Das Katathyme Bilderleben (KBE) in der Unterstufe

Das Katathyme Bilderleben nach Hanscarl Leuner als Symboldrama mit gelenkten Tagträumen wird in der Psychotherapie zu den imaginativen Verfahren gezählt. Es wird dabei in der Grundstufe mit den 5 Standardmotiven Wiese-Bach-Berg-Haus-Waldrand für konflikt-besetzte Imaginationen gearbeitet, die der Patient aufgrund seiner Problematik und Emotionen mit seinen inneren Bildern ausgestaltet. Das KBE vereinigt Konzepte aus 4 verschiedenen psychotherapeutischen Schulen: Gesprächstherapie, Psychodrama, Verhaltenstherapie und Psychoanalyse. Da das KBE mit Bildern und Phantasien, mit Tagträumen arbeitet, ist dieses Verfahren auch zur Behandlung neurotischer Kinder und Jugendlicher geeignet.

So wird das Katathyme Bilderleben (Grundstufe) durchgeführt

Der liegende Patient wird gebeten, die Augen zu schließen und ganz «loszulassen». Der Behandler sorgt dann durch einige Schweresuggestionen für die notwendige innere Ruhe und Entspannung des Patienten und leitet dann das Imaginieren der Standardmotive ein: «Gehen Sie jetzt auf eine Wiese, die Sie noch nie in Ihrem Leben gesehen haben. Ganz deutlich können Sie gleich die Wiese sehen und sagen Sie mir bitte, was Sie sehen!» Sobald der Patient die Augen unter den geschlossenen Lidern bewegt, stellt man die Frage: «Sagen Sie mir, wie sieht die Wiese aus. Wie ist sie begrenzt?»

Standardmotiv 1: Die Wiese

Die imaginative Ausgestaltung der Wiese und ihrer Umgebung, auch der Wetterlage spiegelt die gegenwärtige Stimmung und akute Problematik des Patienten. Stellen sich dem Weg aus dieser Wiese entscheidende

Hindernisse (hohe Mauern oder steile Berge, Abgründe, Stacheldrahtzäune o. ä.) entgegen, kann die Schwere des Falles eingeschätzt und erkannt werden, daß die Behandlung dieses Patienten nur von psychotherapeutisch versierten Behandlern weitergeführt werden kann, die u. a. auch die Oberstufe des KBE beherrschen! Nur in der Oberstufe können «Hindernisse» überwunden werden!

Standardmotiv 2: Der Bach

Sobald der Patient die Wiese und ihre Umgebung geschildert hat, wird er gebeten, zu dem bereits gesehenen Bach zu gehen oder ihn zu suchen. Der Patient wird dann aufgefordert, den Ursprung dieses Baches, seine Quelle zu finden: «Gehen Sie jetzt der Quelle entgegen! Wie sieht dieser Weg aus? Was sehen Sie?

Der Bach ist symbolischer Ausdruck der fließenden seelischen Dynamik. Neurotiker gelangen fast nie an die Quelle, ihnen zeigt sich der Bach plötzlich zu einem See aufgestaut oder er verschwindet auf einmal in der Erde.

Hat der Imaginierende die Quelle gefunden, die meist an einem Berghang entspringt, läßt man den Patienten einen Weg zum Gipfel des Berges suchen. Vom Gipfel des Berges soll er dann einen Rundblick in alle Richtungen halten und dabei beschreiben, was er im einzelnen sieht.

Standardmotiv 3: Der Berg

Die Ausgestaltung des Weges zum Gipfel mit seinen etwaigen Hindernissen gibt einen Einblick in die «Lebenshindernisse» mit den Problemen der Durchsetzung eigener Ansprüche. Der Rundblick vom Gipfel läßt die Einschätzung der Lebenssituation und der gehegten Erwartungen «durchblicken».

Nach der Schilderung des Rundblickes regt man den Patienten an, sich auf den Rückweg zu machen und dabei einen anderen Weg zu wählen. Auf diesem Weg wird er bald an ein Haus kommen, das er sich dann genau anschauen soll: «Gehen Sie ruhig in dieses Haus hinein! Die Leute sind nicht da, sie haben nichts dagegen, wenn Sie das Haus jetzt einmal genau anschauen. Suchen Sie jetzt die Küche! Gehen Sie ruhig hinein, die Leute haben gar nichts dagegen! Wie sieht denn die Küche aus? Werfen

Sie ruhig einmal einen Blick in den Vorratsschrank! Was finden Sie für Vorräte? Der Imaginierende wird dann noch ins Wohnzimmer, das Schlafzimmer, in den Speicher und in den Keller geführt.

Standardmotiv 4: Das Haus

Die symbolische Ausgestaltung sagt bei den verschiedenen Räumen aus über folgende Bereiche:

Küche =	Orale Sphäre,
Wohn- u. Schlafzimmer =	Anale und sexuelle Sphäre,
Speicher =	Remineszenzen aus der frühen Kindheit
Keller =	Remineszenzen oder verdrängte Probleme.

Der Verfasser läßt im Speicher in einer Truhe immer nach einem alten Familienalbum suchen. Sieht sich der Patient auf diesen alten Fotos z. B. als kleines Kind, läßt sich fast immer eine echte Altersregression beobachten und ggf. therapeutisch nutzen.
Der Imaginierende soll dann das Haus verlassen und sich auf den Rückweg zur Wiese machen. Dabei wird ihm vorgegeben, daß er auf dem Weg einen Waldrand entlang gehen wird und dabei im Dunkel des Waldes eine Höhle sehen wird. Sobald er die Höhle gefunden hat, soll er aus sicherem Abstand hineinrufen: «Ist da jemand?» und dabei beobachten, wer oder was aus der Höhle kommen wird.

Standardmotiv 5: Der Blick vom Waldrand zur Höhle

Die hier auftauchenden Menschen oder Tiergestalten symbolisieren verdrängte Probleme. Die Gestalten verkörpern klassische Traumsymbole.
Keine Interpretation der Bilder in der Grundstufe des KBE:
Nur in der Oberstufe wird interpretiert und Regie geführt.
Indikationen des KBE (Grundstufe):

Psychosomatische Störungen und Neurosen leichteren Grades.

Moderne Hypnosetherapie

Die Hypnotherapie ist eines der wirkungsvollsten psychotherapeutischen Verfahren, das aber mehr als andere Sensitivität, Intuition und Beobachtungsgabe vom Therapeuten verlangt! Der Verfasser hat viele Ausbildungskurse auf diesem Gebiet gehalten und weiß daher: Vieles läßt sich vermitteln, einiges aber nur bedingt! Persönlichkeit und Einfühlungsvermögen läßt sich durch nichts ersetzen. Ein guter Hypnosetherapeut sollte darum eher ein Kreativer, eine Künstlernatur als ein Theoretiker sein!

Was ist, was bedeutet überhaupt Hypnose?

Nicht nur der Laie hat häufig eine völlig falsche Vorstellung vom Zustand eines Hypnotisierten, selbst in medizinischen Fachkreisen herrschen zum Teil abwegige Vorstellungen vom Trance-Zustand und seiner therapeutischen Utilisation. Der verbreitetste Irrtum besteht in der Gleichsetzung von Hypnose- und Narkosezustand. Wäre der Hypnotisierte bewußtlos, wie in Narkose, könnte man ihn nicht beeinflussen. Im Trancezustand dagegen steigert sich die Beeinflußbarkeit eines Menschen beträchtlich, was dann therapeutisch genutzt werden kann durch entsprechende Suggestionsinhalte.

Der Hypnosezustand ist ein Sonderzustand des Bewußtseins, der dadurch induziert und erreicht wird, daß die Aufmerksamkeit eines kooperativ eingestellten Patienten zunächst eingeengt, auf einen winzigen Punkt fokussiert wird und sie dann durch «Bilder» und Gefühle nach innen verlegt wird. Es werden hierbei jene vorhandenen psychischen Prozesse und Reaktionsmuster eines Menschen angesprochen und nutzbar gemacht, welche außerhalb seiner gewohnten Erfahrungen der Ich-Kontrolle liegen. Je mehr es gelingt, dem Hypnotisierten die Realitätskontrolle durch «verwirrende» Suggestionen zu erschweren, um so mehr beginnt er, sich von der Realität in immer tiefere Trance zurückzuziehen, wobei seine Empfänglichkeit für klärende Suggestionen zunimmt.

Der verstorbene Großmeister der klinischen Hypnose, Milton Erickson sagte 1978 über die therapeutische Hypnose: «Die Kunst des Hypnotherapeuten besteht darin, dem Patienten zu helfen, genügend Einsicht zu entwickeln, um einige Beschränkungen seiner gewohnten Einstellungen aufzugeben, damit er einen Zustand der Aufgeschlossenheit für das Neue und Kreative in sich selbst erreichen kann. Der Therapeut hilft dem

Patienten über den veränderten Bewußtseinszustand der therapeutischen Trance zu dieser Kreativität Zugang zu finden.»

Für die Induktion einer Hypnose kommt es, nach GROSSARTH' MATICEK in «Hypnose in der Psychotherapie» (Psychologie heute 1/79) weniger auf die angewendeten Einleitungsrituale an, als auf die Herbeiführung eines speziellen Zustandes in der sozialen Kommunikation, in welcher der Hypnotisierte an die Botschaft des Hypnotiseurs ohne Antithese glaubt!

Oft gehörter Vorwurf: Die Hypnosetherapie arbeitet immer rein symptom-orientiert, also «zudeckend»!

Eine solche Aussage geht völlig an den Tatsachen vorbei, da der Hypnosezustand für einen Menschen therapeutisch je nach Indikation und Aufgabenstellung sowohl «aufdeckend», «stützend» oder eben «zudeckend» genutzt werden kann. «Die» Hypnosetherapie gibt es, so gesehen, gar nicht, denn wir müssen dazu erst einmal wissen, welches psychotherapeutische Konzept in Trance realisiert wird. In die Hypnose kann der kreative Psychosomatiker die unterschiedlichsten Verfahren integrieren; so z. B. die Standardmotive für konfliktbesetzte Imaginationen des Katathymen Bilderlebens ebenso wie Aversionssuggestionen im Sinne der Verhaltenstherapie, Musiktherapie, Traumdeutung, aufdeckende Rückführung zur Katharsis uvam.

Konzepte und Anwendungsgebiete der modernen Hypnotherapie

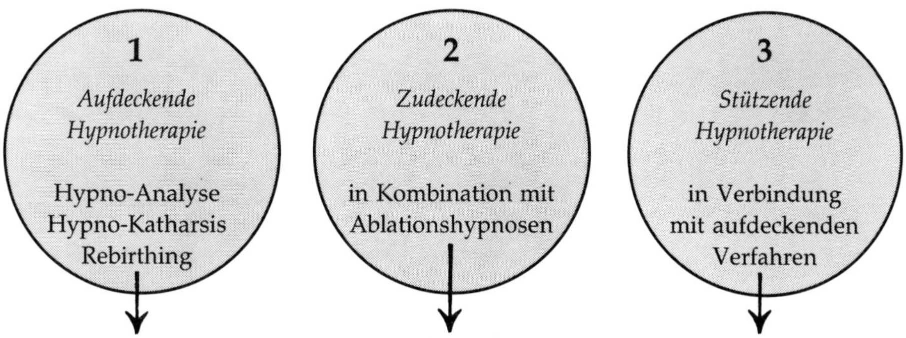

Bei Neurosen Angstzuständen, Organneurosen, hysterischen Reaktionen

Bei chronischen Schmerzzuständen unheilbar Kranker, Phantomschmerzen, Mobilisierung rheumatischer Versteifungen; Verbrennungen u. ä.

Bei psychosomatischen Erkrankungen zur vegetativen und seelischen Stabilisierung

Kontra-Indikationen für die Hypnosebehandlung

Hirnorganische Prozesse, Psychosen, Hypotonie (RR kleiner als 90/50).

Welcher Patient eignet sich für eine Hypnosetherapie?

Wegen der zu fordernden Konzentrationsfähigkeit sollten «unbesehen» nur Patienten im Alter zwischen 6 und 60 Jahren angenommen werden. In gesonderten Tabellen werden jene Persönlichkeitsmerkmale eines Patienten aufgeführt, welche erfahrungsgemäß die Induktion und Vertiefung eines Hypnosezustandes besonders begünstigen oder aber erschweren werden.

Sehr bewährt haben sich der an im Folgenden genau beschriebene Imaginationstest und der sog. Augenroll-Test!

Vorbereitung auf eine Ersthypnose

1. *Aussprache und Psycho-Anamnese* zur Aufdeckung der seelischen Problematik und Konflikte; Ausschalten von «Antithesen». Frage nach den Träumen des Patienten; Imaginations- u. Augenrolltest. Aufforderung an den Patienten, einen «Leitsatz» zu formulieren, der sein aktuelles Lebensgefühl ausdrückt (z. B.: «Ich habe ständig Angst, zu versagen!» oder
«Ich habe Angst, daß mich niemand lieben kann!» oder
«Ich sehne mich nach Geborgenheit, habe aber Angst davor!»)

2. *Körperliche Untersuchung*
zum Ausschluß organischer Leiden, besonders hirnorganischer Prozesse und Psychosen; Blutdruck-Messung.

3. *Einleitendes Informationsgespräch*
zum Ausräumen falscher Vorstellungen, von Vorurteilen oder Befürchtungen über die Hypnose. Stärkung der inneren Bereitschaft des Patienten und der Vertrauensbasis.

4. *Sedierungsphase vor jeder Hypnose-Einleitung* (15–30 Min.)
Vor jeder Hypnose-Induktion soll der Patient in einen ruhigen Raum gelegt und per Tonband bei geschlossenen Augen durch Musik, Meeresrauschen oder Verbalsuggestionen sediert werden, erst dann soll die Hypnose durchgeführt werden!

Grundregeln für das Formulieren wirksamer Hypnosuggestionen

Bei der «Redaktion» von Suggestionen müssen eine ganze Reihe von Voraussetzungen und Erkenntnissen berücksichtigt werden, damit sie sich als «eibildungswirksam» erweisen können:

① *Bildhaft-plastische Vorstellungen* vermitteln: Bilder und Gefühle induzieren!

② *Kurze Sätze bilden!* Langsam und im Ton absoluter Gewißheit sprechen.

③ *Keine langen Pausen* zwischen den einzelnen Suggestionen entstehen lassen, da sonst Rapportverlust eintritt und der Patient zweifelnde, skeptische Gedanken einfließen lassen kann.

④ *Rücksicht auf das Vorstellungsvermögen* und die eingefleischten Formen und Tabus des Patienten nehmen!

⑤ *Eine illusionäre Wahlfreiheit lassen!* Daher möglichst wenig «alternative», aber viele «arbiträr» gehaltene Suggestionsinhalte; z. B.: «Sie riechen jetzt gleich einen *wunderbaren* Duft!» nicht «Sie riechen jetzt den Duft von Rosen!»

⑥ *Wichtiges muß repetiert werden!* Das Allerwichtigste muß gegen Ende der Hypnose mehrfach wiederholt werden!

⑦ *Die JA-Haltung fördern!* Feststellungen bringen, denen man beim besten Willen nicht widersprechen kann: «Gemeinplätze» als Grundform hypnotischer Suggestionen; z. B.: «Wir alle wissen, daß man schlafen kann, ohne daß man dabei die Sekunde des Einschlafens erkennen konnte.»

⑧ *Dem Bewußtsein erlauben, sich zurückzuziehen:* Durch nichts wissen, nichts tun, nichts denken müssen! Z. B.: «Sie brauchen jetzt nicht mal mehr auf meine Stimme zu hören, nur die Aktivität Ihres Unbewußten ist jetzt noch wichtig – alles andere versinkt, ist unwichtig geworden. Es ist ja so schön, einmal ausruhen zu können: Nichts mehr tun müssen, nichts denken, nur noch ausruhen ...»

⑨ *Therapeutische «Bindungen» und «Doppelbindungen einsetzen!* Das bedeutet Formulierungen zu verwenden, die dem Patienten nur die Wahl zwischen Möglichkeiten lassen, die der Therapie zugute kommen werden; so z. B. «Sie können jetzt in eine mittlere oder tiefe Trance gleiten, ganz wie Sie wollen!»

⑩ *Die Wirklichkeitsorientierung erschweren!* Verwirrende Suggestionsinhalte als Grundlage aller Induktionstechniken.

⑪ *Vage Zeitangaben machen;* z. B. «bald», «früher oder später ...»

2 bewährte Tests, um prüfen zu können, ob sich ein Patient für die Durchführung einer Hypnose- oder Regressionstherapie gut eignen wird: Imaginationstest und Augenrolltest.

I. *Imaginationstest*

Für eine erfolgversprechende Durchführung der Hypnose- und Reinkarnationstherapie, des Katathymen Bilderlebens und des Rebirthing ist notwendig, daß der Patient gut «imaginieren» kann! Der Verfasser läßt dazu den Patienten im Verlauf der ersten Aussprache im entspannten Wachzustand die Augen schließen und bittet ihn dann, sich eine Wiese bildhaft deutlich vorzustellen, die er noch nie in seinem Leben gesehen hat ... Er soll sich diese Wiese genau «anschauen», dann nach allen Seiten sehen, wie die Wiese begrenzt ist und zuletzt einen Blick zum Himmel werfen, um zu schauen, wie das Wetter gerade ist. Wenn er alles gesehen hat, soll er die Augen öffnen und berichten. Durch die Verwendung des ersten Standardmotives aus dem Katathymen Bilderleben erkennt der Therapeut nicht nur, ob dieser Patient gut imaginieren kann, sondern erhält einen ersten Hinweis auf die Schwere des Falles bzw. der neurotischen Störung.

II. *Augenroll-Test (ART)*

Neben dem Imaginationstest soll der hier beschriebene Augenroll-Test nach SPIEGEL als eine zweite, echte Entscheidungshilfe, ob ein Patient für die Hypnose-Induktion geeignet ist oder nicht, gemacht werden. H. SPIEGEL sagt zu diesem Test in seinem Beitrag «An Eye-Roll Test for Hypnotizability» 1972, daß mit ihm das biologische Trancepotential eines Menschen (mit den Werten von 0–4) bestimmt werden könne. Der Wert 0 bedeutet: Geringe Chance, einen ausreichend tiefen Hypnosezustand induzieren zu können; optimale Voraussetzungen sind dagegen beim Wert 4 zu erwarten! Kann also ein Patient nicht oder nur dürftig imaginieren und kommt er beim ART nur auf Werte von 0–1, ist es ratsam, bei diesem Patienten auf die Hypnosetherapie zu verzichten und auf alternative Psychotherapieverfahren auszuweichen!

So wird der Augenroll-Test durchgeführt:

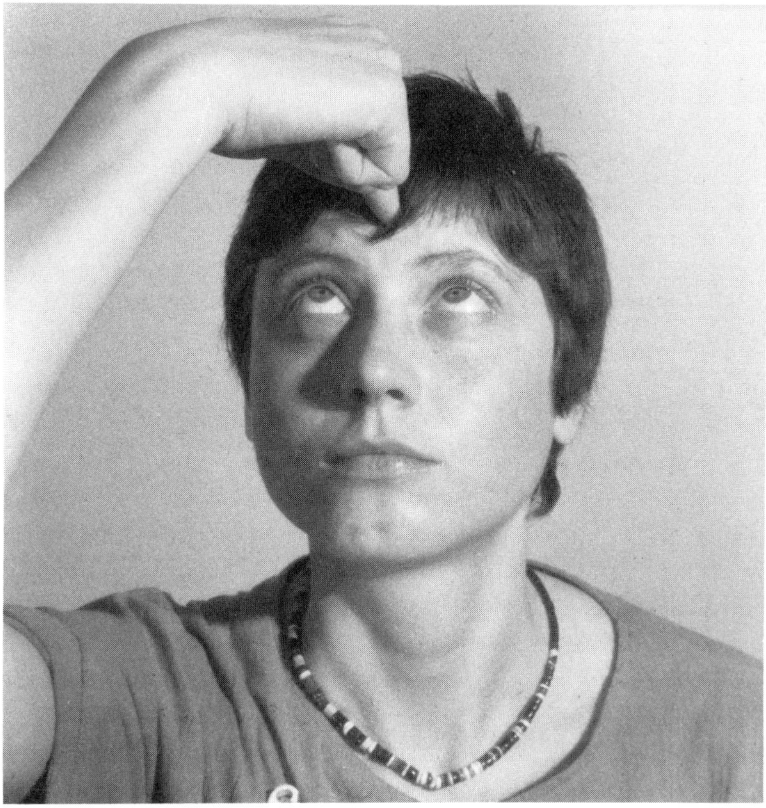

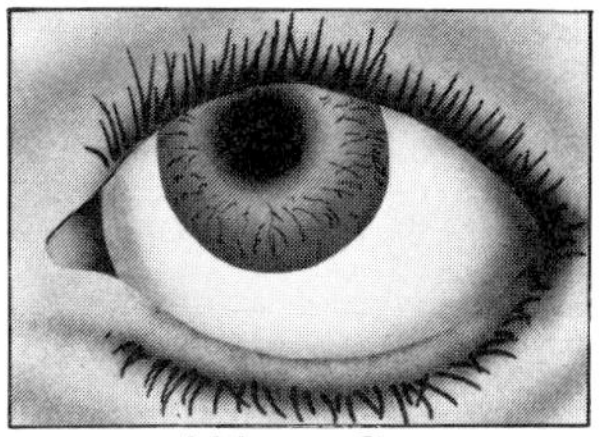

Wert: 0 ...

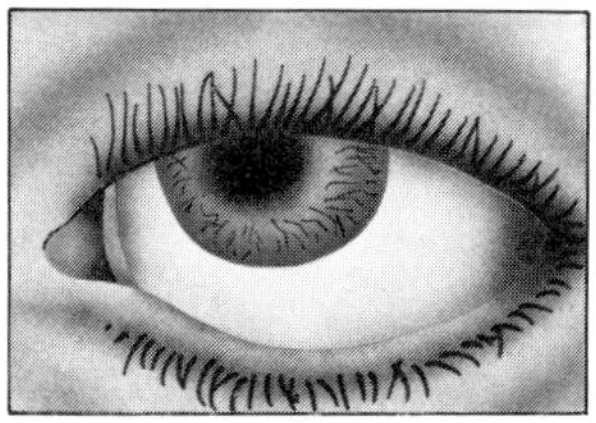

... 1 ...

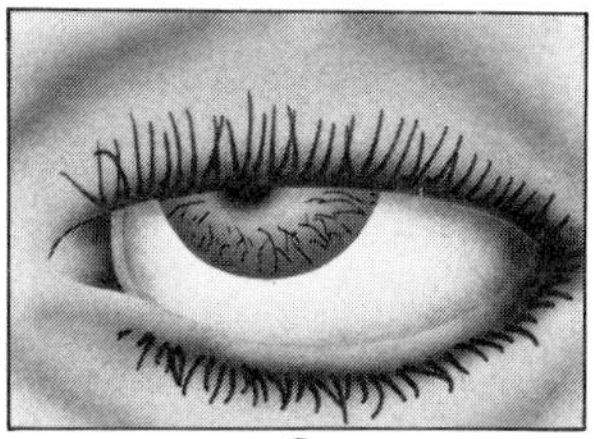

... 2 ...

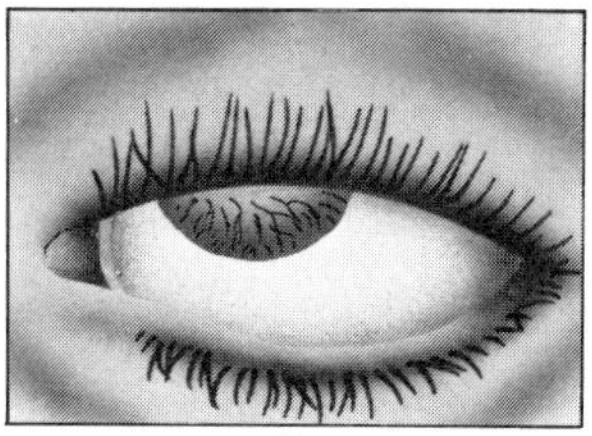

... 3 ...

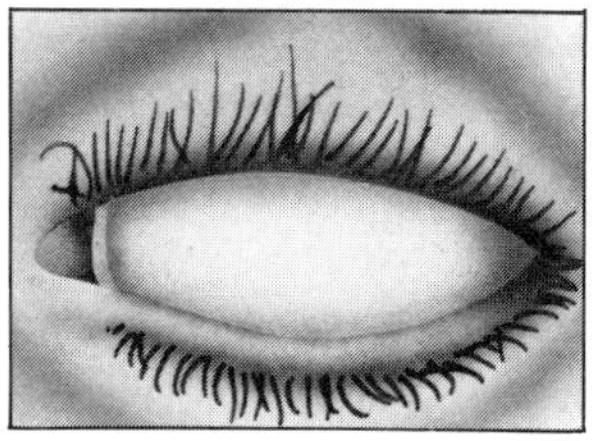

... 4 ...

① Man hält dem Patienten den Zeigefinger auf die Stirnmitte und bittet ihn, auf diesen Finger zu schauen.

② Nachdem die Augen diese Stellung nach oben innen eingenommen haben, fordert man den Patienten auf, nun die Augen langsam zu schließen.

③ Genau im Augenblick des Sinkens der Augenlider muß beobachtet werden, wie sich die Augen (Iris+Pupille) dabei verhalten: Geht das Auge voll mit nach unten, ist das der Wert 0, verschwindet es dagegen gleich unter dem Lid, hat man den «besten» Wert, nämlich 4!

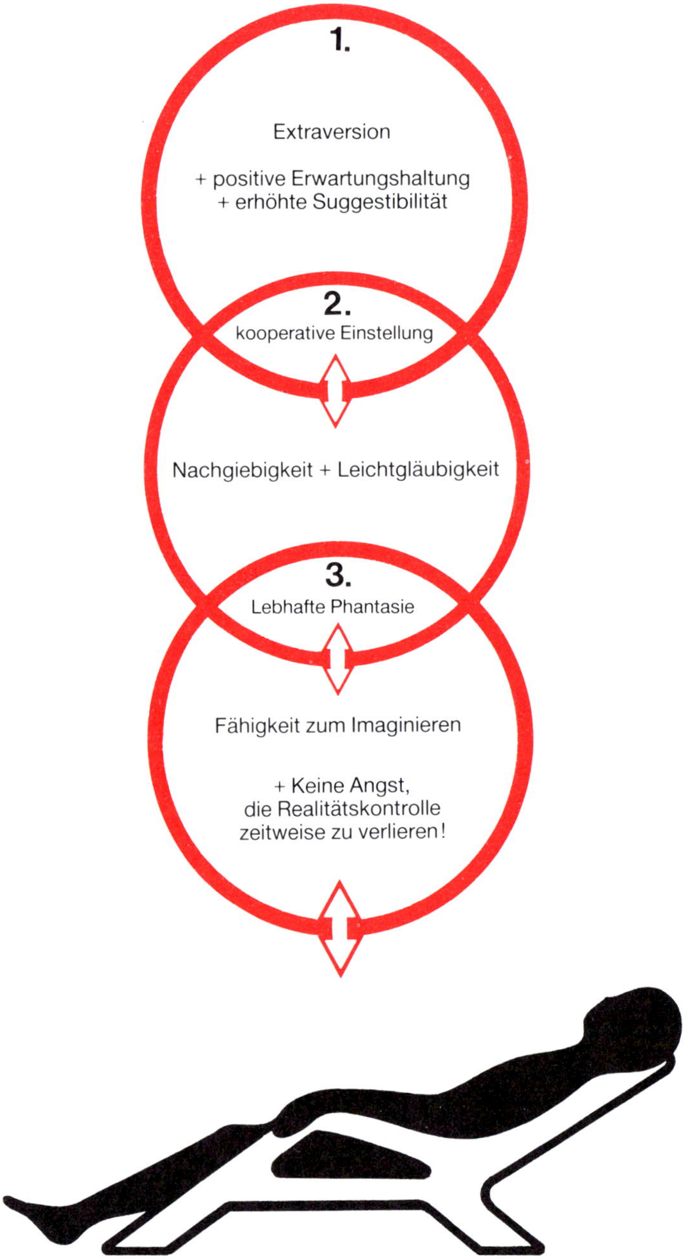

Diese Tabelle bringt jene Persönlichkeitsmerkmale, welche erfahrungsgemäß die Induktion eines tiefen Trancezustandes sehr begünstigen werden!

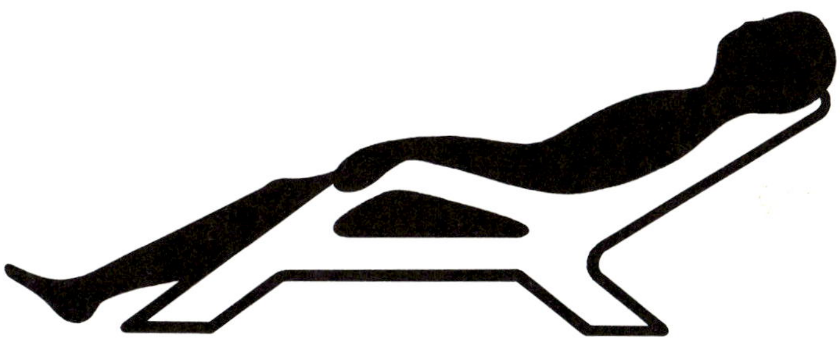

In dieser Tabelle werden jene Persönlichkeitsmerkmale aufgeführt, welche die Wirksamkeit suggestiver Behandlungsverfahren behindern und besonders die Induktion und Vertiefung eines Hypnosezustandes erschweren werden!

Induktion des Hypnosezustandes und seine therapeutische Nutzung

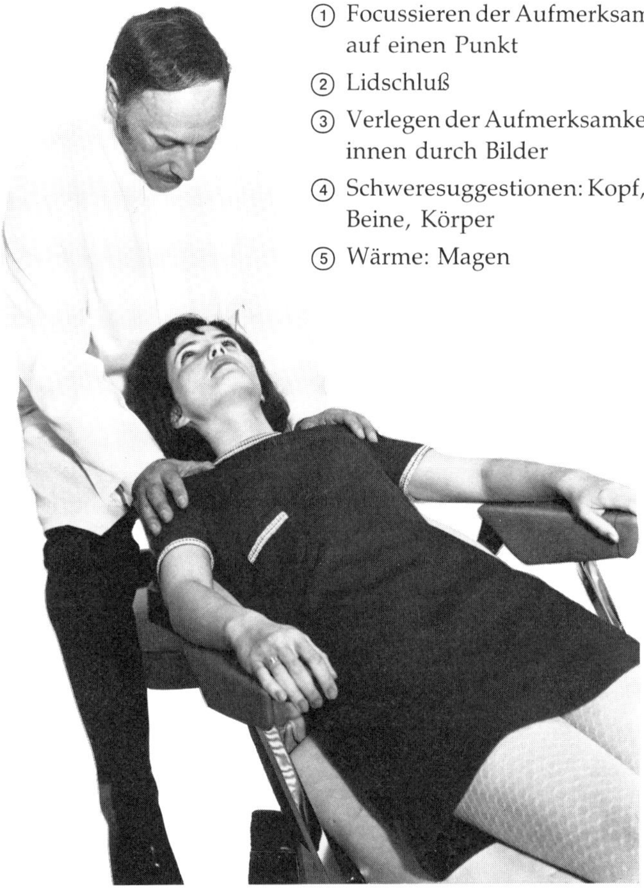

① Focussieren der Aufmerksamkeit auf einen Punkt

② Lidschluß

③ Verlegen der Aufmerksamkeit nach innen durch Bilder

④ Schweresuggestionen: Kopf, Arme, Beine, Körper

⑤ Wärme: Magen

⑥ *Das «Tor zum Unbewußten» öffnet sich!*

⑦ Vertiefen des Trancezustandes durch Erschweren der Realitätskontrolle

⑧ Therapeutische Suggestionen (In die Ersthypnose noch nicht hereinnehmen!)

⑨ Posthypnotische Konditionierungen

⑩ Abschließendes Kurzgespräch über die erlebten Bilder und Gefühle.

Therapeutische Interventionen in Hypnose

Wie therapeutisch wirksame und bewährte Suggestionen aufgebaut und formuliert werden müssen, damit die wichtigsten psychosomatischen Erkrankungen tiefgreifend behandelt werden können, wird im Kapitel mit den Fallbeispielen ausführlich aufgezeigt.

Posthypnotisches Konditionieren von Ablationshypnosen

Um den Effekt einer Hypnosebehandlung in geeigneten Fällen wirkungsvoll und für den Patienten kostensparend zu potenzieren, sollte der Patient in die Lage versetzt werden, täglich eine sog. Ablationshypnose zuhause per Tonband durchführen zu können. Die posthypnotischen Suggestionen können bei Induktion der Hypnose mittels Farbkontrastmethode nach SCHARL dazu lauten: «Immer, wenn Sie in Zukunft zuhause das rote Farbtäfelchen ansehen und dabei meine Stimme vom Tonband hören, werden Ihre Augen von Mal zu Mal schneller schwer und müde und fallen zu. Ihr Unbewußtes erlaubt dann im Interesse Ihrer Gesundheit, daß Sie in tiefe oder tiefste Hypnose sinken. Das Tor zu Ihrem Unbewußten öffnet sich dabei weit für meine Worte ...»

Eine Hypnosesitzung, in der mindestens ein mittlerer Trancezustand erwartet werden kann, wird «live» auf Tonband aufgenommen. Dieses Band sowie das erforderliche rote Farbtäfelchen wird dann dem Patienten nach Hause mit folgenden Informationen mitgegeben:

a) Täglich sollen 1–2 Ablationshypnosen zuhause durchgeführt werden. Hierbei muß man völlig ungestört liegen können.

b) Wenn das Tonbandgerät während einer solchen Ablationshypnose wirklich einmal versagen sollte, muß sich der Patient stellvertretend für den Hypnotiseur vor dem «inneren Ohr» die gewohnten Rücknahmesuggestionen «Ich zähle jetzt gleich bis 5 – bei 5 öffne ich dann langsam meine Augen und werde wach und fühle mich wohl! Ich zähle jetzt bis 5: 1–2–3 ... usw.»

c) Für den Fall, daß der Patient die Ablationshypnose zuhause einmal aus wichtigem Grund abbrechen muß, soll er ganz genau wissen, wie er dies sachgerecht bewerkstelligen kann! Er braucht sich dazu nur selbst sagen: «Ich muß jetzt unterbrechen! Ich zähle jetzt bis 5 – bei 5 öffne ich dann meine Augen, bin wach und fühle mich wohl. 1 – 2 – 3 – 4 – 5 – ich öffne meine Augen, bin wach und fühle mich wohl!»

Der Verfasser läßt den Patienten die erste Ablationshypnose, so wie sie zuhause durchgeführt werden soll, immer in seinem Beisein in der Praxis ausführen. Das hat sich bewährt!

Das «Timing» der ambulanten Hypnosetherapie

Aufgrund seiner Erfahrungen empfiehlt der Verfasser folgende «Dosierung» der Hypnotherapie:

1. *Dauer der Einzelhypnose* ca. 25–30 Minuten.
2. *Häufigkeit der Hypnosen*
   a) Bei auswärtigen Patienten über 2 Wochen (Mo. mit Freitag) täglich eine Sitzung. Dann zuhause täglich 1–2 Ablationshypnosen per Tonband. Wöchentlich 1 telefonischer Kontakt mit dem Behandler. Nach 3 Monaten dann wieder einige persönliche Hypnosen.
   b) Bei Patienten, die in der näheren Umgebung des Behandlers wohnen: Eine Woche (Mo. mit Fr.) täglich eine Hypnosesitzung, dann täglich zuhause 1 Ablationshypnose per Tonband und wöchentlich 1 Hypnosesitzung über Monate.

Kombination mit anderen psychotherapeutischen Verfahren

In die Hypnosetherapie lassen sich eine ganze Reihe bewährter Konzepte und Methoden anderer Therapieschulen im Sinne einer eklektischen Therapieform integrieren. Durch ein mehrgleisiges Vorgehen läßt sich oft ein potenzierender Therapie-Effekt erzielen!

Endlos-Tonband-Cassetten lassen sich in der psychotherapeutischen Praxis vielfältig verwenden: Dem Patienten können hier Texte oder bestimmte Geräusche (Meeresrauschen etc.), je nach Bandlänge, von 30 Sekunden bis 12 Minuten aufgenommen werden und «endlos» zugespielt werden! Dies eignet sich nach den Erfahrungen des Verfassers hervorragend für:

a) *Konditionierungs- oder Sedierungsmaßnahmen* vor der Hypnose-Induktion,

b) *Zuspielen von bestimmten Geräuschen* während der Hypnose, um die entsprechenden Vorstellungen zu verstärken

c) *Zuspielungen während der Nacht* im Rahmen der Therapie von Schlafstörungen,

d) *Beeinflussung von Kindern* während des Schlafens.

Achtung: Endlos-Tonband-Kassetten dürfen nicht wie andere zurückgespult werden!

Übersicht zum Ablauf der Hypnosebehandlung

1. Durchführung der Ersthypnose

a) *Aussprache mit Psycho-Anamnese* dabei auch Imaginations- und Augenroll-Test
b) *Körperliche Untersuchung* des Patienten
c) *Vorbereitendes Informationsgespräch*
d) *Sedierungsphase* von ca. 15–30 Minuten
e) *Induktion der Ersthypnose*
durch jenes Einleitungsverfahren, das der Erwartungshaltung des Patienten entspricht, sonst Farbkontrastmethode nach Scharl.
In die Ersthypnose im Normalfall keine therapeutischen Interventionen hereinnehmen. Ziel der Ersthypnose: Posthypnotische Konditionierung der Vertiefung der Trance bei den nächsten Hypnosedurchführungen
f) *Abschließendes Kurzgespräch* mit dem Patienten

2. Durchführung der weiteren Hypnose-Sitzungen

a) *Aussprache* mit dem Patienten über seine aktuellen Probleme und Träume; ggf. an dieser Stelle dann Durchführung des
b) *Katathymen Bilderlebens* (Grundstufe)
Wenn kein KBE eingesetzt wird, dann
c) *Sedierungsphase* zur Entspannung sowie Konditionierungen per Endlos-Tonband zur Hypnose-Vertiefung.
d) *Hypnose-Induktion* mit therapeutischen Interventionen.
e) *Abschließendes Kurzgespräch*

Rebirthing: Das Wiedererleben der eigenen Geburt als Therapie

In seinem Buch «Frühe Prägungen» schreibt A. JANOV, daß die Geburt das traumatisierende und prägende Ereignis im menschlichen Leben darstellt und sagt dazu wörtlich: «Die Art des eingeprägten Geburtstraumas bestimmt die psychologischen Tendenzen voraus, die für die spätere Entwicklung maßgeblich sein werden.» Das Erlebnis einer schweren Geburt geht nicht spurlos an einem Menschen vorbei. Es wird «in das Nervensystem eingraviert» und bildet gemeinsam mit den wenigen Reaktionsmöglichkeiten, die dem Neugeborenen zur Verfügung stehen, ein prototypisches Verhaltensmuster, ein «Drehbuch fürs Leben».

Nachdem eine schwere Geburt ein erstes Verhaltensmuster prägen kann, das im späteren Leben eines Menschen in Streß- und Erregungssituationen reaktiviert bzw. «benutzt» wird, also die Weichen für ganz bestimmte psycho-vegetative Störungen stellt, muß in der Therapie versucht werden, ein irritierendes erstes Verhaltensmuster durch Wiedererleben-Lassen der Geburt zu löschen!

Welche Techniken eignen sich erfahrungsgemäß im ambulanten Rahmen für die Rückführung bis zum Geburtstrauma? In erster Linie:

1. Birthing in Hypnose

Patienten, die in ausreichend tiefe Trance kommen, lassen sich fast immer über einige Stationen Ihrer Kindheit – z. B. erster Schultag / 3. Geburtstag / 1. Geburtstag – zu ihrem eigenen Geburtserlebnis zurückführen. Der Verfasser schildert bei den Fallbeispielen unter «Migräne» sein Vorgehen dazu. In diesem Fall war die Reaktivierung des erlittenen Geburtstraumas schon in der Ersthypnose möglich! Auch beim Katathymen Bilderleben kann sich eine spontane Altersregression einstellen, die sich zur Rückführung zum Geburtserlebnis ausbauen läßt.

2. Rebirthing nach L. ORR durch gebundenes Atmen

Hier wird der Patient durch pausenfreie Mundatmung in Hyperventilationszustände versetzt, welche durch ihre Ähnlichkeit mit dem Gefühl des Zusammengepreßtwerdens im Geburtskanal die Regression zum Geburtserlebnis ermöglichen können. Ziel des Rebirthing: Überwindung

des Geburtsschockes durch den ersten kalten Atemzug und dadurch Zurückfinden zu einem intuitiven Atemrhythmus.
Im Durchschnitt benötigt ein Patient 10 Sitzungen zu 90 Minuten, verteilt über rund 3 Wochen, bis er das Geburtstrauma wiedererleben kann.
Die praktische Durchführung beschreibt der Verfasser in seinem Fachbuch «Handbuch der Regressions- und Reinkarnationstherapie» (WBV Verlags GmbH., 7060 Schorndorf).
Auch in der Primärtherapie nach JANOV werden sogenannte «Geburtsprimals» durch tetanische Phänomene mittels forcierter Atmung durch Hyperventilation erreicht!

3. Birthing nach A. TOMATI durch die Stimme der Mutter

Diese von TOMATI erdachte und erprobte Methode ist nur dann durchführbar, wenn von der Stimme der Mutter des Patienten eine Tonbandaufnahme vorhanden oder gemacht werden kann. Die Stimme der Mutter wird dabei so gefiltert, daß sie so klingt, wie sie der Fetus im Mutterleib ungefähr wahrgenommen haben könnte. Der Patient hört sich diese Stimme der Mutter im entspannten Zustand liegend und mit geschlossenen Augen an, was nach einigen Sitzungen meist eine tiefgreifende Regression zurück in den Mutterleib auslöst.
A. TOMATI hat mit seiner Methode sogar untherapierbaren schizophrenen und autistischen Jugendlichen helfen können!

Wiedererleben und Abreagieren früherer traumatischer Ereignisse durch die «Slogan-Repetitionsmethode» im entspannten Wachzustand des Patienten

Ziel dieses Verfahrens ist: Auf möglichst unkomplizierte Weise, rasch und umwegslos an krankmachende, oft verdrängte traumatische Erlebnisinhalte heranzukommen und dabei alle dazugehörenden Gefühle und Schmerzen zu reaktivieren, sie wieder erleben zu lassen, um durch die Katharsis die körperliche Symptomatik aufzuheben! Die Möglichkeiten einer solchen Katharsis im Hypnosezustand wurden schon 1895 von J. BREUER und S. FREUD in ihrer gemeinsamen Arbeit «Studien über Hysterie» im berühmten Fallbericht der Anna O. beschrieben; es heißt hier u. a.:

«Es war im Sommer eine Zeit intensiver Hitze gewesen, und die Patientin hatte sehr arg durch Durst gelitten, denn ohne einen Grund angeben zu können, *war ihr plötzlich unmöglich geworden, zu trinken.* ... Als das etwa 6 Wochen gedauert hatte, räsonierte sie einmal in der Hypnose über ihre englische Gesellschafterin, die sie nicht liebte, und erzählte dann *mit allen Anzeichen des Abscheus,* wie sie auf deren Zimmer gekommen sei, und da deren kleiner *Hund, das ekelhafte Tier, aus einem Glas getrunken* habe. *Sie habe nichts gesagt,* denn sie wolle höflich sein. *Nachdem sie ihrem steckengebliebenen Ärger* (Anmerkung: eigentlich «Ekel») *noch energisch Ausdruck gegeben, verlangte sie zu trinken,* trank ohne Hemmung eine große Menge Wasser und erwachte aus der Hypnose mit dem Glas Wasser an den Lippen. *Die Störung war damit für immer verschwunden.»*
Im berühmt gewordenen Fall der Anna O. wurde das hysterische Symptom als Konversion emotionaler Zustände aufgedeckt und durch die Katharsis erfolgreich behandelt. Wenige Jahre später gab dann FREUD den Einsatz der Hypnose für die Katharsis auf und entwickelte seine eigene Methode, die Psychoanalyse, um verdrängte Erinnerungen bzw. «eingeklemmte Affekte» durch freies Assoziieren aufzudecken. Mittels dieser wissenschaftlich längst anerkannten Methode tauchen die verdrängten Erinnerungen aber wesentlich langsamer und undramatischer auf, als durch die ursprünglich von FREUD praktizierte Hypno-Katharsis. In den 70iger Jahren war es dann A. JANOV, der mit seiner Primärtherapie, basierend auf den psychologischen Erkenntnissen von heute ein Verfahren entwickelte, welches das ursprüngliche FREUDsche Konzept der Katharsis wiederaufnahm, ohne dazu den Hypnosezustand induzieren oder langwieriges, freies Assoziieren in Kauf nehmen zu müssen! In der Primärtherapie wird das Auftauchen früherer traumatischer Ereignisse mit ihren Urschmerzen durch ein systematisches Unterwandern aller Abwehrmechanismen und der Selbstbeherrschung erreicht. Die Frage «Was Primärtherapie ist?» beantwortete A. JANOV u. a. in einem Interview, das er der Zeitschrift für Psychologie im Alltag «Warum» für Ausgabe 7/1980 gab: «Primärtherapie ist im wesentlichen das systematische Wiedererleben von Schmerzen aus der Kindheit. Sie beruht auf der einfachen Vorstellung, daß das, was dir als Kind zustößt, nicht verschwindet, wenn das Erlebnis vorbei ist, sondern statt dessen im Nervensystem gespeichert wird und dort lebenslang Spannungen, diffuse Angst und Depressionen hervorruft, und daß Primärtherapie einen Weg gefunden hat, diese frühen Schmerzen wiederzuerleben und sie aus dem Organismus auszu-

scheiden, denn wir haben entdeckt, daß diese frühen Schmerzen die neuroseerzeugenden Quellen sind.»
In der ambulanten Praxis läßt sich diese «Urschrei-Therapie» nach JANOV in letzter Konsequenz aber kaum durchführen, da hierzu auch Möglichkeiten der Isolierung und des Schlafentzuges gehören, was nur im stationären Rahmen verwirklicht werden kann!
Der Verfasser war daher besonders daran interessiert, neben der aufdekkenden Hypnotherapie und dem Katathymen Bilderleben ein rasch zum Ziel führendes Procedere zu finden, mit dem ohne Umwege und im entspannten Wachzustand frühere traumatische Erlebnisse aufgedeckt, wiedererlebt und abreagiert werden können. So stieß er auf die Techniken besonders der amerikanischen Reinkarnationstherapeuten, welche Regressionen im entspannten Wachzustand über einen «Leitsatz» erreichen. Daraus kristallisierte der Verfasser sein aufdeckendes Vorgehen heraus: Die Technik der

Slogan-Repetitionsmethode

Dieses Verfahren kann in 5 oder 6 Phasen durchgeführt werden, welche im folgenden genau skizziert werden:

1. Phase der Durchführung: Frage nach dem Lebensgefühl des Patienten und Findung des Slogans

Im Rahmen der Aussprache(n) soll der Patient über seine Probleme, Konflikte und Schwierigkeiten sprechen, sein Herz auszuschütten. Er wird dann gebeten, sein gegenwärtiges negatives Lebensgefühl in einem einzigen Satz, sozusagen wie in einem Firmenslogan, auszudrücken. In der Praxis hört der Verfasser fast von jeden dritten Patienten den selben Slogan, nämlich die Aussage «Ich habe Angst, zu versagen!»
Beispiele für einige weitere «Slogans», die von Patienten formuliert wurden:
«Ich sehne mich nach Zärtlichkeit, habe aber Angst davor!»
«Ich habe Angst, verstoßen zu werden!»
«Ich habe Angst, daß mich niemand lieben kann!»
«Ich kann nicht ertragen, daß jemand hinter mir geht!»

«Ich muß fressen, weil ich nicht leben darf!»
«Ich habe ständig Angst, ersticken zu müssen!»
Wenn sich ein Patient schwer tut, einen Satz, einen solchen «Slogan» über sein Lebensgefühl zu bilden, muß man sich im gemeinsamen Gespräch schlüssig werden. Der Verfasser empfiehlt dazu dem Patienten, den Hauptsatz «Ich habe Angst, ...» zu ergänzen. Dieser gefühlsbesetzte Slogan soll die Hauptschwierigkeit des Patienten beinhalten, *nicht* eine Wunsch- oder Zielvorstellung, wie z. B. «Ich wünsche mir, meine Fähigkeiten in Zukunft frei entfalten zu können!»
Dieser gefühlsbesetzte Slogan wird vom Patienten in der 3. Durchführungsphase dazu «benutzt» werden, über diesen Satzinhalt entsprechende Gefühle, Ängste wachzurufen, welche dann ihrerseits aus dem Unbewußten Bilder provozieren werden, welche dieses Gefühl entstehen ließen!

2. Phase der Durchführung: Einen ausreichenden Entspannungszustand etablieren!

Der liegende Patient wird gebeten, seine Augen zu schließen und dann nur noch auf die Stimme des Behandlers zu hören, sich völlig zu entspannen und den ermittelten «Slogan» erst dann halblaut vor sich hinzusagen, wenn er darum gebeten wird. Der Autor suggeriert dazu den Entspannungszustand meistens auf folgende Weise:
«Ihre Augen sind jetzt fest und ruhig geschlossen! Bitte, jetzt nur noch auf meine Stimme hören, sich ganz meiner Stimme anschließen. Gar nichts stört, kein Geräusch – kein Gedanke! Unter meiner schützenden Hand wird Ihr Kopf angenehm schwer und müde! Geben Sie sich diesem Schweregefühl im Kopf ganz hin, denn es bringt Ihnen die Ruhe, die Sie so gut brauchen können! Alles andere versinkt, ist unwichtig geworden. Nur die Aktivität Ihres Unbewußten ist jetzt noch wichtig! Auch Ihre Arme und Beine werden nun schwer und müde, kommen zur Ruhe! Der ganze Körper wird von diesem Schweregefühl erfaßt. Mit jedem Atemzug wird Ihr ganzer Körper immer schwerer und schwerer. Atmen Sie bitte tief und ruhig! Alles versinkt, ist unwichtig geworden – nur die Aktivität Ihres Unbewußten ist jetzt für Sie noch wichtig. Wir wissen auch, daß das Unbewußte im Leben gar nichts vergißt. Ihr Unbewußtes kann sich an alles erinnern in Ihrer Jugend und Kindheit – es kann sich sogar an die Minuten Ihrer Geburt erinnern in allen Einzelheiten oder wie Sie sich

vorher im Mutterleib gefühlt haben. Ihr Unbewußtes kann sich darum auch ganz genau an die Ereignisse in Ihrem Leben erinnern, die zu Ihrer psychosomatischen Störung geführt haben!»

3. Phase der Durchführung: Wiederholtes halblautes Vorsichhinsprechen des «Slogans» bis Bilder aus dem Unbewußten auftauchen

Nachdem ein ausreichender Entspannungszustand beim Patienten etabliert wurde, fordert man nun den Patienten auf, seinen slogan-artigen Leitsatz bei geschlossenen Augen so lange halblaut vor sich hinzusagen, bis vor seinem inneren Auge Bilder aus dem Unbewußten auftauchen. Was er hierbei sieht, soll er dem Behandler immer gleich sagen! Man geht dabei etwa folgendermaßen vor:
«Und nun Herr/Frau/Frl. . . . sagen Sie bitte Ihren Slogan . . . (z. B.: «Ich habe Angst, daß mich niemand liebt!») halblaut immer wieder vor sich hin, bis plötzlich Bilder auftauchen. Was Sie dann sehen, fühlen oder hören werden, sagen Sie mir dann bitte gleich!»

4. Phase der Durchführung: Altersregression mit Wiedererleben und Abreagieren früherer Traumen

Während der Patient seinen Satz halblaut immer wieder repetiert, beobachtet der Behandler das Pupillenspiel des Patienten unter den geschlossenen Augenlidern. Sobald sich die Pupillen zu bewegen beginnen, weiß der Behandler, daß sich Bilder, wie bei einem Träumenden, eingestellt haben und kann darauf sofort reagieren durch entsprechende Fragen:
«Was sehen Sie jetzt? Können Sie etwas hören?
«So sind Sie?»
«Sind Sie allein oder ist jemand bei Ihnen?
«Was fühlen Sie?» «Was geschieht gerade?»
Der Patient beginnt nun jeweils das zu berichten, was er gerade sieht, hört und fühlt. In den meisten Fällen «erlebt» er tiefsitzende Ereignisse aus seiner Jugend oder Kindheit wieder, welche im ursächlichen Zusammenhang mit dem Gefühlsinhalt seines Slogans stehen und ausschlaggebend oder mitverantwortlich für das Entstehen der psychosomatischen Störun-

gen sein können. In dem Moment, in dem der Behandler die erfolgte Altersregression, z. B. in das 3. Lebensjahr, erkennen kann, wird die Anrede des Patienten umgehend auf «Du» umgestellt: «Wie fühlst Du Dich denn? Was geschieht denn jetzt mit Dir? Sag es mir?» etc.

Wichtig: Es kann durchaus vorkommen – wahrscheinlich hängt es mit der Erwartungshaltung des Patienten zusammen, daß über den Slogan sofort Bilder provoziert werden, welche nicht in das gegenwärtige Leben des Patienten einzuordnen sind. Hier wurde also spontan der Weg einer «Reinkarnationstherapie» beschritten. Wenn man in der suggestiven Einleitung der Entspannung aber nur von Bildern aus der Jugend, Kindheit oder von der Geburt des Patienten spricht, bewegen sich die Bilder fast immer in diesem Bereich!

Berichtet und erlebt der Patient ein seelisch schockierendes Ereignis aus seiner frühen Kindheit, z. B. wie der Vater ihn zur Strafe im finsteren Keller einsperrt, frägt man:

«Was fühlst Du? Wie alt bist Du denn? Was geschieht mit Dir?» «Was hast Du denn angestellt? Sag es mir!»

Beim Wiedererleben einer solchen Primärszene ist eine völlige Altersregression eingetreten, was therapeutisch die Möglichkeit bietet, noch weiter im Leben des Patienten zurückzugehen und z. B. auch das Geburtstrauma zu reaktivieren.

5. Phase der Durchführung: Möglichkeit des Überganges zur Reaktivierung des Geburtstraumas

Die weitere Altersregression wird entsprechend verbal vorangetrieben: «Du wirst jetzt immer kleiner und kleiner – Du wirst jetzt 3-2-1 Jahr alt. Immer weitere führe ich Dich zurück bis zum Tag Deiner Geburt. Du wirst immer kleiner und kleiner – Du bist nur noch 6 Monate alt – 5 Monate – 4-3-2-1 Monat alt. Und nun führe ich Dich ganz sicher zum Tag Deiner Geburt zurück. Heute ist der Tag, an dem Du zur Welt kommen wirst! Es ist der ... (Geburtsdatum), in ... (Geburtsort)! In 2 Minuten wirst Du zur Welt kommen. Du bist noch im Mutterleib. 2 Minuten dauert es noch, bis Du von Deiner Mutter zur Welt gebracht wirst. Wie fühlst Du Dich denn im Leib Deiner Mutter? Was spürst Du? Freust Du Dich, daß Du bald zur Welt kommen wirst? Was geschieht denn jetzt mit Dir? Was fühlst Du? etc.

6. Phase der Durchführung:
Stufenweises Heranführen des Patienten bis zur Gegenwart

Jede Altersregression muß wieder konsequent rückgängig gemacht werden, indem man den Patienten stufenweise wieder entsprechend älter werden läßt und ihn zum Behandlungstag heranführt, dabei können suggestive, therapeutische Interventionen hereingenommen werden. Beispiel für ein solches Vorgehen, nachdem der Patient bis zu seinem Geburtstrauma zurückgeführt wurde:

«Du hast es jetzt geschafft! Das zeigt Dir, daß Du auch im späteren Leben fähig bist, schwierige Situationen zu überstehen! Bis in die tiefste Seele spürst Du, daß Dich Deine Mutter, die Dich unter Schmerzen geboren hat, liebt – sogar sehr liebt!

So beginnst Du jetzt zu wachsen, wirst 1-2-3 Jahre alt, kommst zu der Situation, in der Dich der Vater zur Strafe in den Keller einsperrt – was keinen Einfluß mehr auf Dein späteres Leben haben kann!»

Aufgrund des Slogans «Ich habe Angst, daß mich niemand liebt», müssen alle die Personen angesprochen werden, welche dem Patienten Zuwendung geschenkt haben; z. B. die Großmutter, welche am 4. Geburtstag eine Puppe geschenkt hat:

«Du wirst jetzt gleich 4 Jahre alt – heute ist Dein 4. Geburtstag (Datum ansprechen!). Du kannst ganz deutlich gehen, wie Dir Deine Oma eine Puppe schenkt, weil Sie Dich lieb hat. Du hast im Leben Menschen gefunden, die Dich lieben! Nun wächst Du weiter und weiter, wirst 5-6 Jahre alt – kommst in die Schule. Am Anfang war es sehr schwer für Dich Buchstaben und Zahlen, ein A von einem O zu unterscheiden. Aber Du hast gelernt, Dir bleibende geistige Bilder von allen Buchstaben, Zahlen, Wörtern und Sätzen für das ganze Leben zu bilden, ohne daß Du gewußt hast, daß Du bleibende geistige Bilder für Dein ganzes Leben geprägt hast! So wächst Du heran, lernst immer mehr und mehr fürs Leben, wirst 7-8-9-10 Jahre, kommst in die Pubertät, entwickelst Dich immer mehr und mehr zu einer erwachsenen, selbständigen Persönlichkeit. So werden Sie 20-21 ... 30 Jahre ... usw.

Ich weiß, daß Sie im Leben Menschen finden, die Sie lieben können und die auch Sie lieben! So führe ich Sie hierher zu mir in die Behandlung am ... (Datum). Sie sind ganz beschützt und geborgen, Sie wissen, daß ich meine schützende Hand über Sie halte. Unter diesem Schutz werden Sie Ihre Persönlichkeit frei entfalten können. Ich zähle jetzt gleich bis «5», bei

«5», aber erst bei «5» öffnen Sie dann die Augen, werden wach, fühlen sich wohl wie neugeboren und können sich an alles erinnern und haben dadurch die negativen Erlebnisse vollkommen überwunden! «1» die Beine werden leicht, «2» auch die Arme und Hände werden leicht, «3» der ganze Körper wird nun leicht und frei. Brust, Magen, Bauch, Rücken und Nacken werden leicht und frei, «4» auch Kopf und Augen werden leicht und frei – alle Schwere und Müdigkeit aus Kopf und Augen verfliegt, wie eine kleine Wolke im Wind. Von Kopf bis Fuß ist alles leicht und frei geworden. «5» Sie öffnen jetzt ganz langsam die Augen, sind wach und fühlen sich wie neugeboren!»

Der Verfasser verwendet auch bei der Slogan-Repetitionsmethode die Rücknahmetechnik der Hypnosedurchführung, da beim intensiven Wiedererleben früherer traumatischer Szenen durch die vollkommen nach innen verlegte Aufmerksamkeit des Patienten erfahrungsgemäß Trancezustände eintreten.

Sollte der Patient durch die Repetition seines Slogans spontan auf ein Trauma zurückgehen, das nicht in das gegenwärtige Leben gehört, muß die 6. Phase der Durchführung unbedingt über den Geburtsakt zu diesem Leben inszeniert werden, z. B.: «Sie verlassen jetzt das frühere Erdenleben, in dem sich . . . ereignet hat. Nichts bindet Sie mehr an dieses frühere Leben! Sie kommen nun am . . . in . . . zur Welt und werden älter und älter . . . usw.»

Das verhaltenstherapeutische Konzept geht auf Arbeiten des Psychologen B. F. Skinner zurück, der viele Jahre u. a. das Tierlaboratorium an der Havard University leitete, welches sich mit Konditionierungstests und der Beeinflußung des Verhaltens von Ratten und Tauben befaßte. Die Fortentwicklung seiner Versuche erlaubte dann seine Erkenntnisse auch auf den Menschen anzuwenden, wobei er zu dem Schluß kam: Das menschliche Verhalten wird zunächst durch seine Konsequenzen beeinflußt und so dann durch diese Konsequenzen determiniert! Menschen «lernen» ihr Verhalten nicht durch Reize und Signale, sondern durch die Folgen ihrer Reaktionen auf diese Reize und Signale. Die Verhaltenstherapie geht daher davon aus, daß das Verhalten eines Menschen leichter geändert werden kann, wenn seine Konsequenzen und nicht die Reaktionen eines Menschen auf Reize und Hinweise geändert werden!

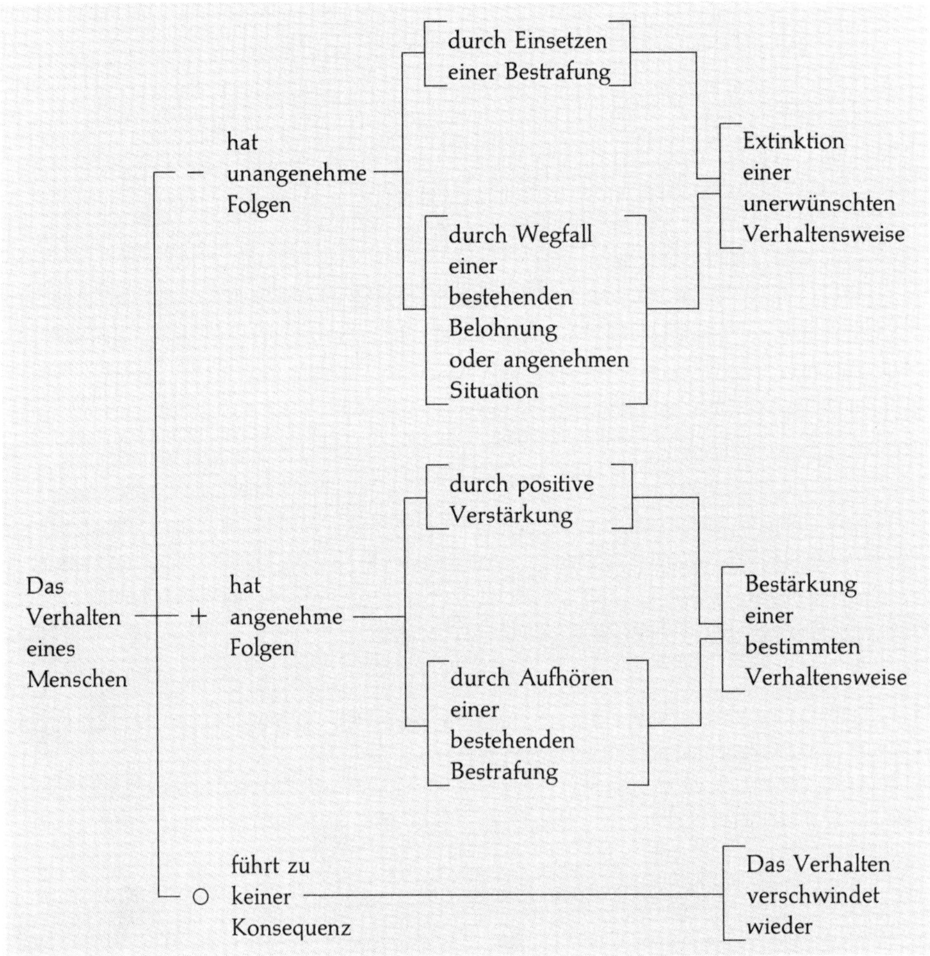
Das Verhalten eines Menschen
–
hat unangenehme Folgen
durch Einsetzen einer Bestrafung
durch Wegfall einer bestehenden Belohnung oder angenehmen Situation
Extinktion einer unerwünschten Verhaltensweise
+
hat angenehme Folgen
durch positive Verstärkung
durch Aufhören einer bestehenden Bestrafung
Bestärkung einer bestimmten Verhaltensweise
O
führt zu keiner Konsequenz
Das Verhalten verschwindet wieder

Die Verhaltenstherapie

Die Verhaltenstherapie basiert auf Erkenntnissen der Lerntheorie, der lernpsychologischen Forschung. Die Verhaltenstherapeuten gehen daher von der Annahme aus, daß neurotische Verhaltensweisen (mit Ängsten, Depressionen, Zwangsverhalten etc.) ebenso wie erwünschtes Verhalten erworben, d. h. erlernt sein können. Wenn also ein Mensch in jungen Jahren lernt, sich hypochondrisch zu verhalten, wird es ihm im ganzen Leben zur Gewohnheit! Im Gegensatz zu den aufdeckenden psychotherapeutischen Konzepten ist die Verhaltenstherapie der Meinung, daß die in unserem Beispiel erwähnte Hypochondrie sich nicht aufgrund eines psychischen Konfliktes verstärkt, sondern weil sie sich durch Konsequenzen des Handelns immer weiter verstärkt. Unerwünschte Verhaltensweisen müssen wieder «verlernt», erwünschte bestärkt werden.

1. Systematische Desensibilisierung bei Angstzuständen

Jeder Angstzustand geht mit einem Verspannungszustand einher. Daher muß der Patient lernen, sich selbst in Sekunden entspannen zu können. Wenn ein Patient keinerlei Entspannungstechniken, wie das Autogene Training oder die muskuläre Entspannung nach JACOBSEN beherrscht, kann dies rasch durch einige Hypnose-Sitzungen erreicht werden. Der Autor strebt eine in Hypnose konditionierte reflektorische Entspannung an, die sich immer dann einstellen soll, wenn der Patient seine Hände ineinander faltet, wie zum Beten. Dazu werden dem Patienten gegen Ende jeder Hypnose folgende Suggestionen gegeben: «Ich nehme jetzt die Schwere aus Ihren Armen etwas zurück. Und nun legen Sie bitte Ihre Hände so ineinander, wie zum Beten. Die Hände ineinander falten! Und immer, wenn Sie in Zukunft die Hände so ineinanderlegen, wie Sie es jetzt gemacht haben, werden Sie überrascht sein, daß Sie in der gleichen Sekunde so ruhig und entspannt sein werden, wie Sie jetzt daliegen! Ihr Unbewußtes steuert dies ganz von selbst. Immer, wenn Sie also in Zukunft die Hände so ineinander legen, wie Sie das jetzt getan haben, werden Sie ganz gleich, wo Sie sind und was Sie gerade tun, fühlen, daß in der gleichen Sekunde eine wunderbare Ruhe und Entspannung über Sie kommen wird. Sie beherrschen also eine Methode, die Ruhe und Entspannung immer und überall aus der Tiefe Ihrer Seele selbst in Sekunden hervorholen zu können. Sie brauchen dazu nur Ihre Hände so ineinander legen, wie Sie das jetzt getan haben und Sie werden überrascht sein, daß Sie in der gleichen Sekunde so ruhig und entspannt sein werden, wie Sie gerade daliegen! Jedes Wort von mir, wirkt dafür in Ihrem Unbewußten bei Tag und Nacht ständig weiter und weiter ...!» Sobald der Patient in der Lage ist, die Entspannung innerhalb von Sekunden auslösen zu können, wird er gebeten, eine Liste angstauslösender Situationen zusammenzustellen und zwar in der Reihenfolge von «schwach-angstbesetzt» bis «extrem Angst-induzierend». Der Vergleich mit einem Fieberthermometer bietet sich hier an.

Beispiel für eine solche «Angsthierarchie»

Angst zunehmend

a) Einen Bekannten auf der Straße treffen und grüßen
b) Am Bankschalter vorsprechen
c) Eine Dame zum Tanz auffordern
d) Mit einem Vorgesetzten sprechen müssen
e) Sich in Gesellschaft unterhalten.

Man beginnt nun damit, daß sich der liegende Patient bei geschlossenen Augen die mit der wenigsten Angst besetzten Situation a (Einen Bekannten auf der Straße treffen und grüßen) bildhaft vorstellen soll. Der Patient wird instruiert, daß er, sobald diese Vorstellung Angst aufkommen läßt, sofort die Hände ineinander legen soll, um durch sofortiges Entspannen die Angst zu kupieren.
Die Entspannung kann durch die posthypnotische Konditionierung über das Ineinanderlegen der Hände vom Patienten spontan ausgelöst werden. Die Situation a mit der geringsten Angstbesetzung wird so lange repetiert, bis über die reziproke Hemmung durch Entspannung diese erste imaginierte Situation angstfrei erlebt werden kann. Wenn dies erreicht ist, läßt man den Patienten die Situation b (Am Bankschalter vorsprechen) in der gleichen Weise imaginieren und die dabei ausgelöste Angst ebenso durch Relaxation unterbrechen, bis auch diese Vorstellung keine Angst mehr hergibt. Systematisch, Schritt für Schritt, bewältigt

dadurch der Patient immer höhere Stufen in seiner Angsthierarchie, bis auch die Imagination der schwierigsten Situation e (Sich in Gesellschaft unterhalten) ihren Angstcharakter verloren hat. Nach den Erfahrungen des Autors sind dazu im Durchschnitt 5 Hypnosesitzungen und 15 verhaltenstherapeutische Sitzungen anzusetzen. Die durch Entspannung «verlernte» Angst, das Verfahren dazu nennt man systematische Desensibilisierung, verhilft dem Patienten diese Situationen auch in der Realität angstfrei zu erleben. Die Methode der Desensibilisierung ist umso wirksamer, je isolierter die Angstvorstellung ist; z. B.: Angst vor Spinnen, Prüfungsangst, Höhenangst, Angst vor ganz bestimmten sozialen Situationen, Lampenfieber vor Auftritt. Wichtig ist, den Patienten darüber zu informieren, daß er auch in völlig anderen Situationen, in denen Angst auftreten sollte, in der Lage ist, durch das Ineinanderlegen seiner Hände reflektorisch die notwendige Entspannung auszulösen, um den Angstzustand zu durchbrechen. Man kann nicht entspannt sein und Angst haben – das schließt sich aus!

Die Kombination Hypnose- und Verhaltenstherapie hat sich in der ambulanten Praxis des Verfassers hervorragend bewährt!

2. *Aversionstherapie*

Im Sinne der Lerntheorie versucht diese Form der Verhaltenstherapie, unerwünschte Verhaltensweisen eines Menschen, wie die Nikotinabhängigkeit oder den Alkoholabusus, die bisher «lustvoll» erlebt wurden, mit äußerst unangenehmen Schmerzreizen, wie z. B. elektrische Schocks, aversiv zu besetzen. Ein bisher lustvoll erlebter Stimulus, z. B. eine Zigarette rauchen, kann dadurch so aversiv besetzt werden, daß die unerwünschte Gewohnheit oder Verhaltensweise aufgegeben wird. Im Gegensatz zur systematischen Desensibilisierung werden zur Durchführung der Aversionstherapie entsprechende Geräte benötigt, mit denen die lustvollen Stimuli dem Patienten per Dia gezeigt und dann durch dosierbare Elektroschocks aversiv besetzt werden können. Für diese Zwecke haben die Amerikaner eine Reihe von Spezialgeräten entwickelt, wie z. B. die «Aversion Therapie Console», welche es möglich machen, dem Raucher über einen Diaprojektor Situationen mit bisher lustvoll erlebten Stimuli zu zeigen:

a) Am Automat eine bestimmte Zigarettenmarke kaufen
b) Eine Packung öffnen
c) Eine Zigarette «ins Gesicht» stecken
d) Die Zigarette anzünden und inhalieren
e) Die Zigarette liegt brennend im Aschenbecher
f) Rauchen in Gesellschaft

und sie dabei über angelegte Fingerelektroden mittels elektrischer, unangenehmer Schocks aversiv zu besetzen. Der Raucher ist dabei in der Lage über einen Druckschalter, den er in der Hand hält, der «Bestrafung» durch elektrische Schocks zu entgehen, indem er den Schalter drückt und dadurch ein belohnendes Dia auslöst mit dem Text: Ich rauche nie mehr! Besonders in Kombination mit einer aversiven Hypnotherapie läßt sich durch die Verhaltenstherapie unerwünschtes Verhalten (Rauchen, Alkoholabusus) oder abnorme Verhaltensweisen (sexuelle Perversionen) umkonditionieren bzw. löschen! In der ambulanten Praxis kann eine erfolgversprechende Alkoholentwöhnung nicht durchgeführt werden, hier kann auf die stationären Voraussetzungen nicht verzichtet werden. Erst im Anschluß an eine Entziehungskur kann eine aufdeckende Psychotherapie kombiniert mit einer Aversionstherapie (Hypnose + Verhaltenstherapie) mit Erfolgschancen angeschlossen werden.

Beispiel: Aversionstherapie bei Nikotinabhängigkeit = Hypnose- und Verhaltenstherapie kombiniert

Nur einem wirklich zur Aufgabe des Rauchens motivierten Patienten kann geholfen werden. Ähnlich wie beim Alkoholkranken muß auch ein Raucher selbst, nicht die Angehörigen, nach Hilfe verlangen! Um die echte Motivation der Raucher sieht es in der Praxis meist sehr schlecht aus, denn der Autor erlebt immer wieder, daß die Ehefrau eines Rauchers bei ihm anruft und sagt, der Arzt habe ihren Mann aus gesundheitlichen Gründen dringend aufgefordert, das Rauchen raschestens aufzugeben und sie daher fragen möchte, ob der Verfasser solche «Raucherentwöhnungskuren» durchführe. Der Verfasser bejaht dann diese Frage und bittet um direkte Kontaktaufnahme durch den rauchenden Ehemann. Trauriges Ergebnis: Wenn es hoch kommt, resultiert aus 30 Anrufen durch den Ehepartner ein Rückruf durch den Raucher – und was fast noch aufschlußreicher ist, nur etwa jeder 10. anrufende Raucher kann sich dann zu einer Therapie zur Raucherentwöhnung aufraffen! Wie jeder

Süchtige bzw. Abhängige findet auch der nikotin-abhängige Raucher tausend Entschuldigungen und Argumente, warum er das Rauchen nicht aufgeben braucht. Der absurdeste Satz, den man in diesem Zusammenhang immer wieder zu hören bekommt, ist: «Rauchst Du, stirbst Du – rauchst Du nicht, stirbst Du auch, also rauchst Du!» Der süchtige Raucher möchte also das Rauchen nur aufgeben, wenn man ihm als Alternative Unsterblichkeit versprechen könnte. Die wirkliche Alternative möchte der Raucher gar nicht hören: Durch Ausschalten des gravierenden Risikofaktors «Rauchen» die Wahrscheinlichkeit einen Herzinfarkt zu erleiden oder an einem Lungen-Ca. zu erkranken, beträchtlich zu reduzieren! Bei der zu beobachtenden Anfälligkeit des Rauchers für selbsttäuschende Milchmädchenrechnungen müssen in der ersten Phase der Raucherentwöhnung unwiderlegbare Beweise für die Schädlichkeit des Rauchens in drastischer Weise gebracht werden:

1. Phase der Aversionstherapie bei Rauchern:

Aufklärung mit Beweisen für die Schädlichkeit des Rauchens

In diesem ersten Aufklärungsvortrag zeigt z. B. der Verfasser drastische Lichtbilder bzw. Dias von frisch amputierten Raucherbeinen im Operationssaal. Nur solche fürchterlichen Bilddokumente sind in der Lage, die süchtigen «Glaubensfundamente eines Rauchers zu erschüttern! Ein Raucher muß im Innersten getroffen sein, um das Rauchen aufgeben zu können. Nach dieser ersten, drastisch aufklärenden Sitzung darf keine Zigarette mehr geraucht werden! Daher in der

2. Phase der Aversionstherapie bei Rauchern:

Stützende Ergänzungstherapie und entgiftende medikamentöse Behandlung

Der Patient wird angewiesen, anstelle einer Zigarette immer ein kleines Stückchen getrockneter Kalmuswurzel (Rhizoma Calami) zu kauen. Durch das Kauen der Kalmuswurzel wird eine leichte Übelkeit und Abneigung gegen das Rauchen erzeugt.

Wichtig: Während er ersten 3 Tage der Nikotinentwöhnung soll der werdende Nichtraucher außer 20–25 rohe, ungeschälte Äpfel am Tag nichts essen und auch nichts trinken! Ab dem 4. Tag kann er dann zu den Äpfeln ergänzend normale Kost hinzunehmen. Die notwendigen 20 Äpfel täglich sollen mindestens 3 Wochen lang gegessen werden. Ab 4. Tag hinzunehmen:

a) Rp.		Avena sativa Ø (DHU)	20,0
D.S.		4–5 mal täglich 10 Tropfen auf die Zunge geben und möglichst lange im Mund behalten.	

b) Rp.	Fruct.	Myrtilli cont.	
	Fol.	Myrtilli cc.	
	Fol.	Plantaginis cc.	aa 10,0
	Rhiz.	Calami cc.	20,0
M.f.spec.			
D.S.		Abends 2 Eßlöffel in 2 Tassen kalten Wasser ansetzen und morgens bis kurz vor dem Kochen erhitzen, abseien und schluckweise über ganzen Tag verteilt trinken (3 Wochen lang)	

Ohrakupunktur gleich zu Beginn der Nikotinentwöhnung mit Dauernadeln. Die entsprechenden Punkte werden in einer Abbildung gezeigt!

3. Phase der Nikotinentwöhnung: Aversionstherapie parallel durch Hypnose und verhaltenstherapeutische Maßnahmen

a) Verhaltenstherapie

Die bisher lustvoll erlebten Stimuli werden über Fingerelektroden mittels elektrischer Schocks aversiv besetzt:
Kauf der Zigarettenpackung am Automaten,
Zigarettenpackung öffnen.
Diese für den Raucher lustbesetzten Situationen werden dem Patienten per Dia gezeigt und dabei die entsprechenden Elektroschocks gegeben. Über einen Druckschalter kann der werdende Nichtraucher sich selbst «belohnen» und ein neues Dia auslösen, das für ihn erklärt: Ich rauche nie mehr! Mit dieser Belohnung wird auch der bestrafende Reiz sofort abgeschaltet. Der Verfasser läßt dann die Fingerelektroden weg und legt Hautelektroden an der Oberlippe des Rauchers an und gibt die strafenden elektrischen Reize an dieser empfindlichen Stelle, jedesmal wenn der werdende Nichtraucher die Zigarette real aus der Packung nimmt und sie in den Mund steckt. Den Elektroschocks kann der Raucher nur entgehen, wenn er die Zigarette ganz schnell weglegt und dazu sagt: Ich rauche nie

mehr! Diese Situation wird in jeder Sitzung etwa 20mal repetiert. Das gleiche Verfahren wird dann beim Ritual des Anzündens einer Zigarette angewandt. Die aversive Besetzung des Rauchens muß so umfassend installiert werden, daß der frühere Raucher sogar das Wort «Zigarette» nicht mehr hören kann! Das verhaltenstherapeutische Vorgehen muß so tiefgreifend wirken, daß der frühere Raucher, wenn er vom Rauchen träumt, was typisch ist für einen vorher süchtigen Raucher, dies selbst im Traum als unangenehm empfinden muß!

b) Aversive Hypnotherapie

Mit dem Hypnose-Einsatz zur Raucherentwöhnung kann begonnen werden, sobald der zu Entwöhnende mittlere bis tiefe Stadien der Trance erreichen kann. Folgende Hypnosuggestionen haben sich in der Praxis bewährt:

«Wie schädlich das Rauchen für Ihre Gesundheit geworden ist, wird Ihnen im vollen Umfang klar. Zigarettenrauch mit seinen krebserregenden Teerstoffen schädigt Ihr Herz, zerstört die Lungenbläschen, Zigaretten und ihr Nikotin sind ein fürchterliches Gift für Ihren ganzen Körper. Jede Zigarette ist ein fürchterliches Gift für Ihren ganzen Organismus – jede Zigarette verkürzt Ihr Leben! Jede Zigarette ist ein Sargnagel für Sie. Stellen Sie sich ganz deutlich vor, wie der Sarg mit diesen Nikotin-Sargnägeln gerade geschlossen wird! Auch wenn Sie es bisher nicht wahrhaben wollten: Jede Zigarette trachtet nach Ihrem Leben – jede Zigarette ist ein Sargnagel! Jede Zigarette ist Gift, ein abscheuliches Gift! Ihr ganzer Körper lehnt dieses Gift, lehnt die Zigaretten ab. Eine unüberwindliche Abscheu vor Zigaretten erfaßt Ihren ganzen Körper. Es ekelt Sie vor dem Zigarettenrauch. Wenn Sie bloß an eine Zigarette denken, fühlen Sie schon einen elektrischen Schock! Jede Zigarette ist Gift, jede Zigarette schmeckt darum widerlich und giftig. Jede Zigarette schmeckt in Zukunft ekelhaft giftig! Wenn Sie eine Zigarette in den Mund nehmen, haben Sie sofort einen widerlichen, ekelhaften Geschmack im Mund, so daß Sie ausspucken müssen. Eine unüberwindliche Abscheu vor dem Geruch und Geschmack einer Zigarette erfaßt Ihren ganzen Organismus. Jede Zelle Ihres Körpers ekelt sich vor Zigaretten – es würgt Sie bis zum Erbrechen, wenn Sie in Zukunft eine Zigarette in den Mund nehmen. Sie können den Geruch von Zigaretten nicht mehr ertragen! Sie können jetzt gar nicht mehr verstehen, daß Sie jemals geraucht haben. Schluß! Aus!

Die Abbildung zeigt, wie in der Verhaltenstherapie der bisher lustvoll erlebte Stimulus «Zigarettenrauchen» über Hautelektroden in der Mundregion durch unangenehme Elektrodenschocks aversiv belegt wird, während Bilder vom Rauchen über den Diaprojektor gezeigt werden. Die Patientin kann sich selbst «belohnen» und dem elektrischen Stromstoß entgehen, wenn sie mittels des Druckschalters in ihrer linken Hand eine anderes Dia einschaltet, das aussagt: «Ich rauche nie mehr!»

Der Ekel vor dem Zigarettenrauchen wächst von Tag zu Tag immer mehr und mehr, schon der Gedanke an das Zigarettenrauchen wird für Sie unerträglich, wie ein Elektroschock!»
Die Aversionstherapie bei Nikotinabhängigen muß täglich durchgeführt werden! In der zweiten Behandlungswoche müssen die vorher dargelegten Aversions-Suggestionen mit leitsatz-artigen Indifferenz-Suggestionen ergänzt und mit posthypnotischen Konditionierungen für die Durchführung von Ablationshypnosen erweitert werden:
«Zigaretten haben keinen Einfluß mehr auf Sie. Sie sind kein Sklave des Rauchens mehr! Das Rauchen ist völlig gleichgültig. Auch wenn Ihnen jemand eine Zigarette anbietet, können Sie nur mitleidig lächeln. Sie haben das Rauchen endgültig und für immer aufgegeben. Es wird Ihnen zum Bedürfnis, in Zukunft ein echtes Anliegen sein, Raucher von der Schädlichkeit des Zigarettenrauchens für Herz, Lunge und den ganzen Organismus zu überzeugen. Für Sie ist das Rauchen kein Thema mehr! Durch die tägliche Entspannung finden Sie jetzt Ruhe und Selbstvertrauen. Die Zukunft gehört dem Nichtraucher! Immer wenn Sie jetzt in Zukunft zuhause das rote Farbtäfelchen ansehen und dabei meine Stimme vom Tonband hören, werden Ihre Augen ganz rasch schwer und müde, fallen zu und Ihr Unbewußtes erlaubt, im Interesse Ihrer Gesundheit, daß Sie immer in tiefe oder tiefste Hypnose sinken. Das Tor zu Ihrem Unbewußten öffnet sich in Hpynose weit für meine Worte. Jedes Wort von mir in Hypnose ist dadurch ein hypnotischer Befehl für Ihr Unbewußtes, der bei Tag und Nacht in Ihrem Unbewußten zum Schutz Ihrer Gesundheit weiter und weiter wirken wird, ob Sie daran denken oder nicht! Ihr Unbewußtes sorgt zum Schutz Ihrer Gesundheit dafür, daß alle Zellen Ihres Körpers von einer unüberwindlichen Abscheu vor dem Rauchen erfaßt werden. Das Rauchen ist für Sie kein Thema mehr! Schluß! Aus! Ich zähle jetzt gleich bis «5» . . . etc. . . .»
Der nicht mehr rauchende Patient wird aufgefordert, die unbedingt notwendigen Ablationshypnosen per Tonband ab der 3. Behandlungswoche täglich einmal zuhause zu praktizieren! Dies ist eine absolut unabdingbare Forderung an den Patienten, die aversiven Suggestionsinhalte müssen durch tägliche Repetition wachgehalten und sogar verstärkt werden. Dies ist umso erforderlicher, weil die Erfahrung lehrt, daß besonders die noch weiter rauchenden Freunde, Kollegen oder Bekannten alles daransetzen werden, den frisch Nikotin-Entwöhnten in Versuchung zu führen. Ein süchtiger Raucher kann es nur schwer ertragen, daß

Lfd. Nr.	Indikationen:	Gesprächstherapie	Autogenes Training	Katathymes Bilderleben	Slogan-Repetitions-Methode	Hypnotherapie aufdeckende	Hypnotherapie stützende	Rebirthing	Verhaltenstherapie
1	Asthma bronchiale	●					●	●	
2	Bettnässen	●					●		
3	chronische Diarrhoe	●					●		
4	Gallenblasenerkrankung	●	●						
5	Frigidität	●		●	●	●			
6	Globus hystericus	●			●				
7	Herzneurose	●		●	●		●		●
8	Hyperhidrosis	●					●		
9	Hyperthreose	●		●			●		
10	Hypertonie	●	●	●					
11	Impotenz	●		●		●			
12	Krebs	●				●			
13	Magenneurose	●		●	●		●		
14	Magersucht	●		●		●	●		
15	Migräne, Cephalgie	●	●					●	
16	Neurodermatitis	●	●						
17	chronische Obstipation	●	●			●			
18	Platzangst	●			●			●	●
19	Rheumatoide Arthritis	●	●	●					
20	Schlaflosigkeit	●	●				●		
21	Torticollis spast.	●		●		●			

Behandlungsverfahren und ihre Kombinationen:

● = Basistherapie

▲ = Komplementäre Behandlungsverfahren

äufigsten, psychosomatischen Störungen gut bewährt?

Diätetische Therapie	Purgation: Ableiten auf den Darm	Purgation nach oben: Brechverfahren	Ableitung auf die Haut	Ableitung auf die Nieren	Emmenagoge Verfahren	Rödern: Absaugen der Tonsillen	Blutentziehende Verfahren	Neuraltherapie Segmenttherapie	Akupunktur Ohrakupunktur	Physikalische Therapie	Medikamentöse Th.: Homöopathie Phytotherapie	Lfd. Nr.
	▲	●	▲		●		●		▲		▲	1
●											▲	2
●							●		●		▲	3
●	▲		▲					●	●	▲	▲	4
												5
												6
									●	▲	▲	7
											▲	8
●			●				●	●		▲	●	9
●				●			●		▲		●	10
									▲		▲	11
●	●		●	●						●	●	12
●								●	●		●	13
												14
●	●	●	●			▲	▲	●	▲		▲	15
				●	●							16
●	●									▲	▲	17
												18
			●			●				●	▲	19
●									▲	▲	▲	20
								▲				21

Damit der Verfasser nicht falsch verstanden wird:
Selbstverständlich können von den angegebenen, psychotherapeutischen Verfahren einige gegen andere, ebenso wirksame Methoden (z. B. Bioenergetik) ausgetauscht werden. Hier sind den Talenten der Psychosomatiker keine Grenzen gesetzt, ebenso wenig, wie in der Ergänzung z. B. durch Akupunktur, Neuraltherapie oder naturheilkundliche Maßnahmen.

ein anderer die Kraft und Stärke aufgebracht hat, das Rauchen aufzugeben, wozu sie eben zu «schwach» waren. Darum soll er auch wieder schwach werden! Diesem Umstand tragen die «missionarischen» Passagen in den Suggestionsinhalten für die Hypnose Rechnung.

Die praktischen Erfahrungen des Verfassers belegen deutlich, daß in der ambulanten Behandlung von Angstzuständen sowie von unerwünschten Verhaltensweisen sich die Kombination Hypnotherapie und Verhaltenstherapie (Desensibilisierung bei phobischen Reaktionen, Extinktion bei unerwünschten oder abnormen Verhaltensweisen) gut durchführen und mit guten Erfolgschancen anwenden läßt!

VII
Quellen- und Literaturverzeichnis

Standardwerke, die sich ausführlich mit den im Kapitel VI aufgeführten psychotherapeutischen Methoden befassen, sind mit einem Punkt (●) gekennzeichnet.

ALEXANDER, Franz: Psychosomatische Medizin
Walter de Gruyter & Co., Berlin 30 1971

ASCHNER, Bernhard: Befreiung der Medizin vom Dogma
Karl F. Haug Verlag, Ulm/Donau 1962

BACHLER, Käthe: Erfahrungen einer Rutengängerin
Veritas-Verlag, Linz/Österreich, 8. Auflage 1983

VAN DEN BERG, J. H.: Grundriß der Psychiatrie
Gustav Fischer Verlag, Stuttgart 1973

BRÄUTIGAM, Walter: Reaktionen · Neurosen · Psychopathien
Georg Thieme Verlag, Stuttgart 1969

BREDE, Karola: Einführung in die Psychosomatische Medizin
Athenäum Fischer Taschenbuch Verlag GmbH & Co., Frankfurt/M. 1974

BUSSE, Ernst / BUSSE, Paul: Akupunktur-Fibel
Richard Pflaum Verlag, München 1965

DETHLEFSEN, Thorwald / DAHLKE, Rüdiger: Krankheit als Weg
C. Bertelsmann Verlag GmbH, München 1983

DITTMAR, F.: Aktuelle Psychosomatik
Werk-Verlag Dr. Edmund Banaschewski, München-Gräfelfing 1975

● EYSENCK, H.-J. / RACHMAN, S.: Neurosen – Ursachen und Heilmethoden
VEB Deutscher Verlag der Wissenschaften Berlin 1971

GROSS, Werner: Was erlebt ein Kind im Mutterleib?
Verlag Herder, Freiburg in Breisgau 1982

HAU, Theodor F. / SCHINDLER, Sepp: Pränatale und perinatale Psychosomatik
Hippokrates Verlag GmbH, Stuttgart 1982

● JANOV, Arthur: Der Urschrei
Fischer Taschenbuch Verlag GmbH, Frankfurt am Main 1979

KIERNAN, Thomas: Psychotherapie
Fischer Taschenbuch Verlag GmbH, Frankfurt am Main 1978

LAING, Ronald D.: Die Tatsachen des Lebens

Rowohlt Taschenbuch Verlag GmbH, Reinbek b. Hamburg 1981
LEGEWIE, Heiner / EHLERS, Wolfram: Knaurs moderne Psychologie
Droemersche Verlagsanstalt Th. Knaur Nachf. München/Zürich 1972
LEXIKON DER EMOTIONEN – Sonderheft der Zeitschrift Warum!
Theobald und Sondermann Verlag oHG, Hamburg
● LEUNER, Hanscarl: Katathymes Bilderleben
Georg Thieme Verlag, Stuttgart 1970
LUBAN-PLOZZA, B. / PÖLDINGER, W.: Der psychosomatisch Kranke in der Praxis
J. F. Lehmanns Verlag München 1973
MALAN, David H.: Psychoanalytische Kurztherapie
Rowohlt Taschenbuch Verlag GmbH, Reinbek b. Hamburg 1972
v. SURY, Kurt: Wörterbuch der Psychologie
Schwabe & Co. Verlag, Basel/Stuttgart 1967
SVOBODA, Tomas: Das Hypnosebuch
Kösel-Verlag GmbH & Co., München 1984
● SCHARL, Hubert: Moderne Hypnose-Techniken für Mediziner
Verlag T. Marczell, München 1977
SCHARL, Hubert: Die Organsprache
Verlag T. Marczell, München 1976
● SCHARL, Hubert: Handbuch der Regressions- und Reinkarnationstherapie
WBV Biologisch-Medizinische Verlags GmbH & Co.KG, 7060 Schorndorf 1981
● SCHARL, Hubert / VIEHAUSER, Franz: Erfolgsrezepte aus der modernen Naturmedizin
APH Arbeitsgemeinschaft für psychotherapeutische Hilfsmittel, München 80, 1982
SCHMIDBAUER, Wolfgang: Psychosomatik
Selecta-Verlag Dr. Ildar Idris, Planegg vor München 1974
SCHUCKALL / SCHIPS: Psychiatrie und Naturheilkunde
Richard Pflaum Verlag KG, München 1975
● SCHULTZ, J. H.: Das autogene Training
Georg Thieme Verlag, Stuttgart 1964
STOKVIS, B. /WIESENHÜTTER E.: Der Mensch in der Entspannung
Hippokrates-Verlag GmbH, Stuttgart 1963
v. UEXKÜLL, Thure: Lehrbuch der Psychosomatischen Medizin
Urban & Schwarzenberg, München 1981
v. UEXKÜLL, Thure: Grundfragen der psychosomatischen Medizin
Rowohlt Taschenbuch Verlag GmbH, Reinbek bei Hamburg 1963
● WIESENHÜTTER, Eckart: Traum-Seminar
Hippokrates-Verlag GmbH, Stuttgart 1966